Heinz Bonfadelli, Priska Bucher, Ingrid Paus-Hasebrink, Daniel Süss (Hrsg.)

Medienkompetenz und Medienleistungen in der Informationsgesellschaft

Beiträge einer internationalen Tagung

verlag
pestalozzianum

www.verlagpestalozzianum.ch

Lektorat
Schweizerische Gesellschaft für Kommunikations- und Medienwissenschaft (SGKM)

Umschlaggestaltung
Elisabeth Sprenger, Kilchberg

Gestaltung und Herstellung
Vera Honegger, Pädagogische Hochschule Zürich

Druck
bokos druck, Zürich (Inhalt)
inka druck (Umschlag)

ISBN 3-03755-027-9

Inhalt

Zum Geleit

Ingrid Paus-Hasebrink, Heinz Bonfadelli, Daniel Süss, Priska Bucher

Rund hundert Fachkräfte aus Universitäten und Fachhochschulen des deutschsprachigen Raumes tagten am 11./12. April 2003 an der Universität Zürich zur «Medienkompetenz» – einem Thema, das in der Informationsgesellschaft als die Schlüsselqualifikation schlechthin gehandelt wird. Veranstalter der Tagung waren die Schweizerische Gesellschaft für Kommunikations- und Medienwissenschaft (SGKM) und die Fachgruppe Medienpädagogik der Deutschen Gesellschaft für Publizistik- und Kommunikationswissenschaft (DGPuK).

Das facettenreiche Tagungsprogramm vermittelte Einblick in einen bewegten und sich bewegenden Forschungsbereich. Dabei standen verschiedene Diskussionspunkte im Zentrum: Was ist Medienkompetenz eigentlich? Wie lässt sich Medienkompetenz konkret fördern? In welchem theoretischen Zusammenhang wird sie erklärbar und empirisch erfassbar? Die Tagung unter der Leitung von Heinz Bonfadelli (Universität Zürich), Ingrid Paus-Hasebrink (Universität Salzburg) und Daniel Süss (Hochschule für Angewandte Psychologie, Zürich) ging auf diese Fragen ein und regte zu neuen Gedankengängen an. So wurde aus einer theoretischen Perspektive der systematische Zusammenhang zwischen «Medien-Wissen» (Medienkompetenz) und «Medien-Können bzw. -Handeln» (Medienperformanz) beleuchtet und der Bedarf an «Medienbildung» bei permanenter, kritischer Reflexion des sich ständig verändernden Gegenstandes betont. Zentral war weiter die Erkenntnis, systematische Medienbildung oder -kompetenz als Ziel nicht einseitig am Individuum oder Kind zu verorten ist, sondern der Blickwinkel ebenso auf Lehrer, Eltern/Paare, Institutionen bis hin zur «medienkompetenten Gesellschaft» auszuweiten ist. In diesem Sinne wurde auch dafür plädiert, das Postulat «Medienkompetenz» aus einem einseitig wirtschaftlichen oder instrumentell-technischen Diskurs herauszulösen und alle Medien gleichermassen sowie die pädagogische und gesellschaftliche Ebene bewusst zu integrieren. Aus Sicht der Medienpädagogen bedarf es dafür der weiteren Forschung, der stärkeren Vernetzung des Fachbereichs sowie der Evaluation mit dem Ziel, der Medienpädagogik klarere Konturen, fassbare Leistungen und auch politisch stärkeres Gewicht zu geben. Denn es wird festgestellt, dass

Medienkompetenz als Ziel der Medienpädagogik zwar (politisch) erwünscht, aber als Querschnittaufgabe beispielsweise in der Lehrerbildung wenig institutionell verankert und dadurch marginalisiert ist.

In der vorliegenden Publikation sollen die vielseitigen Zugänge zum Tagungsthema anhand von sechs Themenschwerpunkten aufgezeigt werden:

Medienkompetenz: Begriffsklärungen/Forschungsansätze
In einem einführenden Teil wird zunächst von Manuela Pietraß auf Medienkompetenz in einen grösseren theoretischen Kontext des Framings eingegangen. Harald Gapski macht anschliessend in seinem Beitrag deutlich, dass Medienkompetenz nur durch einen diskursiver und interdisziplinärer Dialog in ihrer ganzen Bedeutung erfasst werden kann und Klaus Peter Treumann et al. stellen mit dem «Bielefelder Kompetenzmodell» einen Ansatz der empirischen Medienkompetenzforschung vor. Heinz Moser befasst sich mit den Begrifflichkeiten «Medienkompetenz» und «Medienbildung» und ihrer Anwendbarkeit im Bereich Medienpädagogik und leitet auf diese Weise zum nächsten Themenschwerpunkt über.

Medienpädagogik
Arnold Fröhlich geht in seinem Beitrag auf die Medienpädagogik im schulischen Kontext ein und schlägt konkrete Massnahmen vor, wie in der Schweiz die Aus- und Weiterbildung von Lehrkräften durch Kooperation mit wissenschaftlichen Institutionen verbessert werden könnte. Ebenfalls im Schweizerischen Kontext steht der «Werkstattbericht» zur Medienbildung an der Pädagogischen Hochschule Zürich von Katharina Ernst und Thomas Merz-Abt, während Kerstin Mayrberger sich ausgehend von der Situation in Deutschland mit den Anforderungen an eine professionelle medienpädagogische Kompetenz befasst.

Lesekompetenz
Wassilis Kassis und Hansjakob Schneider befassen sich in ihrem Beitrag mit der Lesekompetenz und deren inner- und ausserschulischen Determinanten, während Andrea Bertschi auf die Wechselwirkungen von CD-Rom-Rezeption und Sprachaktivität bzw. Erzählaktivität eingeht.

AV- und Bildkompetenz
Kompetenzen im Bereich audiovisueller Medien werden in den Beiträgen von Christian Doelker, Peter Holzwarth, Renate Luca und Ruth Gschwendtner genauer betrachtet. Während sich Christian Doelker auf theoretischer Ebene mit der vielschichtigen Bedeutung von Bildern auseinandersetzt, zeigt Peter

Holzwarth in seinem Beitrag Vorgänge des interkulturelles Symbolverstehens bei der Videoarbeit mit Jugendlichen auf. Zwei weitere Beiträge gehen auf die Bildkompetenz im Erwachsenenalter ein: Renate Luca befasst sich mit der Fernsehnutzung von Paaren und ihrer Bedeutung für die Vermittlung von Medienkompetenz in der Familie und Ruth Gschwendtner stellt das Erwachsenenbildungsprojekt «Sehen ist lernbar», welches eine visuelle Alphabetisierung anstrebt, vor.

Digital Literacy

Welche Bedeutung der Schule im Rahmen der Vermittlung von Internetkompetenz zukommt und ob sie Prozesse der Digitalen Spaltung mildern kann: diesen Fragen wird im Beitrag von Thomas Döbler und Birgit Stark nachgegangen. Silvia Buchen befasst sich mit Neuen Medien und Bildung aus der Perspektive der Genderforschung und zeigt auf, dass die Selbsteinschätzung bezüglich Computer- und Internetnutzung ja nach Geschlecht, hingegen weniger nach effektiven Kompetenzen, stark variiert. Stephan Buchloh setzt sich in seinem Beitrag mit den Möglichkeiten und Herausforderungen der Vermittlung von Internetkompetenz in der offenen Jugendarbeit auseinander und Mela Kocher geht der Frage nach, inwiefern Online-Rollenspiele zu Medienkompetenz beitragen können.

Ausserschulische Felder der Medienkompetenz

Nicht nur im schulischen Kontext sondern auch in anderen Umfeldern, beispielsweise in der Erwachsenenbildung, kommt der Förderung von Medienkompetenz eine bedeutsame Rolle zu und wird von Maria Böhm und Hans Ulrich Fischer näher beleuchtet. Dass auch in Verkehrssicherheitsarbeit Medien und ihre Rezeption eine wichtige Rolle spielen, wird von Benedikt von Hebenstreit und Hans Jöri aufgezeigt.

Die Texte wurden erstmals publiziert in der Fachzeitschrift «Medienwissenschaft Schweiz» 2/2003 der SGKM. Die Veröffentlichung in Buchform erfolgt mit der freundlichen Genehmigung der SGKM und der Autor/innen.

Medienkompetenz

Medienkompetenz als «Framing»

Grundlagen einer rahmenanalytischen Bestimmung von Medienkompetenz

Manuela Pietraß

In der Mediengesellschaft stellen durch Medien gewonnene Erfahrungen und Wissen eine wesentliche Voraussetzung für die Teilhabe an gesellschaftlicher Wirklichkeit dar. Insofern kann sich die Bestimmung von Medienkompetenz nicht in einer auf die Dimensionen von Medienvermittlung gerichteten Bestimmung erschöpfen. Vielmehr muss Medienkompetenz auch qualitative Aspekte von Medienerfahrung umfassen, um das Potenzial resp. das Defizit von Medienkommunikation als Partizipation an und Konstitution von sozialer Wirklichkeit zu erschliessen. Die Rahmen-Analyse Erving Goffmans ist geeignet, Medienangebot und -rezeption in einem interaktionstheoretischen Sinn so zu beschreiben, dass über ihre Rahmung (framing) Medienwirklichkeit als Erfahrung unterschiedlich strukturierter Wirklichkeiten differenzierbar wird.

1 Einleitung

Soziale Wirklichkeit wird in den Medien durch Zeichen abgebildet und durch Rezeption der Zeichen wirklich. Allerdings differenziert sich Medienwirklichkeit in vielfältige Wirklichkeitsbereiche aus. Genau genommen stehen hinter dem Begriff «Medienwirklichkeiten» Weisen, durch Kommunikation und Interaktion Bezugnahmen auf Ereignisse so zu nehmen, dass ihnen durch diese Bezugnahme ein bestimmter Wirklichkeitsgehalt, wie real oder fiktional, zugemessen wird (Pietraß 2003:52ff.). Der Wirklichkeitsbereich wird durch kontextuelle Hinweise, z. B. durch die Gestaltungsformen, angezeigt. Medienkompetenz umfasst also die Entzifferung von Zeichen sowie deren Einordnung in jene sinnhaften Zusammenhänge, in denen sie erscheinen. Allerdings wird bei Fokussierung auf die zu erbringenden Leistungen der Entzifferung resp. Decodierung von Zeichen übersehen, dass mit den Zeichen zugleich komplizierte Verhältnisse der Erfahrung und Definition von sozialer Realität vermittelt werden. Veranschaulichen kann man dies am Beispiel von Programm-Mischformen, bei denen durch die unkonventionelle Wahl der Darstellungsmittel die Zuordnung als informativ oder unterhaltend, real oder fiktional, authentisch oder gestellt, uneindeutig ist. Die Orientierung bezüglich der Aussage und Verbindlichkeit medialer Botschaften wird so erschwert und ihre Differenzierung von den Medien hin zum Nutzer verlagert. Er muss in der durch die Zeichen repräsentierten Oberfläche das erkennen, was den Zeichen ursprünglich vorausgeht: dass sie Aussagen über soziale Wirklichkeit transportieren und diese zugleich herstellen.

Ich will die Bedeutung und Aktualität dieser Fragestellung anhand eines Zitats aus der Zeitschrift *Die Zeit* vom 27.3.2003 dokumentieren, genau sechs Tage nach Beginn des Krieges gegen den Irak. Die das Geschehen begleitende, ästhetisierende Berichterstattung in US-amerikanischen Medien problematisiert der Journalist Michael Naumann: «Gab es je solche Obszönität wie den abendlichen BBC-Zusammenschnitt der prachtvollsten Explosionen, der aufregendsten Panzerfahrten – unterlegt mit pulsierender Rockmusik? Alles wird zur Oberfläche, auch der Tod.» Was durch die Wahl der ästhetisierenden Darstellungsformen verstellt wird, ist die Tragweite der kriegerischen Handlungen. Soll Medienwirklichkeit nicht in eine reine Bedeutungshaftigkeit abdriften, deren Verbindlichkeit sich in Oberflächlichkeit auflöst, ist es notwendig, unter die Oberfläche zu schauen. Dann umfasst Medienkompetenz mehr als nur die korrekte Entzifferung von Zeichen und deren Zuordnung zu Medienwirklichkeiten, sondern schliesst unterschiedliche Erfahrungsweisen ein.

Was ist vom Zuschauer verlangt, wenn man sagt, er müsse unter die Oberfläche blicken? Aus der rahmenanalytischen Perspektive sollen im Folgenden die qualitativen Unterschiede bei der Rezeption von Medienwirklichkeiten verdeutlicht werden.

2 Rahmentheoretische Grundlagen

Die Rahmen-Analyse Erving Goffmans stellt einen interaktionstheoretischen Ansatz zur Organisation sozialer Wirklichkeit und ihrer Erfahrung dar. Rahmen sind skriptartige Anweisungen, an die sich alle an einer Interaktion Beteiligten halten müssen, um in einem gemeinsamen Verstehenszusammenhang zu kommunizieren. Als Rahmen benennt Goffman Organisationsformen von Erfahrung, die für uns die sinnhafte Gestaltung von Wirklichkeit strukturieren. Es geht ihm dabei nicht, wie er hervorhebt, um soziale Strukturen, sondern «um die Struktur der Erfahrung, die die Menschen in jedem Augenblick ihres sozialen Lebens haben» (1993:22).

Das Verstehen von Rahmen wird im Sozialisationsprozess erworben, z. B. wenn Eltern ihr Kind bei Tisch ermahnen, mit dem Essen nicht zu spielen, sondern «ordentlich» zu essen. Die Mahlzeit bei Tisch stellt einen Rahmen dar, der die Freiheit der Interaktionen und ihre Deutungsmöglichkeiten beschränkt. Wenn einem Erwachsenen der Löffel in die Suppe fällt, wird dies als Missgeschick und nicht als Auftakt zum Spielen verstanden. An dieser Deutung sind alle bei Tisch Sitzenden beteiligt, sie halten den Rahmen «Erwachsene beim Essen» aufrecht und helfen damit jenem, dem der Löffel in die Suppe fiel, dass seine Würde gewahrt bleibt.

Rahmen können Transformationsstufen von Sinn enthalten, die ihrerseits als «Modulationen» (keying) typisierbar sind, z. B. das «So-Tun-als-ob», das Fiktionen zugrunde liegt, und sowohl im Theaterrahmen enthalten ist wie auch im Spiel von Kindern (Goffman 1993). Unterschiedliche Medienwirklichkeiten basieren auf unterschiedlichen Modulen. Die Grundlage für Modulationen stellen «primäre Rahmen» dar. Primäre Rahmen sind eine Bezugsgrösse, die die Grundlage für jede Form von Sinn liefert, auf sie geht unser Verständnis von dem, was uns als wirklich und gegeben erscheint, zurück. Wenn ein Mann auf einer Strasse geht, um sich von einem Punkt zum anderen zu bewegen, so ist dies ein primärer Rahmen, spielt ein Schauspieler sich auf einer Strasse gehend fortzubewegen, so ist der Bezugspunkt für die Interpretation des gespielten Gehens das Gehen in einem primären Rahmen. Er zeigt, dass es sich bei der Fortbewegung des Schauspielers um «Gehen von einem Ort zu einem anderen» handelt.

Modulationen stellen etwas nach, was so aussieht, wie die nachgestellte Interaktion aussehen würde, wäre sie nicht nachgestellt, wobei zugleich bestimmte Regeln eingehalten werden müssen, nach denen die Nachstellung vollzogen wird. Sie sind «ein System von Konventionen, das eine primär sinnvolle Tätigkeit in etwas transformiert, was dieser Tätigkeit nachgebildet ist, von den Beteiligten aber als etwas ganz anderes gesehen wird» (Hettlage 1991:138). Könnten also Aussenstehende glauben, dass in einer Gruppe von Freunden sprachliche Böswilligkeiten ausgetauscht werden, so könnten die Beteiligten beteuern, dass es sich hier um ein häufig ausgeübtes spielerisches Necken handelt, von dem alle in der Freundesgruppe wüssten, dass es nur Spass bedeutet. D.h. eine wichtige Voraussetzung für eine Modulation ist, dass alle Beteiligten wissen, dass es sich um eine Modulation handelt. Der Unterschied zwischen Rahmen und Modulen wird bei Goffman nicht ganz deutlich, er ist vermutlich so abzugrenzen, dass der Rahmen das Modul enthält, also aus dem Rahmen geschlossen werden kann, welches Modul vorliegt oder das Modul selbst zum Rahmen werden kann, wie der sportliche Wettkampf.

Rahmen sind nicht nur Interpretationsanweisungen, als Erfahrungsform beschreiben sie, mit welcher inneren Teilhabe wir an Ereignissen partizipieren (1993:19). Ein Rahmen schafft «Sinn» und «Engagement» (1993:376), d.h. dass sich die am Rahmen Beteiligten «gewöhnlich nicht nur ein Bild davon [machen], was vor sich geht, sondern sie werden (bis zu einem gewissen Grade) auch spontan gefangen genommen, in Bann geschlagen». Das «Engagement» am Rahmen definiert Goffman als einen «psychobiologischen Vorgang», «bei dem dem Subjekt mindestens teilweise entgeht, worauf sich seine Gefühle und seine kognitive Anspannung richten» (ebenda). Dieses «worauf» ist als die mit dem Rahmenrand gegebene sinnhafte Kontextualisierung zu verstehen, dessen ausschliessliche Berücksichtigung eine innere Teilhabe jedoch verstellen würde. Man muss sich sozusagen mitreissen lassen, was willentlich nicht möglich ist, «denn damit würde sich ja die Aufmerksamkeit auf etwas weiteres richten, nämlich die Aufrechterhaltung jener Aufmerksamkeitsrichtung» (1993:377). So gerät nach dem Beispiel Goffmans jener, der bei einem Konzert die Musik richtig klassifiziert, zu ihr aber keinen Zugang findet, in die missliche Lage, die Sache absitzen zu müssen (ebenda).

Weiterhin bestehen «normative Erwartungen bezüglich der Tiefe und Vollständigkeit, mit der die Menschen in die durch den Rahmen organisierten Vorgänge eingebunden sein sollen» (1993:377). Diese Erwartungen betreffen das zu geringe wie das zu starke Engagement, oft genügt es, den Schein zu wahren, also zu zeigen, dass man weiss, wie weit man sich engagieren muss. Zeigt man sein Unbeteiligtsein, begeht man leicht eine Ungehörigkeit, z. B. wenn man aus Langeweile eine Vorführung stört. Der innere Rückzug dagegen ist unauffällig und bedeutet kein Ausbrechen aus dem Rahmen. An dieser Stelle wird deutlich, wie eng Wissen über Rahmen und Rahmengrenzen mit dem Sozialisationsprozess verbunden ist. Zugleich stehen Rahmen nicht als ein Repertoire zur Verfügung und können nicht einer Situation wie ein Kleid übergezogen werden, sondern sie werden im Prozess der Interaktion konstituiert und ihre Gültigkeit ständig aktualisiert.

Diese drei in der Rahmen-Analyse bestehenden Grundbegriffe, also Rahmen, Modul und Engagement, sollen im weiteren den Ausgangspunkt für eine rahmenanalytische Bestimmung von Medienkompetenz geben, die das Entziffern von Zeichen zu einer normativ verpflichteten und dabei die innere Teilhabe einschliessenden Rezeptionsweise erweitert. Die Rahmung von Medienereignissen als Medienwirklichkeiten im Rezeptionsprozess findet ihre Entsprechung in den differierenden Rahmen direkter Interaktionen.

3 Rahmen und Medien

3.1 Rahmenhinweise

Die auf Kontextualität und Transformation von Sinn gerichtete Perspektive der Rahmen-Analyse verlangt das Aufweisen von Rahmenhinweisen im Medienangebot. Grundsätzlich sind hier zwei Rahmenebenen zu unterscheiden: Jene Rahmen, die das Ereignis selbst mitbringt, und jene, die durch die Medienvermittlung hinzugefügt werden. Das Ereignis selbst besass, bevor es in die Medien kam, mit den Worten des Filmsemiotikers Metz «eine eigene Expressivität». Man kann hier auch von primären Rahmen auf Medienebene sprechen. Das heisst nicht, dass es sich um primäre Rahmen des Ereignisses handelt, wie z. B. bei einem Vulkanausbruch. Sondern primäre Rahmen auf Medienebene sind die Rahmen des Ereignisses, sei dies ein primärer Rahmen wie ein Vulkanausbruch oder ein Modul wie die Proben für ein Theaterstück. Durch die Vermittlung in den Medien kommt zu den Rahmen des Ereignisses immer mindestens ein weiterer Rahmen hinzu. Um im genannten Beispiel zu bleiben, kann in den Nachrichten über beide Ereignisse berichtet werden, den Vulkanausbruch und das Theaterstück. Der Zuschauer muss sowohl jene Rahmen, die der Medienbericht enthält identifizieren und jene, die das Ereignis mitbringt.

Kompliziert wird die Aufschlüsselung von Rahmen im Medienangebot, wenn innerhalb eines Rahmens zusätzliche Modulationsstufen enthalten sind. Dies ist schon beim Beispiel des Berichtes über die Theaterproben enthalten, der Zuschauer muss im Rahmen der nicht-modulierten Nachrichten erkennen, dass die Proben selbst ein Stück modulierter Interaktion sind. Der Wechsel von Modulationsstufen wird durch Markierungen angezeigt, die angeben, dass alle weiteren Interaktionen im transformierten Sinn der Modulation zu verstehen sind. Fehlen sie, könnte der Zuschauer z. B. Bilder eines simulierten Vulkanausbruchs für authentische Bilder halten. Wie Klammern (footings; Goffman 1981) bezeichnen die Markierungen wann die Modulation beginnt und endet. Goffman führt dies in Zusammenhang mit dem Hörfunk aus, so kann z. B. eine veränderte Tonlage andeuten, dass ein Zitat gesprochen wird.

Rahmen- und Modulationshinweise sind eine unerlässliche Voraussetzung für die Einordnung von Medieninhalten in unterschiedliche Wirklichkeitsbereiche. Sie liegen auf Ereignisebene und im Vermittlungsrahmen, der durch spezifische Darstellungsmittel erkennbar wird. In den Nachrichten werden eine sachliche Sprache und Tonlage gewählt, der Stil ist – zumindest in den öffentlich-rechtlichen Sendern – nüchtern, gering ästhetisierend. Dazu kommen Hinweise, die angeben, um welche Art von Aussagekontext (resp. Genre) es sich handelt, z. B. Anmoderation, Sendeplatz, Vorspann etc. Solche Darstellungsmittel können vom Zuschauer dahingehend interpretiert werden, dass es sich um eine spezifische Sendeform mit einer spezifischen Qualität handelt: die Inhalte sind aktuell und ihre Tatsächlichkeit ist nicht moduliert, sondern vorhanden, sie sind Bestandteil eines bestimmten Genres, im genannten Beispiel «Nachrichten».

3.2 Das Medienangebot: Aufführungs-Rahmen

Wie oben bereits gesagt, bringt das Ereignis selbst bereits Rahmen mit. Was hier noch unerwähnt blieb, ist die Rolle des Rezipienten, der das in den Medien vermittelte Ereignis «beobachtet». Mit dem «Aufführungs-Rahmen» wird die Interaktion zwischen jenen Personen, die etwas beobachten, und jenen, die beobachtet werden, beschreibbar. Definiert ist eine Aufführung als «eine Veranstaltung, die einen Menschen in einen Schauspieler verwandelt, und der wiederum ist jemand, den Menschen in der ‹Publikums›-Rolle des langen und breiten ohne Anstoss betrachten und von dem sie einnehmendes Verhalten erwarten können» (Goffman 1993:143).

Aufführungen unterscheiden sich hinsichtlich ihrer Abstimmung auf das Publikum hin. So können zwar im Beispiel Goffmans Passanten voller Interesse Arbeiten auf einer Baustelle zusehen, die Bauarbeiter selbst aber haben nicht im Sinn, etwas aufzuführen. Hier machen sozusagen die Passanten die Bauarbeiten zu einer Aufführung. Anders ist dies beim Theater, bei dem die gesamte Interaktion auf ein beobachtendes Publikum abgestellt ist, dies beginnt bei der Art und Weise des Sprechens bis hin zur Ausrichtung der handelnden Personen auf den Zuschauerraum hin.

Eine besondere Form von Aufführungen stellen jene neuen Angebotsformen dar, die Öffentliches und Privates miteinander vermischen, insbesondere die so genannten Doku-Soaps. Indem Privates öffentlich gemacht wird, erhält es einen Aufführungscharakter, zugleich aber sind die Aufführenden daran interessiert, das, was eigentlich nicht für die Augen anderer bestimmt ist, so zu präsentieren, dass es zu einer Aufführung wird und das wirklich Private hinter der Fassade Aufführung zu verstecken suchen. Der Pakt zwischen Publikum und Aufführenden besteht bei Doku-Soaps darin, dass das Publikum über den Grad der Inszenierung Bescheid erhält und die Aufführenden wissen, dass sie beobachtet werden.

Je nachdem, wie weit die eine oder andere Partei darüber in Kenntnis resp. Unkenntnis ist, dass eine Aufführung stattfindet, ist eine beiden Parteien angemessene Möglichkeit gegeben, den Rahmen aufrechtzuerhalten: das heisst für die Seite der Aufführenden, nicht zum Opfer von Voyeurismus zu werden und für die Seite des Publikums, nicht darüber im Unklaren zu sein, welchen Aufführungsgrad das Ereignis besitzt. Ist diese Offenheit nicht gegeben, so kann einerseits die Würde der Protagonisten verletzt sein, wie dies bei der Doku-Soap Big Brother und ähnlichen Formaten öffentlich diskutiert wurde, oder andererseits das Publikum um eine korrekte Einordnung und Bewertung von Ereignissen betrogen (z. B. wenn bei einer angekündigten Demonstration nur aufgrund der Anwesenheit von Fernsehkameras Steine geworfen werden; Kepplinger 1992). Insofern zeigt der Aufführungs-Rahmen die gegenseitige Verpflichtung von Aufführenden und Publikum an, die zur Aufrechterhaltung dieses Rahmens erforderlich ist und die es verlangt, den Aufführungscharakter sowohl durch die Aufführenden wie durch jene, die etwas zu einer Aufführung machen, offen zu legen.

3.3 Die Medienrezeption: Zuschauer-Rahmen

Der bei den Medien bestehende Aufführungs-Rahmen beschreibt das zwischen Aufführenden und Publikum bestehende interaktive Verhältnis, das zu seiner Aufrechterhaltung Voraussetzung ist. Er sagt aber nichts darüber aus, auf welche Weise der Zuschauer auf den Rahmen als kontextualisierte Sinneinheit gerichtet ist. Die Rahmen-Analyse liefert hier Ansätze für eine Rezeptionstheorie, die hinsichtlich der Frage nach dem Umgang mit verschiedenen Medienwirklichkeiten aufschlussreich ist.

Jene Personen, die unmittelbar an einem Ereignis beteiligt sind und jene, die es von aussen beobachten, besitzen einen unterschiedlichen Grad der Teilhabe am Geschehen. Prinzipiell kann man zwei Formen des Engagements an Rahmen unterscheiden: Die innere Teilhabe am Ereignis nimmt gefangen, sie verwickelt den Beteiligten emotional in das Geschehen, spricht ihn direkt an. Auf dieser Ebene verliert sich die Unterscheidung, ob etwas Fakt oder Fiktion ist, das innere Gefangen-genommen-sein liefert dem Rezipienten eine Brücke zur empathischen Teilhabe an medienvermittelten Ereignissen. Dieser Unterschied kommt erst bei Einbezug des Rahmenrandes, der die äusserste Rahmenschicht darstellt, zum Tragen, er sagt aus, wie ein Ereignis einzuordnen ist und alle in ihm vollführten Interaktionen sinnhaft zu deuten: Ist etwas Fakt oder Fiktion, ist es ein tatsächliches Geschehen oder gestellt?

Bei Goffman erfährt man wenig über die Grade des Engagiertseins in unterschiedlichen Rahmen, was Aufschluss über die Teilhabe an Medienwirklichkeiten geben könnte. Einen Hinweis auf die Weisen des Engagiertseins und deren rahmenanalytische Erfassung als Rezeptionsmodi, lässt sich jedoch aus den «Herauf- und Heruntermodulationen» (Goffman 1993:396ff.) ableiten. Mit ihnen wird bestimmbar, ob eine Distanzierung vom Geschehen oder eine gesteigerte innere Teilnahme besteht, was im ersten Fall den Bezug auf Formen sinnhafter Kontextualisierung und im zweiten den Rückgang auf die Ereignisebene darstellt. Wenn eine traurige Sequenz in einem Film ironisch kommentiert wird, wird diese vom Zuschauer heraufmoduliert, eine Heruntermodulation findet statt, wenn ihm ein fiktionales Ereignis so nahe geht, als würde es tatsächlich geschehen. Beide Formen stellen Ausbrüche aus bestehenden Rahmen dar, weil bei ihnen der normativ gesicherte Grad an Teilhabe nicht eingelöst wird, also entweder wird der erwartete Grad unterschritten, wie bei der Heraufmodulation, oder überschritten. D.h. auch der

Mediennutzer muss zu einer dem vorliegenden Rahmen adäquaten Haltung gelangen, um dem in einer Medienbotschaft vermittelten Ereignis gerecht zu werden. So wird seine Sorge um eine Verletzung von Wrestling-Kämpfern dann geringer sein, wenn er über die Schau-Qualität dieses Kampfes Bescheid weiss. Worin liegt der Unterschied zur direkten Beteiligung an Interaktionen? Bei direkten Interaktionen findet die Freiheit der Herauf- und Heruntermodulationen ihre Grenzen in dem, was als schicklich, als sozial angemessen gilt und wird unmittelbar mit entsprechenden Sanktionen geahndet. In der Rezeptionssituation können solche Ahndungen höchstens durch den Zuschauer sich selbst gegenüber oder in einer gegenseitigen Ermahnung durch die Nutzergruppe stattfinden. Die gegenseitige Verpflichtung zur Aufrechterhaltung des Rahmens ist damit vom Zuschauer selbstständig einzulösen, jedoch nicht ohne bereits vom Medienproduzenten eingelöst zu sein. Für den Rezipienten entsteht hier eine ethische Dimension von Medienkompetenz, die in der inneren Verpflichtung der an der beobachteten Interaktion Beteiligten gegenüber besteht. Sein Grad an Engagement, das er am medial gerahmten Ereignis aufbringt, muss den Rahmen des Ereignisses so gerecht werden, als wäre er an einer direkten Interaktion beteiligt. Da es sich sowohl bei den Medien als auch bei direkten Interaktionen um dieselben Modulationsstufen handelt, sind Medienerfahrungen auf die Erfahrung direkter Interaktionen beziehbar bzw. erhalten aus diesen ihre Erfahrung als mehr oder weniger verbindlich (resp. «wirklich»).

4 Rahmenanalytische Bestimmung von Medienkompetenz

Die Tragfähigkeit von Goffmans «Rahmen-Analyse» für die Medienrezeption ist darin zu sehen, dass unter dem Verständnis von Rahmen «Wirklichkeit» und Medienwirklichkeit sowie -wirklichkeiten ineinander überführbar sind, weil sie verschiedene Modulationsstufen von Sinn darstellen. Der Rahmen enthält Interpretationsanweisungen, in einer semiotisch erweiterten Perspektive ist das, woraus sich Rahmen in den Medien konstituieren, eine zeichenhaft vermittelte Bedeutung. Sind Medienangebote kontextualisierte Einheiten von Sinn, so muss sich diese Sinnhaftigkeit im Verständnis und im inneren Engagement des Rezipienten spiegeln, so dass aus ihnen kommunizierte und kontextualisierte Bedeutungseinheiten werden, die als Rahmen bestimmte Sinn- und damit Erfahrungstypen repräsentieren. Über welche Kompetenzen muss der Rezipient verfügen, um einerseits die korrekte Einordnung von Medienwirklichkeiten vorzunehmen und andererseits das richtige Mass an innerem Engagement aufzubringen?

4.1 Rahmungswissen

Wie der Rahmen-Analyse zu entnehmen ist, erhalten Äusserungen und Handlungen ihren Sinn erst durch den Kontext, in dem sie entstehen und der durch Interpretationshinweise konstituiert wird. Um diese Interpretationshinweise, die mehr oder weniger explizit und willentlich gegeben sein können, adäquat zu verstehen, muss ein Rahmungswissen vorhanden sein, das die Auslegung sozialer Wirklichkeit, auch von Medienangeboten, erlaubt. «Rahmungswissen» definiert Soeffner als «das Verfügungswissen über Interpretationsanweisungen zu denjenigen Anzeigehandlungen oder Zeichen, mit deren Hilfe andere Zeichen zu einer in sich stimmigen Deutungseinheit zusammengebunden werden sollen» (1986:76).

Bei der Medienrezeption speist sich das Rahmungswissen aus zwei Quellen. Einerseits ist es auf den generellen Sozialisationsprozess und die dabei gewonnenen Erfahrungs- und Wissensbestände des Individuums zurückzuführen, die es ihm ermöglichen, feinste Nuancierungen von Sinn zu unterscheiden. So war in einer empirischen Untersuchung die Einordnung von Bildaufnahmen als authentisch (und nicht gestellt) anhand einer Vergewisserung darüber möglich, dass ein ca. 13 Monate altes Kind noch nicht bewusst vorgeben kann zu weinen, sondern wirklich weint (Pietraß 2003:182ff.).

Die zweite Quelle ist auf das im Prozess der Mediensozialisation und -erziehung gewonnene Wissen zurückzuführen. So einerseits die Kompetenz, verschiedene Genres zu unterscheiden und sie hinsichtlich ihrer Aussage, ihrer Qualität und Glaubwürdigkeit zu bewerten. Eine andere Quelle stellt das Wissen über die Gestaltungsformen dar, mit Hilfe derer metakommunikative Hinweise vermittelt werden, z. B. welche Art von Film verwendet wird. An dieser Stelle zeigt sich auch die Bedeutung medienpädagogisch vermittelter Kenntnisse über die Medien, also die Medienkunde. Sie ermöglicht den Einbezug von Kriterien, die die Bewertung der metakommunikativen Hinweise erlauben, z. B. dass eine verschwommene Oberfläche, eine starre Kameraposition bei versteckten Aufzeichnungen auf deren Authentizität hindeuten, zugleich aber Authentizität mit Hilfe entsprechender Darstellungsformen manipuliert werden kann.

4.2 Empathie und Distanz

Interaktionspartner haben eine doppelte Leistung hinsichtlich ihrer Partizipation an Rahmen zu erbringen: Sie müssen diese, wie oben ausgeführt, sinnhaft einordnen, also die Rahmenhinweise korrekt interpretieren und zugleich nehmen sie am gerahmten Ereignis teil. Soll diese doppelte Perspektive adäquat vollzogen werden, so muss der am Rahmen Beteiligte einerseits wissen, wie Rahmen einzuordnen sind und zugleich ein gewisses Mass an innerem Engagement aufbringen. Bezogen auf die Medienrezeption ist nur über das innere Engagement am vermittelten Ereignis eine Teilhabe an sozialer Wirklichkeit möglich, die das durch Vermittlung entstehende Defizit ausgleichen kann. Medienwirklichkeit verkäme zu einer Oberfläche von Zeichen, wenn deren Referenz zur sozialen Wirklichkeit sich in einer mangelnden Referenzherstellung durch den Nutzer auflöste. Ist die einzige Verbindung zur sozialen Wirklichkeit jene über die Medien, so ist hier an den Nutzer eine Verantwortung gestellt, Medienwirklichkeit nicht in eine reine, unterschiedslose Signifikazität abgleiten zu lassen. Zugleich aber ist seine Kompetenz der Einordnung und Bewertung von Aussagen unerlässlich, weil er andernfalls Differenzen zwischen der Qualität und Gültigkeit von Medieninhalten im unterschiedslosen Erleben vermischen würde.

Ausgeblendet sind hier der Rezeptionskontext sowie das Interesse der Nutzer. Dennoch können grundsätzlich bestehende Grenzen und Potenziale einer kompetenten Mediennutzung aufgezeigt werden. Sie liegen in einer anthropologischen Dimension von Medienrezeption, die das begrifflich-abstrakte und das emotional-konkret geleitete Weltverhältnis des Menschen umfasst. Auf Seite der Nutzer verlangt es eine Selektion von Medieninhalten, die das eigene Wissen über bestimmte Themen als emotional geleitet oder distanziert reflektierbar macht. So kann durch eine gezielte Selektion von Reportagen oder Filmen aus anderen Kulturkreisen das abstrakte Wissen über die Lebensweise anderer sozialer und kultureller Milieus bereichert werden. Auf der anderen Seite ist es verlangt, Distanz zu gewinnen, wenn man gefühlsmässig so involviert ist, dass es einem schwer fällt, die konkrete Ebene verlassend, wieder einen kritischen, also unterscheidenden Zugriff zu gewinnen.

5 Präsentationsweise und Rahmungs-Kompetenz

Wie aus der Rahmen-Analyse abgeleitet werden kann, stellt die Aufrechterhaltung von Rahmen eine gegenseitige Verpflichtung dar, die Publikum und Anbieter miteinander eingehen. Es kann bei der Grundlegung von Medienkompetenz also nicht nur um die vom Nutzer zu erbringenden Qualifikationen gehen, sondern das Medienangebot mit seinen spezifischen Präsentationsweisen stellt eine wesentliche Voraussetzung für eine kompetente Mediennutzung in obigem Sinn dar. Dem Nutzer liegt nur das fertige Produkt vor, in ihm müssen alle Rahmenhinweise enthalten sein, die benötigt sind, um Medienwirklichkeiten adäquat zuzuordnen. Sind diese Hinweise unzureichend oder gar manipuliert, so ist eine sinnadäquate Rahmung erschwert.

Unter Einbezug der Rahmen und mit den Rahmen gegebenen Informationen ist es dem Zuschauer möglich, eine auf Wissen beruhende kritische Distanzierung zu erreichen, die eine Einordnung und Bewertung von Aussagen ermöglicht. Sind Rahmenhinweise unklar und verschwommen, wird der Zuschauer gezwungen, sich mit den Rahmen auf Ereignisebene auseinander zu setzen, was die Einordnung und Bewertung des Ereignisses in einen sachlichen Wissenszusammenhang erschwert.

Auf der anderen Seite ist eine stark abstrahierende, wenig konkretisierende Berichterstattung ebenfalls problematisch. Zwar werden dem Nutzer Kenntnisse «über» das Ereignis vermittelt, aber eine Interaktion «mit» ihm durch engagierte Teilhabe wird nicht ermöglicht. Solche Fälle treten dann auf, wenn dem Nutzer zu wenig konkrete Zugänge eröffnet werden, die Teilhabe auf einer menschlichen Ebene gewähren könnten.

Soll der Nutzer die Möglichkeit haben, sich ein Bild über die Welt zu machen, das sowohl auf Erfahrungserweiterung durch Medien einerseits und deren systematische Einordnung und Bewertung andererseits basiert, dann bedarf es einer Berichterstattung, die Engagement und sinnhafte Kontextualisierung ermöglicht.

Von Seiten der Medienforschung ist es erforderlich, produkt- mit rezeptionsanalytischen Zugängen empirisch zu verbinden, um Kenntnisse über die korrekte Interpretation zu gewinnen und Wege für eine verstehensorientierte Gestaltung von Medieninformationen aufzuzeigen.

6 Fazit

Soll das Potenzial, das eine zunehmend durch Medien kommunizierende Gesellschaft besitzt, ausgeschöpft werden, kann sich kompetente Mediennutzung nicht in der korrekten Entzifferung von Zeichen erschöpfen. Die Rahmenstruktur sowohl des Angebotes wie seiner Rezeption verlangt von allen an der Medienkommunikation Beteiligten die Aufrechterhaltung einer gegenseitigen Verpflichtung, die zwei Komponenten einbezieht:

1) Die Markierung von Medienbotschaften mit klaren Rahmenhinweisen, damit der Rezipient den Sinn und die Qualität von Aussagen bestimmen kann. Er muss seinerseits dazu über ein Rahmungswissen verfügen, das genre- und vermittlungsbezogenes Wissen (Wissen über medienspezifische Gestaltungsmittel) einerseits, und ein allgemeines Weltwissen andererseits, umfasst.
2) Die Ermöglichung einer Teilhabe an medienvermittelten Ereignissen durch ein empathisches Engagement an der beobachteten Interaktion, was verlangt, dass Medien diese konkrete Ebene zugänglich zu machen. Von Seiten des Nutzers besteht, normativ gesehen, die Verpflichtung,

sich dieses Engagements nicht zu entziehen, sondern es im Grad der durch den Rahmen bestehenden Grenzen so zu erfüllen, dass er durch einen Rückgang auf das hinter den Zeichen stehende Ereignis dieses in einer dessen Rahmen angemessenen Weise verfolgt.

Die im vermittelnden Charakter der Medien liegende Möglichkeit einer Erfahrungserweiterung durch Medien findet in diesen beiden Punkten ihre Voraussetzung.

Was hier nicht dargestellt werden konnte, ist, wie sich die Interaktion zwischen Aufführenden und Zuschauenden empirisch vollzieht (Pietraß 2003). Mit der auf gerahmte Erfahrungsformen gerichteten Perspektive sollte eine sozial-anthropologische Dimension von Medienkompetenz aufgezeigt werden, die eine qualitative Bestimmung von Medienwirklichkeit(en) ermöglicht. Geht man auf die eingangs aufgeworfene Frage der Unterscheidung von Medienwirklichkeiten zurück, so zeigt sich, dass hier ein über eine funktionalistische Bestimmung kompetenter Mediennutzung hinausweisendes Potenzial von Medienkommunikation als kommunizierter sozialer Wirklichkeit liegt.

Literatur

Goffman, Erving. *Forms of Talk.* Philadelphia: University of Pennsylvania Press, 1981.

Goffman, Erving. *Rahmen-Analyse. Ein Versuch über die Organisation von Alltagserfahrungen.* Frankfurt: Suhrkamp, 1993.

Hettlage, Robert. «Rahmenanalyse – oder die innere Organisation unseres Wissens um die Ordnung der Wirklichkeit». In: *Erving Goffman – ein soziologischer Klassiker der zweiten Generation.* Robert Hettlage; Karl Lenz (Hrsg.). Bern: Haupt, 1991. 95–156.

Kepplinger, Hans-Matthias. *Ereignismanagement. Wirklichkeit und Massenmedien.* Zürich: Edition Interfrom, 1992.

Metz, Christian. «Das Kino: ‹Langue› oder ‹Language›?» In: *Semiologie des Films.* Christian Metz (Hrsg.). München: Fink, 1972. 51–129.

Pietraß, Manuela. *Bild und Wirklichkeit. Zur Unterscheidung von Realität und Fiktion bei der Medienrezeption.* Opladen: Leske + Budrich, 2003.

Soeffner, Hans-Georg. «Handlung – Szene – Inszenierung. Zur Problematik des «Rahmen»-Konzeptes bei der Analyse von Interaktionsprozessen.» In: *Kommunikationstypologie: Handlungsmuster, Textsorten, Situationstypen.* Werner Kallmeyer (Hrsg.).Düsseldorf: Schwann, 1986. 73–91.

Zu den Fragen, auf die «Medienkompetenz» die Antwort ist

Ein Aufruf zum interdiskursiven und interdisziplinären Dialog

Harald Gapski

Fragen nach der Funktion von Medienkompetenz werden zumeist aus der Perspektive eines gesellschaftlichen Bereichs gestellt und in diesem Rahmen beantwortet, selten dagegen auf gesellschaftlicher Ebene. Soll dieser Begriff «Medienkompetenz» jedoch als ein Schlüsselbegriff in der Wissensgesellschaft gelten, bedarf es einer theoretischen Beschreibungs- und strategischen Umsetzungsperspektive, die über die Grenzen einer Disziplin und eines gesellschaftlichen Bereichs hinausreicht. In dem vorliegenden Beitrag sollen Argumente für eine Reformulierung des traditionellen und medienpädagogisch geprägten Begriffs Medienkompetenz vorgestellt und Leitlinien für seine Rekonstruktion vorgeschlagen werden.

Ausgangspunkt der folgenden Überlegungen zum Thema Medienkompetenz ist die Beobachtung einer Mannigfaltigkeit parallel laufender Diskurse und ihrer beteiligten gesellschaftlichen Akteure. Seit Jahren gilt Medienkompetenz in unserer Mediengesellschaft als ein viel zitierter Schlüssel- bzw. Kampfbegriff in medienpädagogischen Projekten, medienwirtschaftlichen Qualifizierungsstrategien, medienrechtlichen Regulierungsdebatten und gesellschaftspolitischen Wertediskussionen. In dieser Gesellschaft, die sich in hohem Masse durch medial gestützte Kommunikationsverhältnisse beobachtet, reflektiert und organisiert, rufen unterschiedliche Stimmen nach mehr Medienkompetenz verschiedener Zielgruppen und betonen die wichtige Schlüsselposition, die diesem Begriff zukommt. Zu diesen Stimmen zählen nicht nur pädagogische, sondern eben auch politische, wirtschaftliche, technische und rechtliche.

Eben diese Vielfältigkeit und die damit verbundenen polyvalenten Interessen und systemischen Imperative soll zum Ausgangspunkt für die Beantwortung der folgenden Frage gemacht werden: «Was bedeutet Medienkompetenz in der Informations- und Wissensgesellschaft und welche Entwicklungsmöglichkeiten gibt es?» Mit der Feststellung des Rahmens zur Beantwortung dieser Frage geht es zugleich um die Vermeidung von Verkürzungen, auf die Saxer bereits 1992 hingewiesen hat: «Fragen wünschenswerter, ausreichender oder auch defizitärer Medienkompetenz werden fast nur in Mikrokontexten oder in Bezug auf Sozialisationsinstanzen wie Elternhaus oder Schule thematisiert, kaum auf gesamtgesellschaftlicher Ebene. Dadurch verliert die diesbezügliche Diskussion wesentliche Aspekte ihres Gegenstandes aus ihrem Gesichtsfeld und wird auch in ihren strategischen Erwägungen kurzsichtig» (Saxer 1992:21).

Wie aber kann ein weitsichtiges Begriffskonzept von Medienkompetenz gebildet werden, welches

- erstens dieser oben genannten gesellschaftlichen Polyphonie der Diskurse und
- zweitens der entgrenzten Reichweite von Medienkompetenz, welche sich auf alle gesellschaftlichen Zielgruppen, Bereiche und Medienformen erstreckt, Rechnung trägt? Anders formuliert: Wie ganzheitlich muss ein theoretisches Konzept von Medienkompetenz sein, um im Hinblick auf die praktische Medienkompetenzförderung nachhaltig zu wirken?

Um eine Antwort bzw. die zentrale These gleich vorwegzunehmen: Die Fortführung der medienpädagogischen Traditions- und Argumentationslinie, die von der Sprachkompetenz über die kommunikative Kompetenz bis hin zur Medienkompetenz als eine im Subjekt verankerte Handlungsdisposition reicht, greift in ihrer theoretischen Reichweite und in ihrer praktischen Problemlösungskompetenz zu kurz. Sie kann nur zum Teil die «Herausforderungen»[1] beschreiben, die im Hinblick auf die medienkompetente Nutzung in medientechnisch angereicherten Sozialsystemen (Schulen, Unternehmen, Verwaltungen) entstehen. Diese Herausforderungen beziehen sich nicht ausschliesslich auf Kompetenzen, die im Individuum verankert sind.

Vor dem Hintergrund der o. g. Fragen sollen die folgenden Überlegungen in vier Punkte gegliedert werden:

1 Medienkompetenz als konjunkturelles Konstrukt in den Massenmedien.
2 Medienkompetenz als Komplexbegriff im Schnittfeld vielfältiger Diskurse.
3 Medienkompetenz als ein Kompositum und Kunstbegriff mit den Bürden einer Theorietradition.
4 Medienkompetenz und die Konsequenzen einer Reformulierung des Begriffskonzepts.

1 Vgl. hierzu etwa Teltschik/Hamm, 1992 – Behler, 1996 – Mosdorf, 1996.

1 Medienkompetenz als Konstrukt der Medien

Auf die Konjunktur des Begriffs Medienkompetenz ist vielfach hingewiesen worden. Abbildung 1 (siehe unten) zeigt das Ergebnis einer Volltextrecherche in Form einer Häufigkeitszählung von Artikeln in deutschsprachigen Zeitungen – von der Frankfurter Rundschau über den Spiegel bis hin zur Neuen Zürcher Zeitung – zwischen 1991 und 2002, in denen das Wort «Medienkompetenz» vorkommt.

Andere Ereignisse auf der gleichen Zeitachse, wie etwa das Aufkommen des WWW (1994), oder der Start der deutschen Initiative «Schulen ans Netz» (1996) lassen sich sicherlich in Relation zu dieser Konjunktur bringen. Die Frage, inwieweit der Höhepunkt dieser Begriffskarriere überschritten ist, oder durch andere Begrifflichkeiten, wie etwa «Digitalkompetenz» abgelöst wird, soll an dieser Stelle nicht weiter verfolgt werden.

Eine kongruente Konjunkturkurve lässt sich auch für die Zahl der einschlägigen Fachpublikationen zum Thema Medienkompetenz aufzeigen. Fast alles, was wir über die Welt und die Gesellschaft wissen, wissen wir aus den Medien. Unser Wissen über die Bedeutung von Medienkompetenz zählt auch zu diesem Wissen. Dieses rekursive Wechselwirkungsverhältnis zwischen medialer Berichterstattung über die Bedeutung von Medienkompetenz und die mediale Berichterstattung über andere Themen, wie z. B. Gewalt in den Medien, Arbeitslosigkeit oder Schulbildung, die ihrerseits erstere weiter anregt

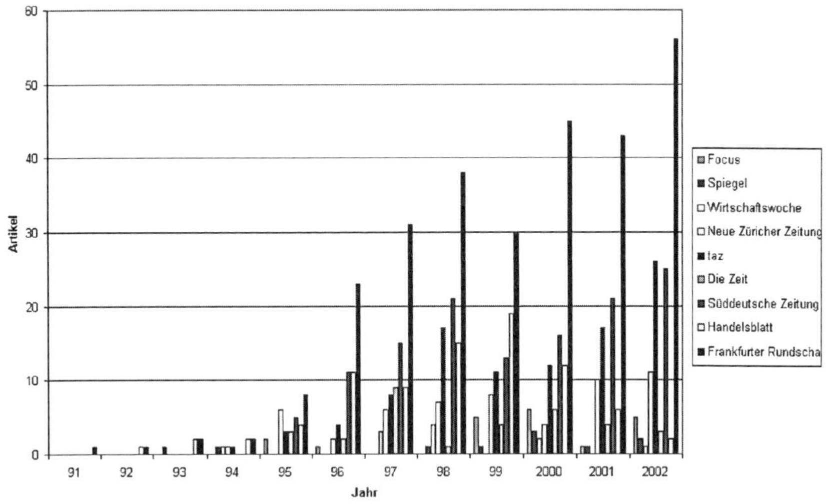

Abb. 1: Das Stichwort «Medienkompetenz» in Zeitungen

und «irritiert»[2] fügt sich in die Funktionslogik der Massenmedien. Der Begriff Medienkompetenz ist ein (massen-)mediales Konstrukt, dessen Konjunktur in den Strukturen einer modernen funktional differenzierten Mediengesellschaft begründet liegt. Abgesehen von dieser Konjunktur und der Selbstirritation des Mediensystems über die Bedeutung von Medienkompetenz in der Mediengesellschaft, stellt sich konkreter die Frage: Wie und von wem wird Medienkompetenz definiert?

Zur Beantwortung dieser Frage wurden in einer explorativen Fallstudie über 100 Definitionen von Medienkompetenz inhaltsanalytisch untersucht, die zwischen 1996 und 1999 veröffentlicht wurden (Gapski 2001). Die meisten Autoren dieser Definitionen entstammen dem Bildungsbereich, gefolgt von den Bereichen Wissenschaft, Politik, Wirtschaft und Recht. Üblicherweise werden in den Definitionen von Medienkompetenz verschiedene Dimensionen oder Ebenen ausdifferenziert, die den Komplexbegriff Medienkompetenz beschreiben sollen. Beispielsweise definiert Baacke (1998) vier Hauptfelder mit insgesamt neun Unterdifferenzierungen, Aufenanger (1997) sechs Dimensionen oder Pöttinger (1997) je drei Dimensionen der Medienkompetenz. Üblicherweise werden instrumentelle, kritisch-reflexive, medienkundliche, kreative, ethische und emotionale Dimensionen – in eben dieser Häufigkeitsfolge – in den Definitionen der Medienkompetenz genannt. Die Subjektverankerung des Begriffs, wie sie etwa Schorb (1997) innerhalb des medienpädagogischen Diskurses betont, konnte für die überwiegende Zahl der untersuchten Definitionen von Medienkompetenz deutlich bestätigt werden: «Medienkompetenz umschreibt die Verbindung des Subjekts zur medialen Kommunikation» (Schorb 1997:277).

2 Medienkompetenz im Schnittfeld verschiedener Diskurse

Schon das breite Herkunftsspektrum der Definitionen von Medienkompetenz in der o. g. Fallstudie verweist auf einen breiten gesellschaftlichen Resonanzboden. Medienkompetenz ist kein exklusiver Begriff der medienpädagogischen Fachdiskussion, sondern wird in unterschiedlichen pädagogischen, wirtschaftlichen, politischen, rechtlichen und technischen Diskursen geformt, ausgehandelt und instrumentalisiert. Der Begriff erfüllt jeweils relevante kommunikative Anschlussfunktionen. Auf fünf dieser Diskurse soll an dieser Stelle kurz eingegangen werden.

2 «Das Konstrukt des ‹kognitiv mehr oder weniger informierten, entscheidungskompetenten, moralisch verantwortlichen Menschen› dient dem Funktionssystem der Massenmedien dazu, sich selbst im Blick auf seine biologische und psychische Menschenumwelt ständig zu irritieren» (Luhmann, 1996: 135).

2.1 Zum pädagogischen Diskurs

Im pädagogischen Diskurs wird Medienkompetenz von zahlreichen Autoren als Bestandteil oder Besonderung einer umfassenden Handlungskompetenz und kommunikativen Kompetenz verstanden. Angereichert um entwicklungs- und sozialisationstheoretische Einsichten muss Medienkompetenz aus pädagogischer Perspektive alters- und entwicklungsspezifisch differenziert werden sowie affektive Dimensionen der Mediennutzung entsprechend einbeziehen. Medienpädagogik und ihr Zielwert Medienkompetenz liegen im Spannungsfeld von normativ-ethischen Zielvorstellungen und technischen Anpassungszwängen, welche als technokratisch kritisiert werden: Es geht um mehr als Computer bedienen zu können! Immer dann, wenn dieser pädagogische Medienkompetenz-Begriff, etwa unter dem Diffusionsdruck der Neuen Medien zu instrumentell und zu technisch wird, gewinnt die normative Referenz Mensch oder das aufklärerische Menschenbild an Bedeutung: Hier geht es um Mündigkeit, Selbstbestimmung und Emanzipation.

2.2 Zum wirtschaftlichen Diskurs

Der wirtschaftliche Diskurs begreift Medienkompetenz als Produktions- und Standortfaktor. Medienkompetenz ist unter angebots-, nachfrage- und beschäftigungsspezifischen Aspekten von Bedeutung. Insbesondere die beiden letztgenannten Aspekte sind Gegenstand wirtschaftspolitischer Fördermassnahmen auf unterschiedlichen Ebenen.

Medienkompetenz in Bezug auf die neuen Informations- und Kommunikationstechniken gilt als Antwort auf den drohenden «Skills-Gap» in der IT-Wirtschaft. Der auf der Anbieterseite favorisierte Begriff von Medienkompetenz ist stark betrieblichen Anforderungen unterworfen. Doch die Halbwertszeiten dieser instrumentellen Kompetenzen sind angesichts der dynamischen technischen Entwicklung nur kurz. In zahlreichen nationalen und internationalen Qualifizierungsinitiativen wird dieser IT-fokussierte Medienkompetenzbegriff durch «Global Players» der IT-Branche gefördert und an bildungspolitische Initiativen gekoppelt.

Auf der Nachfrageseite der Medienwirtschaft und damit auch auf der Seite der Medienwirtschaftspolitik sind ablehnende Einstellungen und Vorurteile für die zukünftige Marktentwicklung in der Informationsgesellschaft nicht förderlich. «Wer möglichst grosse Absatzmärkte und Anwendungsfelder für neue Medienprodukte erschliessen will, der ist auf kompetente Mediennutzer angewiesen. Medientechnische Analphabeten sind auch schlechte Kunden» (Rau 1995:9). Medienkompetenz gilt als Akzeptanzfaktor auf dem Weg zur Marktentwicklung in der Informationsgesellschaft.

Entsprechende wirtschaftliche Imperative, die Druck auf gesellschafts-

und bildungspolitische Entscheidungsprozesse ausüben und die Akzeptanz Neuer Medien erhöhen sollen, sind sowohl auf nationaler als auch europäischer Ebene aufzeigbar.

Gegenüber klassischen Qualifikationen bieten Kompetenzen die Möglichkeiten der flexiblen Selbstanpassung, der Selbstorganisation an den wirtschaftlichen Wandel. Anhand der Begriffe Schlüsselqualifikation und Kompetenz zeigt Dieckmann (1999:83), dass diese so entfaltet werden, dass sie «für das Funktionieren konkurrierender Grossorganisationen des Wirtschaftslebens wesentlich sind». Kompetenzen sollten idealerweise messbar sein, damit sie als betriebswirtschaftliche Grösse der Human Resources behandelt und beispielsweise in das Wissensmanagement eines Unternehmens integriert werden können.

2.3 Zum rechtlichen Diskurs

Im rechtlichen Diskurs bedeutet «Medienkompetenz» zunächst, wenn auch kaum noch in dieser Begriffsbedeutung verwendet, die Zuständigkeit in Fragen der Medienregulierung. Auch individuell verstanden, hat der Medienkompetenzbegriff Eingang in eine Reihe von Mediengesetzen gefunden. Angesichts der dynamischen und globalen Medienentwicklungen wird kritisch diskutiert, inwieweit dieser Begriff eine Option zur Verlagerung von Regulierungsproblemen vom Rechtssystem auf das Bildungssystem liefert. In Zeiten weltweit vernetzter Medienkonzerne können «Appelle zur Wahrnehmung von Selbstverantwortung» sowie der Ruf nach Stärkung der Medienkompetenz auf Seiten der Rezipienten auch als Effekte medienrechtlicher Steuerungsprobleme gesehen werden (Jarren 1997). Da Medienordnungen und nationale Steuerungsmechanismen keine ausreichenden Lösungskonzepte mehr vorschlagen können, wird nun der Rezipient und Verbraucher als medienkompetentes Individuum in die Verantwortung genommen: «Medienkompetenz kann deshalb ohne Verbraucherkompetenz nicht gedacht werden, und der Erwerb von Medienkompetenz erfordert dementsprechend Verbraucherberatung und auch Verbraucherschutz» (Krotz 1997:254). Bei jungen Verbrauchern greifen zusätzlich die rechtlichen Diskurse des Jugendschutzes.

Im Überblick sind zwei medienrechtliche Interpretationspole beobachtbar: Erstens, Medienkompetenz als sinnvolle Ergänzung zur öffentlich-rechtlichen Medienregulierung, wie sie beispielsweise die deutschen Landesmedienanstalten betreiben (www.alm-medienkompetenz.de) oder zweitens, Medienkompetenz als Krisensymptom einer Medienrechtspolitik, die in Zeiten deregulierter globaler Medienentwicklungen nicht mehr steuernd einwirken kann.

2.4 Zum gesellschaftspolitischen Diskurs

Im gesellschaftspolitischen Diskurs gilt Medienkompetenz als «Grundqualifikation, die jeder mündige Bürger benötigt, um als aktiver Bürger in unserer demokratisch strukturierten Informationsgesellschaft zu leben» (Dichanz 1998:14). In diesem Diskurs kann Medienkompetenz als Teil einer Demokratiekompetenz verstanden werden, die zum Erhalt einer kritischen Öffentlichkeit in der Mediengesellschaft von hoher Bedeutung ist. Medienkompetenz wird als ein Parameter zur Minderung verschiedener «Gaps» und «Digital Divides» diskutiert: Chancengleichheit und Schliessung von gesellschaftlichen Klüften sind wichtige gesellschaftspolitische Zielvorstellungen in der Informationsgesellschaft. Die gesellschaftspolitischen Implikationen der Medienkompetenz verweisen nicht nur auf die individuelle Ebene politisch agierender Bürger, sondern beziehen sich auf das gesamte Gesellschaftssystem einschliesslich des Mediensystems und den politisch gesetzten Rahmenbedingungen. Daher spricht Krotz (1997:263) von der «Medienkompetenz einer Gesellschaft» im Sinne eines Vermögens, «dafür zu sorgen, dass ihre Medien, auf die sie als Demokratie angewiesen ist, frei und doch sozial verantwortlich handeln.»

2.5 Zum medientechnischen Diskurs

Im medientechnischen Diskurs wird Medienkompetenz eng an die technische Entwicklung gebunden, deren Innovationszyklen immer kürzer werden. Damit folgen auch gesellschaftliche Resonanzeffekte in immer kürzeren Abständen. Die zukünftigen Systeme der IT-Technik koppeln menschliche und technische Informationsverarbeitung noch enger zusammen als wir es ohnehin schon von den traditionellen Medien kennen. In Zukunft werden «künstliche Agenten» und «intelligente Medienassistenten» die Medienkompetenz des Nutzers weiter steigern. Die Förderung von Medienkompetenz ist eine Herausforderung an das Systemdesign: Im Arbeitsprogramm 2003–2004 «Technologien für die Informationsgesellschaft» der Europäischen Kommission (IST Programm) finden sich im Abschnitt «2.3.2.4. Kognitive Systeme» folgende Forschungsziele: «Es sollen physisch instanziierte oder an natürliche Formen angelehnte Systeme entwickelt werden, die wahrnehmungsfähig sind, die Semantik der aufgenommenen Information verstehen, mit ihrer Umwelt interagieren und sich entwickeln können, um in Situationen, in denen kontextgebundenes (situations- oder aufgabenbezogenes) Wissen benötigt wird, ähnlich wie Menschen agieren zu können» (Cordis 2002:26). Mit dem Fortschreiten technologischer Autonomie werden Fragen der informationellen Autonomie und der Vertrauensbildung in soziotechnischen Systemen immer wichtiger (Kuhlen 1999). Der medientechnische Diskurs steht damit in gewisser Weise in Opposition zum medienpädagogischen Diskurs. Medienkompetenz hier allein als «individuelle Beherrschungskompetenz» zu verstehen, die durch medienpädagogische Massnahmen zu vermitteln sei, bedeutet, die Eigendynamik der technologischen Entwicklungen zu vernachlässigen. Versteht man die Geschichte der Medienpädagogik als «Geschichte der pädagogischen Reaktionen auf die jeweils ‹neuen Medien› und die durch sie hervorgerufenen gesellschaftlichen Irritationen» (Hüther/Schorb/Brehm-Klotz 1997:245) dann erwarten wir nach der Radio-, Film-, Computer- und Internet-Kompetenz in Kürze auch die Kompetenz im Umgang mit künstlichen Medienassistenten.

Es stellt sich die Frage, ob allein dieses Nachziehen der pädagogischen Kompetenzförderung gegenüber der technischen Entwicklung hinreichend ist, um ein aufbrechendes Informations- und Kompetenzparadox zu lösen: Die technische Produktion von immer mehr Informationen in immer anderen medialen Aufbereitungen stellt den Nutzer vor immer komplexere Probleme ihrer medienkompetenten Nutzung. Zur Lösung dieser Nutzungsprobleme werden wieder neue Techniken entwickelt, die ihrerseits neue Kompetenzprobleme erzeugen und so weiter.

Schon heute leben, arbeiten und lernen wir in dicht vernetzten Medienwelten. Zur theoretischen Beschreibung des kompetenten Umgangs mit diesen Medienwelten reicht die Referenz auf ein kompetentes Subjekt nicht aus. Es geht um eine Beschreibungsebene, die in der Lage ist, psychische, technische und soziale Systemdimensionen zusammenzuführen. Die begriffliche Tradition von Medienkompetenz bildet hier indes eine Bürde, die es zu überwinden gilt, um nach neuen theoretischen Anschlussstellen zu suchen.

3 Medienkompetenz und zwei Bürden der Tradition

3.1 Die Bürde der Sprachkompetenz

Insbesondere in medienpädagogischen Theoriediskussionen wird häufig Medienkompetenz aus der grammatischen Sprachkompetenz (Chomsky), über die pragmatische zur kommunikativen Kompetenz (Habermas, Baacke) abgeleitet. Auf die Schwierigkeiten dieser Ableitung und ihrer theoretischen Bruchstellen ist wiederholt hingewiesen worden. Wenn, wie Krämer (1998:568) es darlegt, jene «Merkmale, welche der Sprachkompetenz zugeschrieben werden, [...] sich [...] als Stilisierungen und Extrapolationen von Attributen eines spezifischen Mediums, nämlich der phonetischen Schrift» erweisen, dann kann diese schriftlinguistische Erbmasse wenig zu einem allgemeinen und medienübergreifenden Begriff von Medienkompetenz beitragen. Angesichts der bislang vorgestellten Diskursverschiebungen stellt sich grundsätzlich die Frage, inwieweit die Relationen zwischen Sprache und individueller Kompetenz überhaupt als Ausgangspunkt für ein Theoriemodell zur Beschreibung der Beziehungen zwischen technischen Medien und der Kompetenz ihres sinnvollen Einsatzes dienen können. Technische Medien greifen tief in die Operationsweise unterschiedlicher gesellschaftlicher Bereiche, wie Bildung, Wirtschaft, Recht und Politik mitsamt ihren Organisationsformen, wie Schulen, Unternehmen oder Verwaltungen, ein. Medienkompetenz, ausschliesslich individuell verankert und als scheinbares Derivat der Sprachkompetenz verwendet, tradiert Strukturen und Annahmen der Buchkultur. Durch diese Bürden der Tradition aber bleiben blinde Flecken bei der Bearbeitung von Herausforderungen in einer polymedial durchdrungenen Wissensgesellschaft erhalten.

3.2 Die Bürde des Subjekts

Ein Blick auf den Berufsbildungsdiskurs zeigt, dass dort der Kompetenzbegriff nicht notwendigerweise subjektgebunden verstanden wird, wie dies die medienpädagogische Theorietradition zumeist betont. Dort findet sich ein Verständnis von Kompetenz, das sich «auf mehrere Aggregationsebenen, nämlich auf Individuen, Gruppen und Organisationen, beziehen lässt» (Jutzi et al. 1998:7). Staudt/Kriegesmann (1999:37) beispielsweise differenzieren drei Elemente der beruflichen «Kompetenz zur Handlung»: «Handlungsfähigkeit als kognitiver Basis», «Handlungsbereitschaft als motivationaler Basis» und «Zuständigkeit als organisatorischer Legitimation und Einbindung in den Unternehmenskontext». Während Handlungsfähigkeit und -bereitschaft als Persönlichkeitseigenschaften die individuelle Handlungskompetenz ausmachen, bildet die Zuständigkeitsdimension eine «Schnittstelle zur Organisation». In dieser berufsorientierten Entfaltung des Kompetenzbegriffs (Erpenbeck/Sauer 2000) liegen Ansätze für eine Übertragung auf einen allgemeinen Medienkompetenz-Begriff. Die Anbindung an den technisch-organisatorischen Kontext könnte den Medienkompetenz-Begriff allgemein aus seiner individuellen Begrenzung heben und den Blick für den wichtigen Entfaltungsrahmen öffnen: Es ist sinnvoll und notwendig von der Medienkompetenz einer Organisation, etwa einer Schule oder einer Verwaltung zu sprechen. Dieses medienkompetente soziale System ist mehr als die Summe der medienkompetenten Individuen. Erst durch die Annahme von überindividuellen «Lernsubjekten» wie beispielsweise Organisationen oder andere soziale Systeme gewinnt die Förderung von Medienkompetenz an strategischer Reichweite.

4 Medienkompetenz und Konsequenzen einer Reformulierung

Zusammenfassend lassen sich folgende Beobachtungen anführen, die für ein Abwerfen der o. g. Bürden und somit für eine Reformulierung des individuell-verkürzten Begriffs von Medienkompetenz sprechen:

- Obwohl seit Jahren die Konjunktur des Begriffs Medienkompetenz in den (Massen-) Medien beobachtbar ist, wird dieses Phänomen selten als Konstrukt eben dieser Mediengesellschaft ausgewiesen und kommunikationstheoretisch bearbeitet.
- Obwohl die Medienpädagogik nur ein Beobachter unter vielen in der Mediengesellschaft ist, dominieren subjektzentrierte, medienpädagogische Fassungen von Medienkompetenz die Diskussion.
- Obwohl die Verkürzung von Medienkompetenz auf Fähig- und Fertigkeiten (bestimmter Personengruppen) im Umgang mit Medien den gesellschaftlichen Herausforderungen nicht gerecht und daher kritisiert wird, bleibt der Begriff subjektzentriert.
- Obwohl sich Medienkompetenz auf unterschiedliche materielle Medienformen bezieht, bleibt die Sprachkompetenz das häufig tradierte Modell der Medienkompetenz und dies trotz aller begriffstheoretischen Brüche.
- Obwohl in Diskursen der beruflichen Bildung und des Wissensmanagements schon seit längerem mit Kompetenzbegriffen gearbeitet wird, die sich auch auf Organisationen, Institutionen oder Regionen beziehen, verbleibt der pädagogisierte Medienkompetenz-Begriff beharrlich in seinem subjektiven Einzugsbereich.

Wie oben dargelegt, fügen sich die Variationen des individuell gefassten Medienkompetenzbegriffs in die jeweiligen Diskurse der Wirtschaft, der Bildung, der Politik, der Technik und des Rechts. Medienkompetenz ist ein zusammengesetztes Kunstwort, das unter einer Wortmarke eine Vielzahl komplexer und verschiedenartiger Problemreferenzen verdeckt. Systematische Imperative einer funktional differenzierten Gesellschaft mit einer Vielzahl unterschiedlicher Beobachter durchziehen diesen diskursiven Flickenteppich der Medienkompetenz. Das Bild vom «medienkompetenten Menschen», der beherrschend und autonom in die Medienprozesse des jeweiligen gesellschaftlichen Bereichs eingreift, kann aus dieser Perspektive als mediales Latenzphänomen mit Ursprung in der Buchkultur gesehen werden. Latent bleiben durch die Fokussierung auf Fähig- und Fertigkeiten, die sozialen und soziotechnischen Dimensionen der Medienkompetenz. Das medienkritische Individuum und der im Medienumgang «fit gemachte» Einzelne ist insbesondere in den Massenmedien «griffiger» darzustellen als der Versuch, eine theoretische Beschreibungsebene zu finden, die sich auf parallele und vernetzte individuelle sowie soziale und technische Informations- bzw. Kommunikationsprozesse bezieht.

Medienkompetenz bezieht sich nicht nur auf Individuen, sondern auch auf soziotechnische Systeme. Die kompetente Nutzung von Medien durch ein Individuum kann nicht losgelöst von den organisatorischen und sozialen Kontexten betrachtet werden. Es geht beispielsweise nicht nur um die Medienkompetenzförderung des Lehrers oder Schülers, sondern um eine ganzheitliche Sicht auf diese medienkompetenten Individuen in einer medienkompetenten Schule als soziales System und als medial vernetzte, lernende Organisation. Eine Extrapolation des traditionellen, individuell verstandenen Kompetenzbegriffs in die sich dynamisch verändernden Bedingungen der Wissensgesellschaft engt Gestaltungspotenziale ein und droht in Fördernischen zu führen.

Eine Möglichkeit, diese Konsequenzen in ein Rahmenkonzept zu fassen, liegt in einer systemtheoretischen Neufassung des Medienkompetenzbegriffs: Medienkompetenz als Struktur eines psychischen oder sozialen Systems zur Beobachtung erster Ordnung (Medienschemata) und zweiter Ordnung (Medienkritik) von Verbreitungsmedien (Gapski 2001:195–243). Aus dieser theoretischen Fassung des Begriffs ergeben sich weitreichende Konsequenzen: Entgegen fast aller traditionellen Definitionen, die von einer subjekt- oder individuengebundenen Trägerschaft von Medienkompetenz sprechen, wird mit dieser systemtheoretischen Fassung des Begriffs auch sozialen Systemen, wie z. B. (Hoch-)Schulen, Bibliotheken, Verwaltungen oder Unternehmen, Medienkompetenz zugestanden, und zwar nicht im Sinne einer Summe der medienkompetenten Menschen, sondern als eigenständige «soziotechnische Systeme». Entgegen der üblichen Redeweise von einer «Vermittlung von Medienkompetenz» kann diese nicht im Sinne einer «Übertragung» erfolgen, sondern wird vom jeweiligen System selbst entwickelt. Dies gilt für psychische wie für soziotechnische Systeme. Hieraus ergeben sich direkte Konsequenzen für jede praktische Förderung von Medienkompetenz.

Auch aus einer projektorientierten und empirischen Perspektive heraus lassen sich Konvergenzen und Strukturähnlichkeiten in unterschiedlichen gesellschaftlichen Bereichen der Medienkompetenzförderung aufzeigen: Trotz aller normativen Unterschiede finden sich funktionale – nicht normative – Ähnlichkeiten zwischen den Herausforderungen unterschiedlicher Zielgruppen und Organisationsformen wie Schulen, Unternehmen oder Verwaltungen. In diesem Abstraktionszusammenhang sind Fragen der Einführung neuer Entscheidungsprozesse in einer «lernenden Organisation» oder der Entwicklung von institutionellen Strategieplänen im Umfeld des kompetenten

Einsatzes von Medien zu nennen. In der Übersicht ergeben sich folgende Leitlinien für eine Reformulierung und Überwindung des tradierten und individuell gebundenen Medienkompetenzbegriffs:

1 Von der individuell gebundenen Medienkompetenz zu einem Konzept, das Individuen und soziale Systeme gleichermassen als Träger von Medienkompetenz beschreibt.
2 Von der fremdgesteuerten «Vermittlung von Medienkompetenz» zu einer selbstorganisierten mehrdimensionalen «Medienkompetenzentwicklung» als einem wechselseitigen und parallelen Prozess, der Individuen und soziale Systeme gleichermassen betrifft.
3 Von einzelwissenschaftlichen Theorien über Medienkompetenz zu interdisziplinären Beschreibungen und systemisch-kommunikationstheoretischen Ansätzen, die der wechselseitigen Beeinflussung von Mensch, Technik, Organisation und Gesellschaft verstärkt Rechnung tragen.
4 Von der Pendelbewegung zwischen Enthusiasmus und Enttäuschung über ein aktuell neues Medium zu einer ambivalenten, kritischen Auseinandersetzung über das jeweils sinnvollste Medium zur Zielerreichung.
5 Von einer bestimmten tradierten Wertebasis eines gesellschaftlichen Bereichs, wie z. B. pädagogische Werte der Mündigkeit und der Autonomie, zu einem wertepluralistischen Dialog unter Einbeziehung der relevanten Diskurse.
6 Von isolierten kommunikativen Monokulturen der Medienkompetenz zu Aushandlungsverfahren, – etwa Runde Tische – unter Beteiligung unterschiedlicher öffentlicher und privater Akteure.

Weder die theoretische Beschreibung, noch die praktische und ganzheitliche Förderung von Medienkompetenz kann in begrenzten und abgesteckten Bereichen verbleiben. Die Herausforderung liegt in einer Offenlegung der Beobachtungsverhältnisse und in der Offenheit gegenüber interdisziplinären und grenzüberschreitenden Dialogen zur Medienkompetenzentwicklung auf individueller und soziotechnischer Ebene.

Literatur

Aufenanger, Stefan. «Medienpädagogik und Medienkompetenz – Eine Bestandsaufnahme.» In: *Medienkompetenz im Informationszeitalter.* Herausgegeben von der Enquete-Kommission «Zukunft der Medien in Wirtschaft und Gesellschaft; Deutschlands Weg in die Informationsgesellschaft». Deutscher Bundestag. Bonn: ZV Zeitungs-Verlag Service, 1997. 15–22.

Baacke, Dieter. «Medienkompetenz – Herkunft, Reichweite und strategische Bedeutung eines Begriffs.» In: *Lernort Multimedia. Jahrbuch Telekommunikation und Gesellschaft 1998*. Bd. 6. Herbert Kubicek et al. (Hrsg.) Heidelberg: Rv Decker's Verlag, 1998. 22–27.

Behler, Gabriele. «Medienkompetenz. Eine Herausforderung für das Bildungssystem. In: *Agenda – Zeitschrift für Medien, Bildung und Kultur.* Sonderausgabe Lernort Cyberspace, 1996. 17–20.

CORDIS 2002: Technologien für die Informationsgesellschaft. Themenbereich TIG, Arbeitsprogramm 2003–2004. Online: ftp://ftp.cordis.lu/pub/ist/docs/wp2003-04_final_de.pdf

Dichanz, Horst. «Medienforschung, Medienerziehung und Medienkompetenz.» In: *Handbuch Medien: Medienforschung. Konzepte, Themen, Ergebnisse*. Horst Dichanz. Bonn: Bundeszentrale für politische Bildung, 1998. 10–17.

Dieckmann, Bernhard. «Schlüsselqualifikationen und Kompetenz im Spannungsfeld von allgemeiner, politischer und beruflicher Bildung.» In: *Kompetenzentwicklung durch Schlüsselqualifizierung*. Rolf Arnold, Hans-Joachim Müller (Hrsg.). (=Grundlagen der Berufs- und Erwachsenenbildung; Bd. 19). Hohengehren: Schneider Verlag, 1999. 71–86.

Erpenbeck, John; Sauer, Johannes. «Das Forschungs- und Entwicklungsprogramm ‹Lernkultur Kompetenzentwicklung›». In: *Kompetenzentwicklung 2000: Lernen im Wandel – Wandel durch Lernen*. Berlin: Arbeitsgemeinschaft Qualifikations-Entwicklungs-Management, 2000. 289–336.

Gapski, Harald. *Medienkompetenz. Eine Bestandsaufnahme und Vorüberlegungen zu einem systemtheoretischen Rahmenkonzept*. Wiesbaden: Westdeutscher Verlag, 2001.

Hüther, Jürgen; Schorb, Bernd; Brehm-Klotz, Christiane (Hrsg.). *Grundbegriffe Medienpädagogik*. München: kopaed, 1997.

Jarren, Otfried. «Macht und Ohnmacht der Medienkritik oder: Können Schwache Stärke erlangen? Medienkritik und medienpolitische Kommunikation als Netzwerk.» In: *Perspektiven der Medienkritik: die gesellschaftliche Auseinandersetzung mit öffentlicher Kommunikation in der Mediengesellschaft*. Hartmut Weßler, Christiane Matzen, Otfried Jarren, Uwe Hasebrink (Hrsg.). Opladen: Westdeutschen Verlag, 1997. 307–328.

Jutzi, Katrin; Delbrouck, Ines; Baitsch, Christof. «Dreimal Kompetenz: Individuum, Gruppe, Organisation. Ein mehrdimensionales Konzept.» In: *QUEM Bulletin Berufliche Weiterbildung*. Heft 2/3, Mai 1998. 7–10.

Krämer, Sibylle. «Form als Vollzug oder: Was gewinnen wir mit Niklas Luhmanns Unterscheidung von Medium und Form?» In: *Rechtshistorisches Journal*. Bd. 17, 1998. 558–573.

Krotz, Friedrich. «Verbraucherkompetenz und Medienkompetenz.» In: *Perspektiven der Medienkritik: die gesellschaftliche Auseinandersetzung mit öffentlicher Kommunikation in der Mediengesellschaft*. Hartmut Weßler, Christiane Matzen, Otfried Jarren, Uwe Hasebrink (Hrsg.). Opladen: Westdeutschen Verlag, 1997. 251–263.

Kuhlen, Rainer. *Die Konsequenzen von Informationsassistenten. Was bedeutet informationelle Autonomie oder wie kann Vertrauen in elektronische Dienste in offenen Informationsmärkten gesichert werden?* 1. Auflage. Frankfurt am Main: Suhrkamp, 1999.

Luhmann, Niklas. Die Realität der Massenmedien. 2. erweiterte Auflage. Wiesbaden: Westdeutscher Verlag, 1996.

Mosdorf, Siegmar. «Medienkompetenz als Herausforderung an die Politik.» In: *Agenda – Zeitschrift für Medien, Bildung und Kultur*. Sonderausgabe Lernort Cyberspace, 1996.

Pöttinger, Ida. Lernziel Medienkompetenz. Theoretische Grundlagen und praktische Evaluationen anhand eines Hörspielprojekts. München: kopaed, 1997.

Rau, Johannes. Eröffnungsrede In: *Visionen für eine künftige Medien- und Informationsgesellschaft*. Dokumentation der Eröffnungsveranstaltung am 24. März 1995 (=media NRW; Bd. 1). 6–10.

Saxer, Ulrich. «Medien als Gesellschaftsgestalter.» In: *Medienkompetenz als Herausforderung an Schule und Bildung. Ein deutsch-amerikanischer Dialog*. Kompendium zu einer Konferenz der Bertelsmann Stiftung vom 18. bis 20. März 1992. Gütersloh: Bertelsmann Stiftung, 1992. 21–31.

Schorb, Bernd. «Medienkompetenz durch Medienpädagogik.» In: *Perspektiven der Medienkritik: die gesellschaftliche Auseinandersetzung mit öffentlicher Kommunikation in der Mediengesellschaft*. Hartmut Weßler, Christiane Matzen, Otfried Jarren, Uwe Hasebrink (Hrsg.). Opladen: Westdeutschen Verlag, 1997. 275–285.

Teltschik, Horst; Hamm, Ingrid (Hrsg.). «Medienkompetenz als Herausforderung an Schule und Bildung.» In: *Medienkompetenz als Herausforderung an Schule und Bildung. Ein deutsch-amerikanischer Dialog*. Kompendium zu einer Konferenz der Bertelsmann Stiftung vom 18. bis 20. März 1992. Gütersloh: Bertelsmann Stiftung, 1992. 9–11.

Das Bielefelder Medienkompetenz-Modell

Clusteranalytische Untersuchungen zum Medienhandeln Jugendlicher

Klaus Peter Treumann, Eckhard Burkatzki, Mareike Strotmann, Claudia Wegener

Jugendliche wachsen in einer Medienwelt auf, die sich insbesondere in den 90er-Jahren einschneidend verändert hat. Hier ist zunächst der Zuwachs neuer Medienangebote durch die Etablierung der privat-kommerziellen Fernseh- und Hörfunksender sowie die Ausdifferenzierung und Segmentierung der jeweiligen Programmangebote zu nennen. Ebenso hat die Entwicklung und Etablierung der so genannten Neuen Medien zu einem entscheidenden Wandel der Medienlandschaft geführt. Die im Folgenden dargestellten Forschungsergebnisse sind im Rahmen des von der DFG geförderten Forschungsprojekts «Eine Untersuchung zum Mediennutzungsverhalten 12–20-Jähriger und zur Entwicklung von Medienkompetenz im Jugendalter» entstanden, das den veränderten Medienstrukturen Rechnung trägt und sich mit dem Medienhandeln Jugendlicher in der «Neuen Medien- und Kommunikationswelt» auseinandersetzt.

Das Forschungsvorhaben arbeitet mit einem gemischten Methodensetting und kombiniert qualitative und quantitative Zugänge zum Forschungsfeld in Form von Gruppendiskussionen, leitfadengesteuerten Interviews und einer standardisierten Befragung von Jugendlichen. In diesem Beitrag wird über einige Befunde quantitativer Analysen berichtet, die sich im Wesentlichen auf die Entwicklung einer empirisch fundierten Typologie beziehen. Dabei kann es sich freilich nur um einen kleinen Ausschnitt der Projektdaten handeln, die aber dennoch einen Einblick in unterschiedliche Strukturen aktuellen Medienhandelns Jugendlicher geben und zeigen, welche differenzierten Herangehensweisen sich gegenwärtig sowohl im Umgang mit den Neuen als auch den alten Medien finden.

1 Theoretischer Bezugsrahmen

Zu Beginn werden einige (medien-)theoretische Ansätze, die für die Operationalisierung der Variablen der quantitativen Untersuchung und für die Interpretation der Ergebnisse der Clusteranalysen von Bedeutung sind, knapp dargestellt.

1.1 Der Uses-and-Gratifications-Approach

Der Ansatz fragt nach den Gründen der Mediennutzung und dem Nutzen der durch die Medien vermittelten Inhalte für den Rezipienten. Er begreift den Mediennutzer als Subjekt, das medial vermittelte Realität produktiv verarbeitet. Der Uses-and-Gratifications-Approach versteht sich als bewusste Abkehr von den Annahmen des Stimulus-Response-Modells, indem er die aktive Rolle des Publikums in den Mittelpunkt des Forschungsinteresses stellt (Katz/Blumler 1974; Schenk 1987). Mehr als Wirkungen interessieren im Rahmen dieses Ansatzes Funktionen der Medien für den Rezipienten.

Der Uses-and-Gratifications-Approach bekommt durch die Einführung Neuer Medien neue und umfassende Perspektiven. So steigt das Aktivitätspotential des Rezipienten ja zum einen durch die Interaktivität multimedialer Anwendungsmöglichkeiten, zum anderen durch den Abbau räumlicher, zeitlicher und funktionaler Einschränkungen bei der Mediennutzung. Insofern bietet sich dieser Ansatz insbesondere auch als Grundlage zur Untersuchung des Medienverhaltens im Hinblick auf die Neuen Medien an.

1.2 Habituskonzept und Kapitalsortenansatz

Das Habituskonzept von Bourdieu einschliesslich seines Kapitalsortenansatzes begreift Habitus als ein durch Lernprozesse inkorporiertes Dispositionssystem, das Wahrnehmungs-, Denk- und Handlungsschemata bereit hält, die wiederum Orientierungen innerhalb der sozialen Welt ermöglichen und die der Hervorbringung angemessener Praktiken dienen. Das Ausmass an ökonomischem, kulturellem und sozialem Kapital, über das der einzelne verfügen kann, ist zentrale Determinante des Erwerbs und der Ausübung von Kompetenzen.

Die Hinwendung zu Jugendkulturen (und den entsprechenden Medien, die sie begleiten) ist zu verstehen als ein Akt der Selbstsozialisation Jugendlicher. Die unterschiedliche Verfügung über kulturelles Kapital bedingt unterschiedliche Aneignungsformen (und Interessen) an kulturellen Angeboten, so dass sich die Differenzen weiter verstärken. Die Analogie zur Wissenskluftthese in der Medienforschung – enger bezogen auf den Erwerb von Wissen – ist evident. Wer beispielsweise über Medienkompetenz als kulturelles Kapital verfügt, kann Medien anders, nämlich besser, für seine Zwecke und Interessen einsetzen – privat und/oder beruflich. Kulturelles Kapital kann so zu Statusgewinnen (jemand, der sich mit Neuen Medien auskennt) oder auch ökonomischen Gewinnen (Computerkenntnisse als Voraussetzung für Berufspositionen) führen.

Mit sozialem Kapital bezeichnet Bourdieu «die Gesamtheit der aktuellen und potenziellen Ressourcen, die mit dem Besitz eines dauerhaften Netzes von mehr oder weniger institutionalisierten Beziehungen gegenseitigen Kennens oder Anerkennens verbunden sind» (Bourdieu 1997:63). D.h., wer über tragfähige Netze im Familien-, Freundes- und Kollegenkreis verfügt, kann auch an deren Ressourcen partizipieren, so dass dem Sozialkapital ein besonderer Multiplikatoreffekt zu eigen ist.

Soziales und kulturelles Kapital sind bereits beim Erwerb von Medienkompetenz entscheidende Faktoren. Ein Mangel an diesen Kapitalsorten kann den Erwerb von Medienkompetenz behindern (Treumann et al. 2002).

1.3 Das Bielefelder Medienkompetenz-Modell

Medienkompetenz ist eine Teilmenge der kommunikativen Kompetenz, die sich zur Realisierung von Kommunikation vielfältiger Medien bedient. Das Bielefelder Medienkompetenz-Modell (Baacke 1996a, 1996b), auf das wir uns im Wesentlichen beziehen, umfasst vier Dimensionen mit jeweils mehreren Unterdimensionen, um Reichweite und Umfang medial vermittelter Kommunikation zu rekonstruieren.

1.3.1 Erste Dimension: Mediennutzung

Die Dimension der Mediennutzung lässt sich in zwei Subdimensionen ausdifferenzieren:

a) Die rezeptiv-anwendende Unterdimension bezeichnet die Fähigkeit, das Gelesene, das Gehörte oder das Gesehene zu verarbeiten und in das Bildungs- und Bildrepertoire einzuarbeiten.
b) Die zweite Unterdimension umfasst die interaktive Nutzung von Medien: Hier ist der Nutzer nicht nur Rezipient, sondern im Rahmen der Kommunikationssituation auch Anbieter von Medienbotschaften. Dazu gehört die Fähigkeit, nach medienvermittelten Informationen zu fragen oder umgekehrt auf Anfragen antworten zu können, wie sie z. B. bei der Informationsrecherche mit Hilfe von Suchmaschinen, beim Telebanking, Teleshopping oder beim Online-Learning notwendig ist, aber auch beim Produzieren eines Videos in einer Jugendgruppe.

1.3.2 Zweite Dimension: Medienkunde

Die Dimension der Medienkunde bezieht sich auf das Wissen über heutige Mediensysteme und -strukturen und gliedert sich ebenfalls in zwei Bereiche:

a) Die informative Subdimension umfasst klassische Wissensbestände (Medienwissen). Hierzu gehört beispielsweise das Wissen um die Strukturen des dualen Rundfunksystems, um die Arbeit von Journalisten, um Programmformate und -genres sowie Wissen über den effektiven Einsatz des Computers als Arbeitshilfe.

b) Die instrumentell-qualifikatorische Unterdimension meint hingegen die Fähigkeit, mit Medien angemessen umzugehen. Dazu gehört etwa das Sich-Einarbeiten in die Handhabung einer Computer-Software, das Sich-Einloggen-Können in ein Netz, die Bedienung des Videorecorders.

1.3.3 Dritte Dimension: Mediengestaltung

Die Dimension der Mediengestaltung bezieht sich auf den Prozess der technischen und inhaltlichen Veränderung von Medien und Medienangeboten. Auch hier lassen sich zwei Unterdimensionen konstruieren:

a) die innovative im Sinne von Veränderungen und Weiterentwicklungen des Mediensystems innerhalb der angelegten Logik und
b) die kreative im Sinne einer Betonung ästhetischer Varianten, das Über-die-Grenzen-der-Kommunikationsroutine-Gehen (z. B. das Verfremden bekannter Werbelogos zum Zweck der Ironisierung oder Provokation). Diese Unterdimension schliesst ebenso die Produktion von Medienbotschaften ein, wie etwa die Produktion von Fernsehbeiträgen für den offenen Kanal oder die Gestaltung einer Homepage.

1.3.4 Vierte Dimension: Medienkritik

Die Dimension der Medienkritik umfasst drei unterschiedliche Aspekte und stellt – insbesondere auch im Rahmen einer empirischen Operationalisierung – wohl die anspruchsvollste Dimension im Rahmen des Medienkompetenz-Modells dar:

a) Analytisch sollen problematische Prozesse (z. B. Konzentrationsbewegungen im Mediensektor) angemessen erfasst werden können.
b) Die reflexive Unterdimension zielt auf den Gedanken, dass jeder Mensch sein analytisches und sonstiges Wissen auf sich selbst und sein persönliches Handeln beziehen und anwenden können muss.
c) Die ethische Unterdimension bindet analytisches Denken und reflexive Bezüge in ethische Konzepte ein und definiert sie somit als sozial verantwortlich (z. B. Fragen der gesellschaftlichen Folgen medialer Entwicklungen).

2 Fragestellung und methodisches Vorgehen

Ein Ziel des quantitativen Teils des Forschungsprojekts ist es, ein möglichst umfassendes Bild über das Medienhandeln Jugendlicher zu gewinnen, d.h. zu repräsentativen Aussagen über die Häufigkeitsverteilung quantitativ erfassbarer Merkmale im Kollektiv der 12- bis 20-Jährigen zu gelangen. Medienhandeln umfasst dabei nach unserem Verständnis nicht nur Variablen der Mediennutzung, sondern schliesst darüber hinaus solche Konzepte ein, wie sie in verschiedenen systematischen Entwürfen zur Medienkompetenz entwickelt worden sind. Als theoretische Folie nutzen wir vor allem das Bielefelder Medienkompetenz-Modell, um das Medienhandeln Jugendlicher zum einen facettenreich zu operationalisieren und zum anderen inhaltlich in voneinander unterscheidbare Teilbereiche zu untergliedern (siehe oben).

2.1 Design

Der Erhebungsplan für die standardisierte Befragung der Jugendlichen zu ihrem Medienhandeln war als Querschnittstudie angelegt.

2.1.1 Stichprobe

Die Grundgesamtheit setzte sich aus Jugendlichen der drei Bundesländer Mecklenburg-Vorpommern, Nordrhein-Westfalen und Sachsen-Anhalt zusammen, die zum Befragungszeitraum ein Lebensalter von 12 bis einschliesslich 20 Jahren erreicht hatten, Deutsch als Muttersprache beherrschten, mindestens drei Jahre in demselben Ort und jeweils in einem der drei folgenden Sozialräume wohnten: (a) Ländliche Wohngegenden (≥ 25.000 Einw.), (b) Mittelstädte (≥ 50.000 Einw.) und (c) Grossstädte (≥ 100.000 Einw.). Aus der Grundgesamtheit wurde zum einen eine zweifach geschichtete Flächenstichprobe gezogen (Bundesländer u. Sozialräume). Es ergab sich über alle drei Bundesländer eine bereinigte Nettostichprobe von insgesamt n = 3.271 Jugendlichen.

2.1.2 Methoden der Datenerhebung

Die Umfrage zum Mediennutzungsverhalten und zur Medienkompetenz Jugendlicher erfolgte mit Hilfe eines standardisierten Fragebogens, der insgesamt 121 Fragen(komplexe) umfasste und zuvor einem Pretest unterzogen wurde. Der Erhebungszeitraum erstreckte sich von Mitte Oktober bis Anfang Dezember 2001.

2.1.3 Methoden der Datenanalyse

Den Ausgangspunkt der nachfolgenden multivariaten Analysen bildeten m = 141 Variablen (z. B. Fragebogenitems/Schätzskalen) mit Hilfe derer acht der neun Unterdimensionen des Bielefelder Medienkompetenz-Modells operationalisiert wurden (nicht berücksichtigt wurde die innovative Mediengestaltung, da uns die valide Erfassung bzw. Messung von Veränderungen und Weiterentwicklung des Mediensystems mit Hilfe von standardisierten Fragebogenitems nicht adäquat umsetzbar erschien).

2.1.3.1 Hauptkomponentenanalysen

Für jede der acht Unterdimensionen des Medienkompetenz-Modells wurde zwischen den entsprechenden Variablen eine Korrelationsmatrix errechnet und mit Hilfe der Hauptkomponentenanalyse eine Reihe von Komponenten (vulgo: Faktoren) extrahiert. Die Bestimmung der Anzahl der zu extrahierenden Hauptkomponenten erfolgte durch eine kombinierte Anwendung des Kaiser-Guttman-Kriteriums, des Scree-Tests nach Catell sowie aufgrund inhaltlicher Gesichtspunkte. Danach wurden die Komponenten zu ihrer besseren Interpretierbarkeit gemäss Varimax-Kriterium auf eine orthogonale Einfachstruktur hin rotiert. In einem weiteren Auswertungsschritt wurden die Komponenten- bzw. Faktorenwerte für jeden der befragten Jugendlichen auf den 32 Hauptkomponenten berechnet. Sie sind als z-Werte skaliert und lassen sich als Ausprägungen interpretieren, welche die Jugendlichen auf den einzelnen Hauptkomponenten erreichen. Diese varianzstarken bzw. erklärungsmächtigen Variablenbündel, die auf einer höheren Abstraktionsstufe als die Eingangsvariablen liegen und damit einen grösseren Verallgemeinerungsgrad besitzen, bilden die Ausgangsdaten für die von uns durchgeführten Clusteranalysen (siehe Abb. 2).

2.1.3.2 Clusteranalysen

Das Ziel der vorliegenden Arbeit, nämlich die Entwicklung einer empirisch gestützten Typologie des Medienhandelns Jugendlicher, deren theoretische Fundierung vor allem im Bielefelder Medienkompetenz-Modell liegt, wird mit Hilfe des multivariaten Verfahrens der Clusteranalyse zu erreichen versucht. Folgende Hypothese wurde zugrunde gelegt: Es lassen sich in Bezug auf ihre Medienkompetenz *inhaltlich voneinander unterscheidbare Gruppen von Jugendlichen* rekonstruieren. Der Zweck der hier applizierten Clusteranalysen ist es, unterschiedliche Gruppen von Jugendlichen aufgrund ihrer Ausprägungen auf den Hauptkomponenten der verschiedenen Unterdimensionen der Medienkompetenz derart zu klassifizieren, dass die Heranwachsenden innerhalb einer Gruppe bzw. eines Clusters sehr wenig differieren (Prinzip der Homogenität) und Jugendliche aus unterschiedlichen Gruppen sich möglichst stark voneinander unterscheiden (Prinzip der Heterogenität). Die Klassifikation der 12- bis 20-Jährigen auf der Basis ihrer Medienkompetenz erfolgte in mehreren Schritten:

Zuerst wurden aus dem Datensatz diejenigen Jugendlichen ausgeschieden, die auf den 32 Hauptkomponenten mehr als zehn fehlende Werte (Missing Values) aufweisen. Es ergab sich eine Analysestichprobe von insgesamt n = 1.662 Heranwachsenden. Danach ist als Proximitätsmass zwischen den Personenpaaren der Stichprobe – bezogen auf die Hauptkomponenten – die *quadrierte Euklidische Distanz* berechnet worden. *Hierarchische Clusteranalysen* wurden deswegen durchgeführt, um die Anzahl der Personencluster und die Anfangsschätzungen für die Clusterschwerpunkte zu bestimmen. Aufgrund der Ergebnisse des inversen Scree-Tests und gemäss dem Kriterium einer möglichst grossen inhaltlichen Prägnanz entschieden wir uns für eine Sieben-Cluster-Lösung. Da die hierarchischen Clusteranalyseverfahren den Nachteil besitzen irreversibel zu sein, d.h. also auch bei Vorliegen weiterer Informationen keine neuen Zuordnungen der Personen zu einem anderen Cluster zu ermöglichen, wenn die Entscheidung über die Zugehörigkeit zu einem Cluster erst einmal gefallen ist, wurde in einem abschliessenden Schritt die *Clusterzentrenanalyse* (K-means-Verfahren) angewendet. Ausgehend von der über das Wardsche Verfahren ermittelten Clusteranzahl sind die zu clusternden Personen mit Hilfe eines Austauschalgorithmus solange hin- und hergeordnet worden, bis eine Minimierung der Distanz zwischen der jeweiligen Person und dem Clusterzentroid und damit eine maximale Homogenität innerhalb des Clusters erreicht wurde.

Anzumerken bleibt, dass die durchgeführten Clusteranalysen nicht nur der Klassifizierung bzw. empirisch fundierten Typologisierung jugendlicher Mediennutzer/innen dienen, sondern darüber hinaus der Kombination quantitativer und qualitativer Methoden gemäss dem methodologischen Leitprinzip der *Triangulation* (Treumann 1998, 2002). Diesem Prinzip folgend, werden jeweils mindestens fünf Jugendliche aus den sieben Clustern für leitfadenorientierte Interviews ausgewählt. Es handelt sich dabei um jene Jugendlichen, die am dichtesten am Centroid bzw. Schwerpunkt der verschiedenen Clustertypen liegen. Sie fungieren als Repräsentanten oder prototypische Fälle und erlauben damit eine besonders enge Verknüpfung quantitativer und qualitativer Daten.

3 Ergebnisse der Clusteranalysen

3.1 Darstellung einer clusteranalytisch entwickelten Typologie jugendlichen Medienhandelns

Im Rahmen der quantitativen Analysen zeigen sich insgesamt sieben Cluster, die das Medienhandeln Jugendlicher beschreiben, typische Formen der Mediennutzung abbilden und unterschiedliche Ausprägungen von Medienkompetenz aufweisen. Bevor im Folgenden mit den «Allroundern» und den «Deprivierten» zwei der von uns ermittelten Cluster ausführlich dargestellt werden, soll der Blick zunächst auf die empirische Verteilung der Clusterzugehörigkeiten in unserer Untersuchungsstichprobe gerichtet werden, um anschliessend kurz auf die einzelnen Cluster einzugehen.

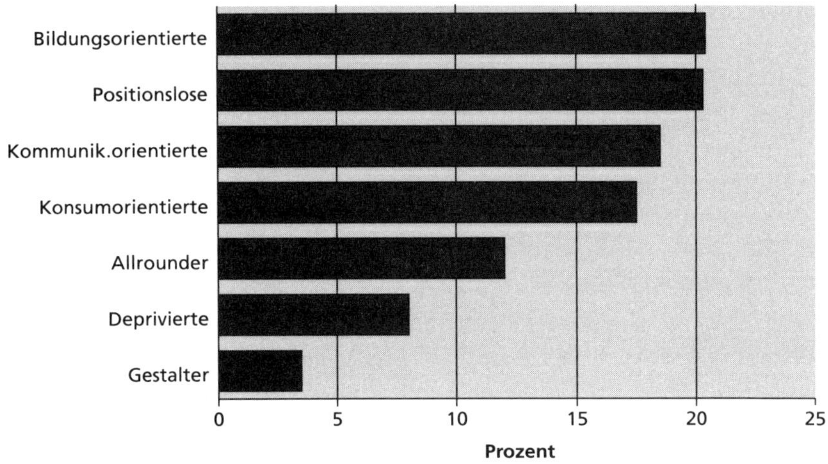

Abb. 1: Zur Verteilung der Clusterzugehörigkeit in einer Auswahlstichprobe von Jugendlichen zwischen 12 und 20 Jahren (n = 1.6662)

Bezogen auf die Auswahlstichprobe der in die Clusteranalyse einbezogenen Fälle lässt sich an dieser Stelle zunächst konstatieren, dass die Anteile der auf die verschiedenen Cluster entfallenden Jugendlichen in ihrer Höhe variieren. Den jeweils grössten Anteil stellen mit 20.4 bzw. 20.3% die *Bildungsorientierten* und die *Positionslosen* unter den von uns befragten Jugendlichen dar. Die *Bildungsorientierten* zeichnen sich im Kollektiv der jugendlichen Mediennutzer insbesondere durch eine weit überdurchschnittliche Nutzung von Belletristik und Sachliteratur sowie von Zeitungen aus. Typisch und prägnant für die Bildungsorientierten ist ferner, dass sie die Gruppe mit dem mit Abstand fundiertesten literarischen Bildungswissen sind. Schaut man sich die soziodemographische Verteilung innerhalb des Clusters an, wird deutlich, dass es insbesondere die höher gebildeten Mädchen sind, die den Bildungsorientierten zuzuordnen sind. Die Präferenz für Bücher scheint demnach nach wie vor geschlechtsspezifisch ausgeprägt zu sein. So konnte die Studie «Medienwelten Jugendlicher» bereits Ende der 80er-Jahre nachweisen, dass Bücher deutlich höher in der Gunst der Mädchen als in der der Jungen stehen (Baacke/Sander/Vollbrecht 1991).

Die auf dem zweiten Rang stehenden *Positionslosen* stellen geradezu ein Kontrastpaar zu den Bildungsorientierten dar. Dem stark überdurchschnittlichen Gebrauch von Printmedien und der unterdurchschnittlichen Nutzung der audiovisuellen Medien bei den Bildungsorientierten steht die deutlich unterdurchschnittliche Printmediennutzung und die überdurchschnittliche Nutzung audiovisueller Medien der Positionslosen gegenüber. Ähnliche Gegenläufigkeiten finden sich auch im Bereich der informativen Medienkunde;

so sind die Positionslosen hier mit vergleichsweise sehr geringen Kenntnissen ausgestattet. Ihren Namen verdanken die Positionslosen aber ihren durchgängig extrem unterdurchschnittlichen Kennwerten im Bereich der medienkritischen Einstellungen. Nicht völlig ausgeschlossen ist, dass sich gerade in der unkritischen Haltung ein Alterseffekt widerspiegelt; sind es doch eher die jüngeren und zudem männlichen sowie schliesslich unterdurchschnittlich Gebildeten, die dieses Cluster vornehmlich repräsentieren.

Deutlich mehr als 15% unter den Jugendlichen machen die *Kommunikationsorientierten* und die Konsumorientierten aus. Dabei handelt es sich um zwei Cluster, die sich ebenfalls als kontrastiver Gegentypus rekonstruieren lassen. So finden sich bei den Angehörigen beider Cluster sowohl in den Bereichen der Mediennutzung und der kreativen Mediengestaltung als auch in den Dimensionen der instrumentellen und informativen Medienkunde Gegenläufigkeiten. Die *Kommunikationsorientierten* – eher die weiblichen, älteren und höher gebildeten Jugendlichen – zeichnen sich durch ein stark überdurchschnittliches Nutzungsinteresse an Musik, Infotainment und Unterhaltung aus, verbunden mit einer stark ausgeprägten kommunikativen Orientierung, die sich insbesondere im Umgang mit Neuen Medien zeigt. Sowohl auf dem Gebiet des literarischen Bildungswissens als auch im Bereich des Wissens über das Mediensystem weist dieses Cluster unterdurchschnittliche Kenntnisse auf. Anstatt sich Wissensvorräte langfristig umfänglich anzueignen, erschliessen sich die Kommunikationsorientierten dieses Wissen möglicherweise je nach Bedarf über soziale Kontakte oder Netzwerke.

Konsumorientierte, bei denen es sich tendenziell um die älteren, männlichen Jugendlichen handelt, nutzen Medien in erster Linie zur Unterhaltung. In diesem Zusammenhang zeigen sie eine sehr starke Zuwendung zu dem Bereich der Neuen Medien. Ihr Nutzungsstil ist dabei allerdings nur wenig durch gestalterische Aktivitäten geprägt, sondern beschränkt sich vielmehr auf weitgehend passives Rezipieren. So neigen sie im Kontext der PC- und Internetnutzung beispielsweise in stark erhöhten Masse zur spielorientierten Nutzung und konzentrieren sich weniger auf die vielfältigen Informationsmöglichkeiten, die sich über Neue Medien erschliessen lassen. Betrachtet man den Bereich der informativen Medienkunde, so treten konsumorientierte Mediennutzer auch hier mit einem eigenen Kompetenzprofil in Erscheinung. Ein eher unterdurchschnittliches literarisches Bildungswissen kombiniert sich auf diesem Gebiet mit stark überdurchschnittlich ausgeprägten Kenntnissen über das Mediensystem.

Eine deutliche Minderheit innerhalb der Untersuchungspopulation stellen schliesslich die *Gestalter* dar; unter 32 Jugendlichen findet sich im Durchschnitt nur ein einziger, der mit den audiovisuellen Medien gestalterisch um

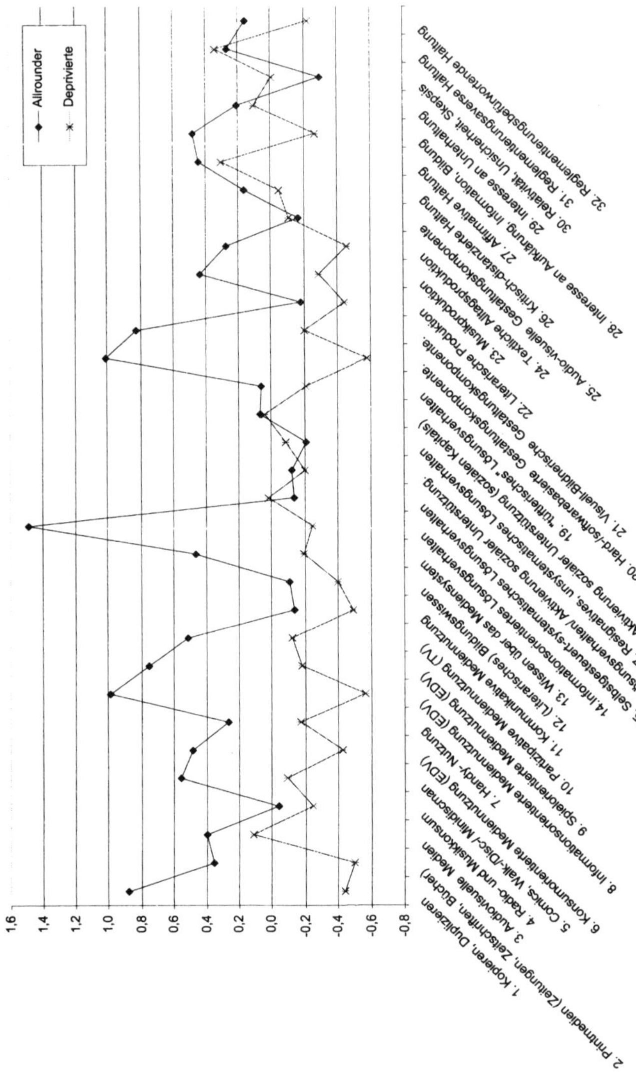

Abb. 2: Profildiagramme der Clustertypen «Allrounder» (n = 198) und «Deprivierte» (n = 129) entlang der 32 Hauptkomponenten jugendlichen Medienhandelns

geht. Entsprechend verdanken die Gestalter, bei denen es sich überraschenderweise eher um die jüngeren, niedriger Gebildeten handelt, ihren Namen ihren ausgeprägt gestalterischen Ambitionen im Umgang mit Medien. Diese Zuschreibung gilt in herausragender Weise für den kreativen Umgang mit audiovisuellen Medien in der Freizeit (z. B. Radiosendungen moderieren, Hörspiele gestalten, Filme drehen), aber auch für den Bereich der literarischen Produktion. Die Gestalter sind damit das einzige Cluster, das auf beinahe allen Ebenen der kreativen Mediengestaltung überdurchschnittliche Werte vorweisen kann. Anders, als man es in diesem Cluster möglicherweise erwarten würde, verfügen Gestalter auf dem Gebiet der informativen Medienkunde jedoch über keinen überdurchschnittlichen Kenntnisreichtum. Ihr literarisches Bildungswissen ist knapp unterdurchschnittlich, ihr Wissen über das Mediensystem bewegt sich auf einem ähnlichen Niveau (siehe Abb. 2, S. 44).

3.2 Die «Allrounder» und die «Deprivierten»

Der Anteil der *Allrounder* beträgt in unserer Stichprobe rund 12%, der Anteil der Deprivierten des Weiteren 7,8%. Damit handelt es sich um zahlenmässig kleinere, dennoch in ihrem Profil hervorstechende und sowohl für die medienpädagogische Forschung als auch die medienpädagogische Praxis interessante Rezipientengruppen, denen daher im Folgenden grössere Aufmerksamkeit geschenkt werden soll. Am Beispiel der beiden Cluster sollen nunmehr alle von uns erhobenen Dimensionen von Medienkompetenz vorgestellt und in ihren Ausprägungen erläutert werden.

Allrounder zeichnen sich dadurch aus, dass sie – im Vergleich zum Stichprobenmittel aller 12- bis 20-jährigen Jugendlichen – stark überdurchschnittlich häufig von allen Medien, insbesondere von den Neuen Medien Computer und Internet Gebrauch machen. Dies gilt einerseits auf der Ebene der rezeptiven, andererseits aber auch auf der Ebene der interaktiven Mediennutzung. *Rezeptiv* nutzen sie den Computer vor allem zum Kopieren und Duplizieren von medialen Inhalten. Im Zuge der *interaktiven* Nutzung stehen Formen der Informationsrecherche in Katalogen und Datenbanken des Internets, die Suche nach Informationen über regionale Veranstaltungen, das Lesen und Schreiben von Beiträgen in Newsgroups, die Installation von Software und die Nutzung von Lernsoftware an erster Stelle. Allrounder beschäftigen sich – mit Ausnahme der Konsumorientierten – zudem deutlich häufiger als Jugendliche aus den anderen Clustertypen mit Computer- und Netzwerkspielen und nehmen in diesem Zusammenhang auch mit grosser Begeisterung an Netzwerkparties teil. Zur Alltagsbeschäftigung gehören aber ebenso Formen der konsumorientierten Internet-Nutzung, wie etwa das Downloaden von Programmsoftware, das Herunterladen und Anhören von Musikdateien oder auch das Bestellen und Kaufen von Waren über das Netz. Schliesslich haben Angehörige dieser Gruppe ebenfalls das Handy als Alltagsmedium erschlossen und nutzen es für sich in seinen diversen Funktionen.

Der Umgang der Allrounder mit Neuen Medien beschränkt sich allerdings nicht auf deren anwendungsorientierte Nutzung. Typisch und prägnant für Angehörige dieser Gruppe ist vielmehr, dass sie sich ebenfalls *gestalterisch* betätigen, so etwa beim Tüfteln an der Hard- und Software des Computers. Dazu gehörte etwa die Erweiterung des Arbeitsspeichers, der Einbau von Netzwerkkomponenten, die Installation und das Anpassen des Betriebssystems, das Partionieren der Festplatte, das Programmieren am Computer und das Erstellen von Websites. Hinzu kommt der Umgang mit Programmen zum Erstellen und Bearbeiten von Bildern, Grafiken und Videosequenzen. Daneben fällt auf, dass Allrounder unter den Jugendlichen diejenige Gruppe darstellen, die Medien insbesondere auch für Zwecke der musikalischen Produktion nutzen. Auch die textliche Alltagsproduktion am PC fällt bei ihnen leicht überdurchschnittlich aus, wenngleich in dieser Hinsicht die Bildungsorientierten noch aktiver sind.

Typisch für die Gruppe der Allrounder ist schliesslich, was die Unterdimension der *instrumentell-qualifikatorischen* Medienkunde angeht, dass sie im Umgang mit technischen Problemen sehr häufig ein informationsorientiertes Lösungsverhalten an den Tag legen: Sie lesen Fachzeitschriften und -bücher, ziehen Handbücher und Hilfsprogramme bei EDV-Problemen zu Rate, suchen in Newsgroups gezielt nach Unterstützung oder wenden sich an die Herstellerfirma. Ab und an scheuen sie sich aber nicht, so lange die verschiedenen Funktionen und Tasten auszuprobieren, bis sie eine Lösung gefunden haben. Unterdurchschnittlich ausgeprägt und damit untypisch ist eine Haltung der Passivität im Umgang mit Problemen, indem man sich die Bedienung des Rechners von anderen erklären lässt oder ihnen die Bedienung des Gerätes ganz überlässt sowie ein unsystematisches Lösungsverhalten, etwa in der Form, das Gerät im Problemfall mehrfach aus- und wieder anzuschalten oder sich der Hoffnung hinzugeben, ein Problem löse sich ohne weiteres Zutun von alleine.

Anzumerken bleibt ferner, dass Allrounder keineswegs nur die Neuen Medien in den Mittelpunkt ihrer Mediennutzung stellen; auch den traditionellen Medien stehen sie aufgeschlossen gegenüber. Besondere Präferenzen zeigen sie in diesem Zusammenhang gegenüber audiovisuellen Medien wie Fernsehen, Video oder Kino: Den Videorekorder nutzen sie im Vergleich zu allen anderen Clustertypen für ihre Zwecke mit durchschnittlich 3,4 Stunden pro Woche am ausgiebigsten und gehören zudem zu den Jugendlichen, die die Medienumgebung des Kinos mit zwei Besuchen pro Monat im Schnitt deutlich häufiger als die Angehörigen anderer Cluster aufsuchen. Daneben wenden sich Allrounder aber auch in stark überdurchschnittlichem Masse den verschiedenen Printmedien zu. Dies gilt besonders für Zeitschriften, aber auch für Zeitungen und Sachbücher. Aller Wahrscheinlichkeit nach lesen sie regelmässig Computerzeitschriften und nutzen auch Zeitungen als Informationsmedium für ihre Zwecke. Last but not least zeigen die Angehörigen dieser Gruppe ein ausgeprägtes Interesse an der Lektüre von Comics sowie – bezogen auf den Bereich der portablen auditiven Medien – an der Nutzung von Walkman, Discman oder Minidiscman, wo sie mit durchschnittlich rund einer Stunde Lesezeit und fast sechs Stunden Hörgenuss pro Woche wiederum an der Spitze liegen.

Darüber hinaus nutzen die Allrounder – im Vergleich zur Gesamtstichprobe aller Jugendlichen – Medien in überdurchschnittlich häufigem Ausmass *partizipativ*, d.h. sie nehmen mitunter als Radiohörer oder Fernsehzuschauer sich bietende Gelegenheiten wahr, sich via TED aktiv bei Abstimmungen zu beteiligen oder sich ab und an auch als Studiogast oder Publikumsteilnehmer bei entsprechenden Sendeformaten (Quizsendungen etc.) zu engagieren. Sie gehören eher auch zu denjenigen, die bei Sendungsredaktionen nach Informationen zu interessanten Themen nachfragen und so auch die Massenmedien für eigene Zwecke in Anspruch nehmen. Alles in allem stellen die Allrounder diejenige Gruppe dar, die intensiver und zugleich selbstbestimmter als andere Jugendliche die Klaviatur der Medien für ihre eigenen Zwecke verwenden. Unter medienpädagogischen Gesichtspunkten handelt es sich somit offenbar um eine besonders kompetente Gruppe im Umgang mit Medien, die nachgerade vorbildlich ist, wenn es um die Aneignung und Ausdifferenzierung von Medienkompetenz geht.

So überrascht es vor dem Hintergrund der dargestellten Zusammenhänge auch nicht, dass Allrounder im Bereich der *informativen Medienkunde* ein überdurchschnittliches Wissen über Sachzusammenhänge des Mediensystems aufweisen, das nur von den Angehörigen des Clustertyps der Konsumorientierten übertroffen wird. Sie wissen also beispielsweise gut darüber Bescheid, was ein «Internet-Browser» ist, was «Cookies» sind oder wofür «Times New Roman» steht. Darüber hinaus ist ihnen bekannt, wodurch sich RTL finanziert oder was das verbreitetste private Videosystem, was eine Nachrichtenagentur oder ein Grosskino ist. Das literarische Bildungswissen fällt bei ihnen demgegenüber allerdings leicht unterdurchschnittlich aus.

Auf der Ebene ihrer medienbezogenen Einstellungen und Urteilshaltungen – subsumiert im Folgenden unter dem Titel «Medienkritik» – weisen Allrounder ein Einstellungsprofil auf, das sich deutlich von dem anderer Mediennutzer abhebt. Vor dem Hintergrund ihres *analytischen* Wissens über die Entstehungs- und Verwertungszusammenhänge medialer Inhalte haben sie zur Wirklichkeitsdarstellung in den Medien eine in Zügen ambivalente Haltung. So zeigen sie einerseits ein leicht überdurchschnittliches Mass an kritischer Distanz zum Wahrheitsanspruch von Nachrichtenmeldungen. Andererseits ist hier ihre affirmative Haltung deutlich stärker ausgeprägt. Sie scheinen davon auszugehen, dass Reportagen und Berichte in den Medien einen authentischen Realitätsbezug haben, stellen dabei aber in Rechnung, dass die Wirklichkeitsdarstellung selbst verzerrenden Einflüssen unterliegen kann.

Auf der *reflexiven* Ebene haben Allrounder ein überdurchschnittliches Interesse an Unterhaltung und Infotainment, das auf einem ähnlich hohen Niveau liegt wie das der Medienkonsumenten. Gleichwohl ist ihr Interesse an Aufklärung, Information und Bildung im Zuge der Mediennutzung deutlich ausgeprägt. So sollen aus ihrer Sicht Bücher den Menschen fremde Welten nahe bringen, sie über wichtige Dinge aufklären und zum Nachdenken bringen. Darüber hinaus ist es den Allroundern wichtig, durch Zeitschriften informiert zu werden. Bei Zeitungsartikeln ist für sie selbst zum einen der Wahrheitsgehalt und zum anderen der Vergleich zu anderen Informationsquellen bedeutsam. Unsicherheit und Skepsis gegenüber dem Wahrheitsgehalt medialer Darstellungen ist bei den Allroundern dagegen in nur unterdurchschnittlichem Ausmass vorhanden. Hiermit einher geht offenbar das Selbstvertrauen, verzerrte und falsche Realitätsdarstellungen der Medien durch kritisches Hinterfragen als solche erkennen und von wahrheitsgemässen Darstellungen unterscheiden zu können. Der vielseitige Umgang mit Medien sowie die unterschiedlichen Informationskanäle, die sie im Rahmen ihrer Wissensrecherchen aktivieren, könnte tatsächlich für ein solches kompetentes Medienhandeln sprechen.

Ethisch korrespondiert bei den Allroundern eine tendenzielle Befürwortung der normativen Regulierung des Mediensektors am Beispiel der Nachrichtenberichterstattung mit einer im Vergleich hierzu viel stärker ausgeprägten Aversion gegenüber reglementierenden Massnahmen. Auf der einen Seite sollten nach ihrer Überzeugung in den Nachrichten schreckliche Bilder (zum Beispiel von Toten und Verletzten) nicht gezeigt oder gar verboten werden. In anderen Zusammenhängen plädieren sie aber vehement für das Zeigen schrecklicher Bilder in den Nachrichten, da diese ein Bewusstsein für schlimme Zustände schaffen, jeder Zuschauer selbst entscheiden kann, ob er sie sich anschauen möchte oder nicht, sie nur das zeigen, was in der Welt wirklich geschieht, sie in den Nachrichten schon immer gezeigt wurden und sich zudem eigentlich gar nicht richtig sagen lässt, was schreckliche Bilder sind. Sie gehören entsprechend – wie auch die Angehörigen des Clustertyps der Kommunikationsorientierten – zu jener Gruppe von Jugendlichen, die grosse Vorbehalte gegenüber einer externen Reglementierung des Medienhandelns haben, die aber punktuell solche einschränkenden Vorschriften durchaus befürworten.

Die Gruppe der *Deprivierten* zeichnet sich im Kollektiv der befragten Jugendlichen dadurch aus, dass sie fast durchgängig in allen Bereichen der rezeptiven und interaktiven Mediennutzung mit Ausnahme der Rezeption audiovisueller Medien unterdurchschnittliche Kennwerte aufweist. Dieser Clustertyp ist – bezogen auf die verschiedenen Dimensionen des Medienhandelns und damit auch auf die unterschiedlichen Ausprägungen von Medienkompetenz – vorwiegend defizitär bestimmt und stellt somit nicht nur einen Kontrast zu den Allroundern dar, sondern steht für eine Gruppe von Jugendlichen, die offensichtlich gesonderter medienpädagogischer Betrachtung und Förderung bedarf. Versucht man sich dem Typus des Deprivierten inhaltlich zu nähern, so fällt zunächst im Bereich der *rezeptiven* Mediennutzung auf, dass Angehörige dieser Gruppe nur eine leicht überdurchschnittliche Nutzungsintensität der audiovisuellen Medien Fernsehen, Video und Kinofilm aufweisen. Sie nutzen diese Medien immerhin häufiger als etwa die Bildungsorientierten – was per se freilich noch kein Zeichen für Medienkompetenz ist – zeigen aber in allen anderen Bereichen der rezeptiven Mediennutzung – dem Kopieren und Duplizieren von Medieninhalten, der Lektüre von Büchern, Zeitungen und Zeitschriften sowie auf der Ebene des Musikkonsums – ein im Vergleich zur Gesamtstichprobe aller befragten Jugendlichen ausgeprägt unterdurchschnittliches Nutzungsverhalten. Das Profil der unterdurchschnittlichen Nutzungshäufigkeit setzt sich fort im Bereich der *interaktiven* Mediennutzung, wobei sie hier explizit im Kontext des Gebrauchs Neuer Medien in Erscheinung tritt, und zwar sowohl im Bereich der informationsorientierten sowie der kommunikationsorientierten als auch der konsumorientierten Mediennutzung.

Auch im Kontext der *kreativen Mediengestaltung* zeigen sich die Angehörigen dieses Clusters insgesamt unterdurchschnittlich engagiert. Dabei ist die audiovisuelle Gestaltungskomponente, d.h. das Drehen und Bearbeiten von Filmen, das Aufnehmen und Gestalten von Hörspielen und das Moderieren von Radiosendungen, mit einem nur leicht unterdurchschnittlichen Kennwert noch vergleichsweise am wenigsten defizitär. Hierin mag sich widerspiegeln, dass Deprivierte im Rahmen des Freizeitangebots von Jugendeinrichtungen das eine oder andere Mal mit Tätigkeiten der beschriebenen Art in Berührung gekommen sind. Der Clustermittelwert deutet an dieser Stelle jedoch nicht darauf hin, dass sie audiovisuelle Gestaltungsaktivitäten in ihrer Freizeit mit Leidenschaft und grossem Engagement verfolgen. Textorientierte, literarische oder auch musikalische Gestaltungsaktivitäten finden sich in diesem Cluster fast gar nicht oder nur sehr eingeschränkt. Ebenso werden hardware- und softwarebasierte sowie visuell-bildnerische Ausdrucksformen kreativer Mediengestaltung von den Angehörigen dieses Clustertyps vergleichsweise selten oder gar nicht realisiert.

Im Umgang mit *Problemen*, die im Kontext des Mediengebrauchs auftreten, weisen die Deprivierten ebenfalls kein aktiv strukturiertes Handlungsprofil auf. Auffallend ist hier ein ausgeprägtes Desinteresse an einer informationsorientierten Lösungsstrategie. Dies mag sich de facto damit verbinden, dass Deprivierte – wie die Analysen zur rezeptiven und interaktiven Mediennutzung sowie zur Mediengestaltung vermuten lassen – nur wenig Erfahrungen im Umgang mit Medien gesammelt haben und sich entsprechend ein kompetentes Lesen und Verstehen von Handbüchern und Gebrauchsanweisungen nicht zutrauen. Dies würde ebenfalls erklären, warum Deprivierte nur selten tüftlerische Lösungsstrategien wählen und allenfalls durchschnittlich häufig dazu neigen, in Problemsituationen gezielt nach Unterstützung in ihrem sozialen Umfeld zu suchen. Entsprechend ihrer eher auf die Aktivierung von Hilfen abstellenden Problemlösungsstrategien weisen die Deprivierten auf dem Gebiet der *informativen* Medienkunde ein geringes Wissen über die Strukturen des Mediensystems auf. Das literarische Bildungswissen ist bei dieser Klientel zudem noch unterdurchschnittlicher ausgeprägt, was sicherlich mit ihrer grundsätzlich reservierten Haltung den Printmedien gegenüber in Zusammenhang stehen mag.

Betrachtet man die *medienkritischen* Einstellungen der Angehörigen dieses Clusters, so fällt auf, dass Deprivierte ein relativ hohes Vertrauen in den Realitätsgehalt medialer Wirklichkeitsdarstellungen haben, d.h. sie sind überdurchschnittlich häufig der Ansicht, dass Nachrichten zeigen, was wirklich in der Welt geschieht. Diese Grundhaltung wird in ihrem Fall allerdings nicht wie bei den Allroundern von einer kritisch-distanzierten Haltung flankiert. Bei den Deprivierten lässt sich somit eher von einer unkritischen Sichtweise oder auch einer gewissen Naivität gegenüber den Wirklichkeitsdarstellungen der Medien sprechen.

Auf *reflexiver* Ebene zeigen Deprivierte ein leicht überdurchschnittliches Unterhaltungs- oder Infotainment-Interesse, das sich in ihrem Fall kombiniert mit einer durchschnittlichen Skepsis und Unsicherheit bezüglich des eigenen Vermögens, den Wahrheitsgehalt medialer Darstellungen adäquat einschätzen zu können. Das Interesse an Aufklärung, Information und Bildung im Zuge der Rezeption medialer Inhalte ist demgegenüber deutlich niedriger ausgeprägt. Entsprechend gleichen sie auf reflexiver Ebene tendenziell dem Typus des Konsumorientierten.

Im Hinblick auf *medienethische* Probleme und Fragestellungen haben Deprivierte ähnlich wie die Kommunikationsorientierten starke Aversionen gegenüber einer normativen Reglementierung von Darstellungen in den Medien, so etwa gegenüber dem Zeigen von «schrecklichen Bildern» in Nachrichtensendungen. Diese Haltung spiegelt sich in ihrem Fall analog in der negativen Bewertung reglementierungsbefürwortender Argumente. Auch hier ist auf der Ebene des Einstellungsprofils eine gewisse strukturelle Ähnlichkeit mit den Konsumorientierten erkennbar.

4 Fazit

Wie die clusteranalytischen Auswertungen unserer Daten zeigen, sind Generalisierungen zum Medienhandeln Jugendlicher keineswegs angebracht. Auch wenn die Gruppe der Jugendlichen in öffentlichen Debatten oftmals als Vorreiter im Umgang mit Neuen Medien betrachtet wird, so ist mit Blick auf die Kompetenz und Qualifikation doch zwischen einzelnen Nutzergruppen zu differenzieren. Jung-Sein ist also nicht zwangsläufig mit Aufgeschlossenheit gegenüber PC und Internet gleichzusetzen und Nutzung Neuer Medien heisst keineswegs, diese in ihrem vielfältigen Angebot zu durchschauen, sich Wissen über Strukturen und Funktionsweisen anzueignen und Medien den eigenen Zwecken gemäss einsetzen zu können. Beispielhaft kann unsere Untersuchung dieses in der Gegenüberstellung der Cluster der «Allrounder» und der «Deprivierten» veranschaulichen. So stellen die Deprivierten einen Typus dar, der in fast allen Bereichen, in denen Allrounder überdurchschnittlich auftrumpfen, mit unterdurchschnittlichen Werten aufwartet. Sie bilden in diesem Sinne eine Gruppe von Jugendlichen, die – wenn man so will – aus medienpädagogischer Sicht ganz erhebliche Defizite aufweist, denen es also entweder an Gelegenheiten oder aber an Motivation und Interesse fehlt, sich mit alten und Neuen Medien auseinander zu setzen. Bei den Deprivierten fehlen überdurchschnittliche Ausprägungswerte in fast allen Bereichen des Medienhandelns, während fast keine Kennwerte unterdurchschnittlicher Art bei den Allroundern zu verzeichnen sind. Wollte man diesen Kontrast auf andere Weise sinnfällig machen, könnte man sie entsprechend auch als Cluster der überdurchschnittlichen Mediennutzer oder in Bezug auf die Neuen Medien als *Avantgardisten* auffassen.

Um die Ursache dieser verschiedenen Weisen des Medienhandelns auszumachen, bedürfte es freilich differenzierterer Anschlussuntersuchungen, die von uns in Form qualitativer Leitfadeninterviews durchgeführt und derzeit ausgewertet werden. Rätsel geben die von uns oben dargestellten Cluster dabei auch insofern auf, als dass sich keine auffallenden Unterschiede im Hinblick auf die soziodemographische Zusammensetzung der beiden Gruppen zeigen. Zwar finden sich leichte Differenzen mit Blick auf das Bildungsniveau, die sich mit zunehmendem Alter verstärken, diese sind aber insbesondere in der Altersgruppe der Jüngeren nicht so stark ausgeprägt, als dass hier von einem typischen Wissenskluft-Phänomen ausgegangen werden kann. Auch zeigen sich keine geschlechtsspezifischen Unterschiede, da in beiden Gruppen eindeutig die männlichen Jugendlichen dominieren; geschlechtsstereotype Sozialisation dürfte als Argument für die unterschiedliche Medienzuwendung zumindest mit Blick auf diese beiden Cluster ausfallen. Mit der erstmals empirischen Analyse von Medienkompetenz, wie wir sie im Rahmen unseres Forschungsprojekts umsetzen konnten, wird somit deutlich, dass offenbar zahlreiche Faktoren die Medienzu- und -abwendung ausmachen, die über geschlechts- und bildungsspezifische Unterschiede hinausgehen und denen nachzugehen eine wesentliche Aufgabe medienpädagogischer Forschung sein wird. Nur so kann die allseits beliebte Forderung nach Medienkompetenz in medienpädagogische Konzepte umgesetzt werden, die tatsächlich mit der Realität jugendlichen Medienhandelns übereinstimmen.

Literatur

Baacke, Dieter (a). «Medienkompetenz – Begrifflichkeit und sozialer Wandel.» In: *Medienkompetenz als Schlüsselbegriff*. Antje von Rein (Hrsg.). Bad Heilbrunn: Klinkhardt, 1996.

Baacke, Dieter (b). «Medienkompetenz als Netzwerk. Reichweite und Fokussierung eines Begriffs, der Konjunktur hat.» *medien praktisch*, 2/1996. 4–10.

Baacke, Dieter; Sander, Uwe; Vollbrecht, Ralf. *Medienwelten Jugendlicher*. Opladen: Leske + Budrich, 1991.

Bourdieu, Pierre. *Die feinen Unterschiede. Kritik der gesellschaftlichen Urteilskraft*. Frankfurt am Main: Suhrkamp, 1997.

Katz, Elihu; Blumler, Jay G. *The Uses of Mass Communications. Current Perspectives in Gratification Research*. Beverly Hills: Sage, 1974.

Schenk, Michael (Hrsg.). *Medienwirkungsforschung*. Tübingen: Mohr Siebeck, 1987.

Treumann, Klaus-Peter. «Triangulation als Kombination qualitativer und quantitativer Forschung.» In: *Einführung in die empirische Pädagogik*. Jürgen Abel, Renate Möller, Klaus-Peter Treumann (Hrsg.). Stuttgart: Kohlhammer, 1998.

Treumann, Klaus-Peter; Baacke, Dieter; Haacke, Kirsten; Hugger, Kai-Uwe; Vollbrecht, Ralf. *Medienkompetenz im digitalen Zeitalter*. Schriftenreihe Medienforschung der LfR 39. Opladen: Leske + Budrich 2002.

Von der Medienkompetenz zur Medienbildung

Diskurstheoretische Überlegungen

Heinz Moser

Der pädagogische Diskurs über Medien hat sich in den letzten Jahren insbesondere am Modell der Sprache ausgerichtet. Dies gilt sowohl für den deutschsprachigen wie für den angloamerikanischen Raum. Während sich bei uns die Überlegungen vor allem um den Begriff der Medienkompetenz bündeln, geht es im angloamerikanischen Raum mehr um den Begriff der «media literacy» – um ein Konzept, das bei uns als Medien- oder Computeralphabetisierung ebenfalls im Gebrauch ist. Ob dieser Anschluss an Sprachmodelle sinnvoll ist, soll im vorliegenden Beitrag diskutiert werden.

Medienkompetenz ist heute vor allem im bildungspolitischen Sinn zum fast omnipräsenten Begriff geworden, der zum Beispiel immer dann im ICT-Bereich zitiert wird, wenn es um technologische Anstrengungen des Bildungssystems bei der Ausrüstung mit Computern geht. So formulierte die deutsche Bildungsministerin Edeltraud Buhlman, als es um Notebook-Projekte an Universitäten ging: «Mit der Notebook-University unterstützen wir die Studierenden in den Schlüsselqualifikationen IT- und Medienkompetenz» (Pressemitteilung vom 23.5.2002). Der Einsatz staatlicher Mittel wird also regelmässig damit gerechtfertigt, dass der Erwerb von Medienkompetenz ein wesentliches Erfordernis der heutigen Gesellschaft sei. Oder wie es in der medienpolitischen Erklärung des Deutschen Volkshochschul-Verbandes vom 8. Juni 1998 heisst: «Grundlegende Veränderungen der Gesellschaft erfordern umfangreiche Qualifikationen, für die der Begriff Medienkompetenz steht. Die Vermittlung dieser Kompetenz – zu vergleichen mit den Kulturtechniken Lesen, Schreiben, Rechnen – wird eine wichtige Aufgabe von Weiterbildung in der Mediengesellschaft sein.»

In dieser kurzen Passage werden gleich drei Begriffe verwendet: Qualifikationen, Kulturtechniken und Medienkompetenz, wobei nicht klar wird, wie diese zusammenhängen: Ist Medienkompetenz mehr oder anders als ein Bündel von Qualifikationen? Und wie steht die Medienkompetenz zu den Kulturtechniken Lesen, Schreiben und Rechnen – wenn man bedenkt, dass man in der Deutschdidaktik auch von Lese- und Schreibkompetenz spricht? Wenn sie «vergleichbar» sind, heisst das ja auch, dass sie nicht identisch sind. Der politischen Konjunktur des Begriffes «Medienkompetenz» steht angesichts dieser schwammigen Begrifflichkeit eine zunehmend kritische Haltung im Bereich des wissenschaftlichen Diskurses entgegen, indem Zweifel geäussert werden, ob sich dieser Begriff zur disziplinären Fundierung der Medienpädagogik eignet.

Medienkompetenz bei Dieter Baacke

Historisch wurde der Begriff der «Medienkompetenz» von Dieter Baacke in den Siebzigerjahren des letzten Jahrhunderts in die medienpädagogische Diskussion eingeführt, indem er Medienkompetenz analog zum linguistischen Konzept der Sprachkompetenz fasst, wie es Noam Chomsky in Abhebung vom Behaviorismus definiert hatte. Sprache beruht in diesem Modell auf angeborenen Universalien, die eine Tiefenstruktur der Sprache bilden, welche es ermöglicht, einen unendlichen Gebrauch von endlichen Regeln zu machen. Ziel Chomskys ist dementsprechend die Formulierung einer «angeborenen linguistischen Theorie, die die Grundlage der Spracherlernung bildet» (Chomsky 1970:41)

Allerdings ist in diesem Zusammenhang auf eine wesentliche Differenz aufmerksam zu machen: Baacke beruft sich in seiner wegweisenden Arbeit «Kommunikation und Kompetenz» nicht direkt auf Chomsky und seinen Nativismus, sondern auf die Überlegungen zur «kommunikative Kompetenz», wie sie von Jürgen Habermas in Auseinandersetzung mit der generativen Grammatik entwickelt worden waren. Habermas interessiert sich weniger für die Syntax-Theorie, sondern für die kommunikative Seite der Sprachverwendung und wendet den Kompetenzbegriff auf eine pragmatische Theorie der Sprechakte an.

Dies kommt Baacke, der sich insbesondere für die pädagogische Seite der Kommunikation interessiert, entgegen, weil damit die Fähigkeit angesprochen ist, unterschiedliche Verhaltenssysteme zu verstehen bzw. zu übernehmen. Im Sinne einer vorausgesetzten Tiefenstruktur betont Baacke, dass die dazu notwendige Regelstruktur nicht das aktuelle Sprach- bzw. Kommunikationsverhalten festlege, vielmehr derart funktioniere, dass sie «den Spielraum der Menschen für die Bildung unendlich vieler Sätze wie für potenziell unbegrenztes Kommunikationsverhalten herstellt und garantiert» (Baacke 1973:102). In einem Aufsatz von 1996 unterstreicht Baacke nochmals seine genuin pädagogische Intention: Das Konzept der «kommunikativen Kompetenz» sei deshalb von der Pädagogik so schnell aufgenommen worden, weil diese Arbeitshypothese von der Erziehbarkeit des Menschen ausgehe und den Menschen dank seiner Kompetenz zu sprachlichem Handeln befähige, aktiv an der Weltkonstruktion teilzunehmen (Baacke 1996:5).

Zur Kritik des theoretischen Konzepts der Medienkompetenz

Allerdings scheint mir das Konzept der kommunikativen Kompetenz letztlich insofern problematisch, als es die Frage der Sprachverwendung in einer merkwürdigen Weise als Duplizierung von Kompetenzen begreift. Die Anwendung des Regelsystems der Sprache wird nicht als blosse Performanz oder als pragmatische Theorie der Sprachverwendung begriffen – sondern im Dazwischentreten eines eigenen Regelsystems der kommunikativen Kompetenz. Die Anwendung sprachlicher Kompetenz verlangt also nicht einfach Anwendungsregeln – sondern diese werden ihrerseits auf eine kommunikative Kompetenz mit eigener Dignität zurückgeführt. Die kommunikative Kompetenz wird selbst stark im sozialen Raum verortet, wodurch der Kompetenzbegriff bei Baacke seine linguistische Schärfe verliert und den unspezifischen Charakter von sozialen Regeln annimmt. Diese werden im Übrigen dann auch nicht als eigentliches Regelsystem beschrieben – sondern in Analogie zu Watzlawick als locker definierte Kommunikations-Axiome (Baacke 1973:105ff.).

In seinem späten Aufsatz von 1996, wo Baacke seine Position nochmals zusammenfasst, betont er, dass sich die «kommunikative Kompetenz» in der Lebens- und Alltagswelt realisiere, welche die alltäglichen Lebensvollzüge der Menschen umfasse – ihre Routinen genauso wie die aussergewöhnlichen Momente (Feste und Feiern). Für die Fähigkeit zu kommunizieren nimmt er eine ganze Reihe von Verhaltenskatalogen in Anspruch: «die Fähigkeit zur Rollendistanz, zur Ambiguitätstoleranz, Fähigkeit zur Entscheidung und zu selbstverantwortlichem Handeln, Fähigkeit, seine Intentionen mit vorhandenen Kommunikationen abzustimmen, für die jeweils die entsprechenden kommunikativen Strategien entwickelt werden müssen» (Baacke 1996:7ff.).

Wie schon diese Skizze der Baackeschen Position zeigt, ergeben sich aus dieser Konstruktion von Medienkompetenz eine Reihe von schwerwiegenden Folgeproblemen:

- Positionen, die sich mit dem Kompetenzbegriff auf der Linie Chomskys bewegen, handeln sich die Problematik der genetischen Determiniertheit des Sprach- und Verhaltenssystems ein, die Chomsky voraussetzt. Gegenüber einer allgemeinen Sprachfähigkeit, wie sie linguistisch definiert ist, stellt sich damit die Frage, was der Medienkompetenz als Substrat zugrunde liegt. Das angeborene Regelsystem kann ja kaum von den je historisch vorliegenden Medien abgeleitet werden, da diese für eine anthropologische Perspektive von angeborenen Fähigkeiten der Medienverwendung kontingent sind. «Fernsehfähigkeiten» gehörten nur dann zur biologischen Ausstattung des Menschen, wenn man davon ausgehen könnte, dass solche technische Erfindungen teleologisch bereits in den Genen angelegt wären. So bleibt denn nichts anderes übrig, als die Fähigkeiten der Medienkompetenz – wie bereits angedeutet – als allgemeine soziale Verhaltens- und Kommunikationsregeln zu denken.

- Medienkompetenz wird damit zum Teil einer allgemeinen Handlungskompetenz, die nur mehr schwer von allgemeinen Regeln des sozialen Handelns zu unterscheiden ist. Wer medienkompetent handeln will, benötigt letztlich nicht spezifische «Medienfähigkeiten», sondern wendet allgemeine Regeln sozialen Verhaltens wie Rollen- oder Ambiguitätstoleranz an. Als Konsequenz wäre dann zu fragen, was das Spezifische einer Vermittlung von Medienkompetenz für das medienpädagogische Handeln noch bedeutet; jedenfalls ist diese nicht einfach analog zur Vermittlung der Regeln eines Sprachsystems zu verstehen.
- Diese Problematik der Unspezifität wird durch die Konkretisierung von Medienkompetenz besonders deutlich, welche Baacke vornimmt, indem er diese als Medienkritik, Medienkunde, Mediennutzung und Mediengestaltung perspektiviert. Denn die Ableitung von den Regeln einer kommunikativen Kompetenz zu der damit beschriebenen Dimensionierung der Bereiche der Medienkompetenz wird nirgends stringent vollzogen (Baacke 1996:8). Vielmehr wird das didaktisch-pädagogische Interesse Baackes in einer sehr lockeren Weise mit einem weitgehend diffus bleibenden Konzept der Medienkompetenz amalgamiert.
- Gleichzeitig ergibt sich für kompetenztheoretische Überlegungen jenes Dilemma, das Kübler herausgestellt hat: Einerseits postuliere die Medienpädagogik schon aus Gründen der Selbstlegitimation Defizite in der Kompetenz, die pädagogische Strategien erforderten. Gleichzeitig würde sie aber fast in jeder Erhebung mit der Tatsache konfrontiert, dass die meisten Probanden mit den Medien entsprechend ihren sozialen, kulturellen, kognitiven und kommunikativen Möglichkeiten recht kompetent umgehen (Kübler 1996:13). Damit aber stellt sich die Frage, wer denn noch wem und was jemandem zu vermitteln hat.

Auch diese Problematik ist tief in den Entstehungszusammenhang des Konzeptes der Medienkompetenz verstrickt. Denn schon Chomskys genetischer Ansatz führt zur Anschlussfrage, ob Medienkompetenz überhaupt lernbar ist, wenn die Tiefenstruktur des Regelsystems angeboren ist.

Wenn Kompetenzüberlegungen auf der anderen Seite aber dazu instrumentalisiert werden, um Programme zur Förderung von Medienkompetenz zu legitimieren, ergibt sich rasch ein unauflösbares Dilemma. Dieses soll im folgenden Abschnitt verdeutlicht werden.

Medienkompetenz als bildungspolitischer Schlüsselbegriff

Ist der theoretische Status des medienpädagogischen Schlüsselbegriffs der Medienkompetenz ungewiss und problematisch, so fällt auf, dass er im bildungspolitischen Kontext umso entschiedener eingesetzt wird, um deutlich zu machen, dass ein kompetenter Umgang mit Medien – und hier vor allem: ICT-Technologie – zu den wichtigsten Aufgaben einer innovativen Neuorientierung des Bildungssystems gehört. So ist Medienkompetenz im Rahmen der Strategien zur Einführung des Computers in den Schulen zu einem Schlüsselbegriff der Bildungspolitik geworden. Allerdings gewinnt man manchmal den Eindruck, dass die Betonung der Medienkompetenz dabei nicht immer ohne Nebengedanken erfolgt. Denn der Nachdruck, mit welchem auf Medienkompetenz verwiesen wird, scheint oft direkt mit der Höhe der Millionenbeträge zu korrelieren, welche die Ausstattung der Schulen mit Informationstechnologie erfordert.

Dass dies aber letztlich ein unsicheres Fundament für medienpädagogische Anstrengungen darstellt, zeigt ein Blick auf bildungspolitische Konjunkturen: Kaum wurden die Untersuchungen zu PISA veröffentlicht, drehte der Wind: Medienfragen traten im bildungspolitischen Interesse plötzlich wieder zurück; und die Forderung nach vermehrter Medienkompetenz wurde durch jene nach verstärkter Lesekompetenz abgelöst – wobei das Verständnis von Lesekompetenz nicht weniger diffus ist und auch den Aspekt der Medienkompetenz im Rahmen der Förderung des Lesens multimedial strukturierter Texte zum Teil aufsaugt. Den Medienpädagogen bleibt dann nur übrig, was Schill/Wagner (2002) in der Zeitschrift «medien praktisch» versuchen, nämlich die Lesekompetenz wiederum als Teil einer generellen Medienkompetenz für die Medienpädagogik zurück zu reklamieren.

Auf diesem bildungspolitischen Hintergrund wird der strategische Charakter von Begriffen wie demjenigen der Medienkompetenz oder eben neuerdings auch der Lesekompetenz deutlich: Sie dienen dazu, einen normativen Erfolgsbegriff für das institutionelle Handeln des Bildungssystems zu definieren, stellen davon Abweichungen fest und beziehen Wirksamkeitsbehauptungen auf darauf bezogene Förderungsprogramme. Das mag zur Reduktion von Komplexität im politischen System sinnvoll sein, um dieses unter kontingenten Bedingungen handlungsfähig zu machen. So betont Harald Gapski die politische Bedeutsamkeit des Begriffs der Medienkompetenz: «In der Politik ist Medienkompetenz ein Wert zu Minderung verschiedener ‹Gaps›, ‹Digital Divides› und Zugangsunterschiede: Chancengleichheit und Schliessung von gesellschaftlichen Klüften unterschiedlicher Zielgruppen sind wichtige gesellschaftspolitische Werte. Medienkompetenz allein als Fertigkeit zu verstehen, würde die strukturellen Gründe für die zunehmende digitale Spaltung in unserer Gesellschaft verdekken»(Gapski 2001).

Als wissenschaftliche Grundlage für eine Disziplin wie die Medienpädagogik scheint mir der Kompetenzbegriff hingegen wenig tragfähig – denn inhaltlich bleibt er entgegen dem ersten Anschein diffus und ist nur schwer zu fassen. Hinter der scheinbaren Bedeutungsschwere versteckt sich letztlich kaum mehr als ein Synonym zu einem allgemeinen Begriff von kognitiven oder sozialen Fähigkeiten.

Das Konzept der «media literacy»

Sieht man sich nach alternativen Konzeptualisierungen um, von denen her sich die Medienpädagogik theoretisch legitimieren könnte, so ist auf die amerikanische Tradition der «media literacy» hinzuweisen, die dort sehr häufig das Konzept pädagogischer Medienarbeit begründet. Ähnlich wie das Konzept der Medienkompetenz bezieht sich diese Tradition ebenfalls auf das Vorbild der Sprache und der Alphabetisierung. Bei manchen Autoren wie etwa bei Gapski (1996:89) wird «media literacy» denn auch als amerikanische Variante von Medienkompetenz aufgefasst.

Man mag sich in diesem Zusammenhang daran erinnern, dass bei uns mit dem Konzept der Computeralphabetisierung bzw. der «computer literacy» in den achtziger Jahren des letzten Jahrhunderts eine ähnliche begriffliche Fassung diskutiert wurde. So verglich etwa Haefner in seinem damals viel beachteten Buch zur «neuen Bildungskrise» das Verhältnis der Schüler/innen zur Informationstechnik mit jenem von Analphabeten vor 300 Jahren (Haefner 1982).

Das war zu jener Zeit, als man davon ausging, in Zukunft müsse jeder Mensch seinen Computer selber programmieren und deshalb eine Programmiersprache wie BASIC oder LOGO lernen. Analog zum Erlernen der Sprache oder mathematischer Grundkenntnisse wurden die Regeln des Programmierens im Sinne einer zu vermittelnden Literalität als weitere «basic skills» gesehen, welche die Schule in Zukunft zu vermitteln hätte (Moser 1986:28). Wie man weiss, hat sich die Geschichte des Informationszeitalters dann aber ganz anders entwickelt: Mit den grafischen Benutzeroberflächen und den Standardprogrammen wie Word oder Excel rückte das eigene Programmieren für den alltäglichen Nutzer an den Rand, und der Begriff der Alphabetisierung verschwand weitgehend aus der pädagogischen Diskussion. An dessen Stelle traten anwendungsorientierte Konzepte der Computerintegration – oder eben die Förderung der «Medienkompetenz» von Schülerinnen und Schülern.

Im angloamerikanischen Raum ist der Begriff der «media literacy» hingegen als zentrales Konzept der pädagogischen Auseinandersetzung mit Medien gut eingeführt. Er ist dabei viel breiter gefasst und nicht auf Programmiersprachen oder auf die technischen Aspekte des Umgangs mit Computern bezogen. So geht Renee Hobbs (o.J.) davon aus, dass die Sprache zwar das wichtigste Element unserer Humanität sei, aber sie sei heute nur noch eines von einer ganzen Anzahl von Symbolsystemen, welches die Menschen benutzen, um sich auszudrücken und Bedeutungen auszutauschen. Die Sprache müsse in ihrer Beziehung zu anderen Formen des symbolischen Ausdrucks gesehen werden – etwa zu Bildern, Ton, Musik und elektronischen Formen der Kommunikation. Sie zieht das Fazit: «Dozierende und Lehrende müssen erkennen dass ‹literacy› nicht allein eine Sache des Erwerbs von Fähigkeiten des de-kontextualisierten Decodierens und Verstehens bzw. der Produktion sind, sondern diese ‹literacy› ist auf die Kultur und die Kontexte zu beziehen, in denen das Lesen und Schreiben genutzt wird» (Hobbs o.J.).

Damit unterscheidet sich «media literacy» trotz der Nähe zum Konzept der Medienkompetenz deutlich von einem eng geführten Kompetenzbegriff, der sich an universalistischen Regeln orientiert, indem ein multimedialer bzw. «erweiterter» Textbegriff in den Mittelpunkt gerückt wird, der auf dem Hintergrund kulturell kontextualisierter Situationen pädagogisch fruchtbar gemacht wird.

Konkret bedeutet dies, dass «literacy» als Fähigkeit beschrieben wird, zu Medienbotschaften in einer Vielzahl von Formen Zugang zu finden, sie zu analysieren, zu evaluieren und zu kommunizieren. In der von Hobbs vorgenommenen Konkretisierung bedeutet dies:

- «Zugang zu finden» bedeutet, die Regeln und das Vokabular zu kennen, um Symbole zu verstehen. Und es geht um die Fähigkeiten, die mit dem Identifizieren, dem Organisieren und Behalten verbunden sind – etwa wie man Quellen und Hinweise in Büchern, auf dem Internet, in Filmen etc. nutzt. Zugang zu finden bedeutet dabei auch die Fähigkeit, die Werkzeuge der Technik gezielt einzusetzen (neben jenen der traditionellen Medien auch die Video- und Computertechnologie).
- «die Fähigkeit, Botschaften zu analysieren» bezieht sich auf das interpretative Verstehen, welches die Fähigkeit einschliesst, Kategorien, Konzepte und Ideen anzuwenden, Schlüsse über Ursache und Wirkung zu ziehen sowie die Ziele und den Standpunkt des Autors zu identifizieren. Auf einer zweiten Ebene handelt es sich um die Fähigkeit, Botschaften in dem historischen, politischen, wirtschaftlichen und ästhetischen Kontext einzuordnen, in welchem sie entstanden sind und genutzt werden.
- «die Fähigkeit, Botschaften zu evaluieren» ist mit Bewertungen über deren Relevanz und Wert für die Rezipienten verbunden. Evaluative

Fähigkeiten machen dabei Gebrauch von den existierenden Weltsichten der Schüler, ihrem Wissen, ihren Einstellungen und Werten. Es geht hier also darum, früheres Wissen zu benutzen, um einen Text zu interpretieren, ein späteres Resultat oder eine logische Folge vorherzusagen, Werte einer Botschaft zu identifizieren und die ästhetische Qualität eines Textes anzuerkennen.
- «die Fähigkeit, Botschaften zu kommunizieren» steht im Mittelpunkt der traditionellen Bedeutung von «literacy» – im Sinne der Fähigkeit zu schreiben und zu lesen. Kommunikative Fähigkeiten beziehen sich dabei sowohl auf medienspezifische wie auf allgemeine Fähigkeiten. Zu den Letzteren gehören etwa die Fähigkeit, das Publikum zu verstehen, mit welchem man kommuniziert, der effektive Gebrauch von Symbolen, um Bedeutungen zu übertragen, die Fähigkeit, eine Sequenz von Ideen zu organisieren, sowie die Fähigkeit, beim Adressaten der Botschaft Aufmerksamkeit zu erregen und zu erhalten (siehe im einzelnen Hobbs 1996).

Ist beim Konzept der Medienkompetenz nicht klar, inwieweit diese bereits vorauszusetzen ist oder erst angeeignet werden muss, geht der Ansatz der «media literacy» von der pädagogischen Voraussetzung aus, dass diese in wesentlichen Aspekten zu erwerben ist. Zwar kann man davon ausgehen, dass Schüler/innen infolge ihres medial geprägten Alltags bereits viele Fähigkeiten zum Umgang mit Medien besitzen. Doch unter der Perspektive eines Konzeptes der «media literacy» beginnt die pädagogische Arbeit, wo Kompetenzkonzepte enden. Medienbildung setzt nämlich voraus, dass sie auf bereits vorhandenen Ressourcen aufbauen kann, um Fähigkeiten zu erweitern und zu systematisieren, bzw. Medienangebote zu reflektieren.

Medienbildung im alltagskulturellen Kontext

Im Grunde handelt es sich beim Ansatz der «media literacy» bereits um ein Konzept der Medienbildung; und die Verknüpfung mit Literalitätskonzepten scheint eher missverständlich. Dies dürfte damit zusammenhängen, dass der Bildungsbegriff in unserem Sinne im englischsprachigen Raum nicht existiert, somit also nur «education» oder «literacy» als Bezeichnungen möglich sind. Jedenfalls fehlt bei Hobbs der präzise Anschluss an linguistische oder sprachsemantische Theorien: Sie weitet den Begriff der «media literacy» vielmehr weit über das Sprachmodell hinaus, wenn sie schreibt, «Lehrende und Erzieher kommen zur Erkenntnis, dass es bei der ‹literacy› nicht einfach um die Fähigkeiten eines dekontextualisierten Decodierens, Verstehens und Produzierens geht.» Vielmehr müsse die Literalität mit der Kultur und dem Kontext verknüpft werden, in welchem Lesen und Schreiben von medialen Texten genutzt werde.

Geht man in diesem Sinne von einem Konzept der Medienbildung aus, kann man die Sprache als primäres Medium und die damit verbundenen Literalität zwar immer noch als Vorbild für mediale Verständigung nehmen. Allerdings ergibt sich eine perspektivische Verschiebung des Blickwinkels: Während kompetenz- wie auch literalitätstheoretische Ansätze nach dem Modell von Syntax- oder Spracherwerbstheorien operieren, orientieren sich bildungstheoretische Ansätze eher an den Konzepten einer Sprachsemantik, wie sie im Medienbereich etwa von den Cultural Studies zur Analyse von medialen Bedeutungsmustern aufgenommen wurde. So betont auch Hobbs, dass Sprache das wichtigste Element der Menschheit sei, aber dennoch nur eines einer Vielzahl von Symbolsystemen, welche die Menschen nutzten, um sich auszudrükken und Bedeutungen auszutauschen. Die Veränderungen in den Kommunikationstechnologien hätten eine Kultur geschaffen, in welcher die Sprache in Verbindung zu anderen symbolischen Ausdruckssystemen stehe – zu Bildern, Tönen, Musik und elektronischen Kommunikationsformen.

Aus einer Perspektive der Medienbildung geht in ein solches Verständnis ein, dass sich die Lebenswelt der Menschen und ihre Alltagskultur zunehmend mehr in Auseinandersetzung mit industriell produzierten Medien aufbaut. Bildung ist damit in der heutigen Gesellschaft eng auf die über diese stattfindenden subjektiven Erlebnisse und die damit in Beziehung stehenden sozialen Interpretationswelten bezogen (Bachmair 1996:23). Dies demonstrieren ebenfalls die Arbeiten im Umkreis der Cultural Studies, welche Medientexte als kulturelle Arrangements betrachten und die darin eingelagerten Codes zu entschlüsseln suchen. Indem Encodierung und Decodierung von Texten als sozialer Prozess – etwa als Konfrontation von dominanten und oppositionellen Lesarten zwischen Produzenten und Rezipienten – verstanden wird, gelingt es den Vertretern dieses Ansatzes zu zeigen, wie Rezipienten von Medienbotschaften selbst aktiv an der Konstruktion von Bedeutungen beteiligt sind, bzw. die Auseinandersetzung mit medialen Botschaften für ihre eigene Identitätskonstruktion einsetzen.

Allerdings sind Ansätze, welche sich primär für die (soziale) Konstruktion von Medientexten interessieren, häufig stark analytisch ausgerichtet. Wo sie medienpädagogisch argumentieren, geht es meist darum, Ideologien zu durchschauen und die Codierung von dominanten Lesarten durch die Mächtigen deutlich zu machen. Letztlich ist der Unterschied nicht allzu gross zu den ideologiekritischen Konzepten der Siebzigerjahre des letzten Jahrhunderts – etwa zu Wembers (1972) damals bahnbrechendem didaktischem

Modell der Analyse von Dokumentarfilmen, durch welche er die impliziten Wertungen und Normen der scheinbar objektiven Dokumente ideologiekritisch zu hinterfragen versuchte.

Schon damals hat sich indessen erwiesen, dass aufklärerische Modelle des Umgangs mit Medien insofern problematisch sind, als sich Bildung auf eine kognitive Ebene konzentriert. Wo aber Medienbotschaften stark von Emotionen getragen werden, reicht die pädagogische Ansprache an den Intellekt nicht aus. So ist es schwierig, mit Kindern und Jugendlichen, welche eine Sendung wie «Deutschland sucht den Superstar» heiss lieben und in der Auseinandersetzung damit eigene Entwicklungsaufgaben bearbeiten, ideologiekritisch zur argumentieren – etwa indem die damit verbundenen Interessen eines globalen Medienkonzerns wie Bertelsmann «entlarvt» werden. Dieter Baacke hat gegenüber ideologiekritischen Ansätzen denn auch festgehalten, dass sie es versäumten, die subjektive Befindlichkeit und die Bedürfnisdispositionen von Kindern und Jugendlichen zum Ausgangspunkt zu nehmen. Sie entwickeln die Projektion eines «aufgeklärten Jugendlichen», der gesellschaftskritisch erzogen werden soll. Eine handlungsorientierte Medienpädagogik habe hingegen die ästhetischen Erfahrungen von Kindern und Jugendlichen ernst zu nehmen «und ihnen zuzutrauen, in jeder Art von Material (wenn sie denn medien-alphabetisiert werden) Anregungen und Deutungen zu finden, die sie sich aneignen und damit für sich produktiv machen» (Baacke 1997:50).

Um es nochmals zusammenzufassen: Die Auseinandersetzung mit Medien entfernt sich unter dieser Voraussetzung vom Modell des Spracherwerbs, wo letztlich unterstellt wird, dass man sich an ein Set von Regeln (an den «richtigen» Sprachgebrauch) anpasst, dessen Beherrschung das Ziel aller pädagogischen Bemühungen darstellt. Wo es aber darum geht, eigene Deutungen und Interpretationen von Medienereignissen anzuregen und die medialen Verfasstheit der Alltagskultur als wesentliche Dimension zu verstehen, die das Verhältnis zwischen sich selbst und der Welt mitdefiniert, bewegt man sich auf dem Feld einer Bildungsperspektive.

Medienbildung – eine antiquierte Perspektive?

Nun kann man sich fragen, wie sinnvoll es ist, den pädagogischen Begriff der Bildung zu bemühen und ihn auf die Medien zu projizieren. Schliesslich erscheint der Bildungsbegriff antiquiert und selbst umstritten. Werden hier die Medien des 21. Jahrhunderts mit den Mitteln des 19. Jahrhunderts betrachtet? Kann man heute noch einen Schlüsselbegriff der «Allgemeinen Pädagogik» verwenden die ihrerseits Mühe hat, sich im pädagogischen Feld zu behaupten? So hat Kai-Uwe Hugger Bedenken geäussert, diesen Zentralbegriff der Allgemeinen Pädagogik unvermittelt auf medienpädagogische Problemstellungen zu übertragen. Jedenfalls stellt sich die Frage, ob der Bildungsbegriff geeignet ist, das pädagogische Feld zu verklammern. Hugger meint in diesem Zusammenhang: «Die Vorstellung, dass die Allgemeine Pädagogik dazu in der Lage sei, angesichts von Prozessen der Pluralisierung und Ausdifferenzierung im Bereich der Erziehungswissenschaft und im Bereich der pädagogischen Professionen, noch einen Grundgedankengang zu entwickeln, der es ermöglicht, eine Einheit der gesamten Erziehungswissenschaft, ihrer Teildisziplinen ebenso wie der pädagogischen Professionen herzustellen, und dadurch auch den pädagogischen Praktikern eine professionelle Orientierung zu verschaffen, ist in der erziehungswissenschaftlichen Debatte der letzten Jahre fraglich geworden» (Hugger 2001:28).

Man muss sich allerdings vergegenwärtigen, dass Hugger stark aus dem ausserschulischen beziehungsweise sozialpädagogischen Kontext argumentiert. Im Bereich der Sozialen Arbeit ist denn in den letzten Jahren am ehesten versucht worden, Medienpädagogik als eigene Profession zu etablieren – dies aber letztlich mit eher zweifelhaftem Erfolg. Auf der anderen Seite ist zu konstatieren, dass ein Nachdenken über Schule und Erziehung ohne Bezug auf die Medien heute kaum mehr zu denken ist. Medienpädagogische Fragen erscheinen mir deshalb genauso wie die Bildungsfrage ein pädagogisches Querthema, welches die ausdifferenzierten Thematiken und Professionen der Erziehungswissenschaft generell durchzieht. Ungeachtet der Frage, ob sich die Medienpädagogik als Profession etablieren kann, scheint es mir notwendig, medienpädagogische Fragestellungen im Rahmen der Basiskonzepte der Erziehungswissenschaft zu reflektieren. Gegen Hugger wäre also einzuwenden, dass die Medien heute zum Professionswissen aller pädagogischen Disziplinen gehören. Denn immer dann, wenn sich die Menschen zur Welt, zum Anderen und zu sich selbst verhalten, sind sie notwendig auf ein Medium angewiesen (Wächter 2001:119). Überall, wo es um Bildung geht, geht es auch um deren mediale Vermittlung.

Allerdings muss in diesem Zusammenhang präzisiert werden, dass sich medienpädagogische Überlegungen im Rahmen der Allgemeinbildung nicht auf eine personalisierte Bildungstheorie reduzieren lassen. Diesen Verdacht hat Baacke (1997:44) geäussert, indem er darin die Gefahr einer «vorschnellen» Personalisierung befürchtete, welche übersehe, dass Erziehungshandeln immer schon in institutionellen Vorgaben, historischen Tradierungen und staatlichen Kontrollen eingelagert sei. Indessen kann sich m. E. eine zeitgemässe Bildungstheorie nicht auf eine personalisierte Ebene zurückziehen. Gerade der Zusammenhang zwischen Medien- und Bildungsdiskurs ist nur von der Voraussetzung her adäquat zu beschreiben, dass Bildung in gesellschaftlichen Zusammenhängen steht. Die Kommunikation der Medien verläuft, wie Stuart Hall (1999) gezeigt hat, von Prozessen der Encodierung durch Medienproduzenten (heute oft repräsentiert durch globale Player eines internationalen Medienmarktes) zur Decodierung durch die Rezipienten, welche Medien dabei auch im Sinne der Selbstsozialisation für sich nutzen.

Die Arbeiten der Cultural Studies haben mit ihren Analysen verdeutlicht, dass Medienkompetenz nicht in einem technischen Sinn als Übertragung von Informationen vom Sender zum Empfänger zu verstehen ist. Vielmehr handelt es sich eher um Prozesse, wo psychische Systeme quasi autopoietisch auf Irritationen reagieren – so wie es systemtheoretische Überlegungen nahelegen. Ein souveräner Umgang mit Medien kann in diesem Sinne nicht vermittelt, sondern allenfalls angeregt und im Rahmen von Bildungsprozessen unterstützt werden.

Ein Beispiel dazu wäre etwas Winfried Marotzkis Versuch, die informationelle Selbstbestimmung als bildungstheoretischen Grundsatz am Beispiel des Internets zu beschreiben. Er versucht, die Grundkoordinaten neuzeitlicher Bildung in einem kritischen Reflexionsbegriff festzumachen, der sich auf Risikokommunikation bezieht – nämlich auf «die Risikolagen in anthropologischem Raum (Beispiel Gentechnik oder artificial intelligence), im sozialen Raum (Gefahr einer Zweidrittelgesellschaft), im politischen Raum (Gefährdung der Demokratie) und im wissenschaftlichen Raum (Ethik)» (Marotzki 2001:13). Auf diesem Hintergrund formuliert er den Begriff der informationellen Selbstbestimmung als bildungspolitische Leitvorstellung, die drei klassische Bereiche umfasse, nämlich die Einsicht in die Beschaffenheit der Dinge, die Orientierung am Erfolg des eignen Gestalten und Handelns sowie die Reflexion einer digitalen Selbst- und Weltordnung.

Generell könnte man sagen, dass Medienbildung in der heutigen Gesellschaft unverzichtbar ist, wenn jener klassische Begriff von Bildung, der von Kant als «Ausgang des Menschen aus seiner Unmündigkeit» beschrieben wurde, weiterhin seine Gültigkeit behalten will. Bildung ist dabei nicht als Informationsvermittlung zu verstehen, sondern – wie es bereits bei Marotzki angedeutet ist – als Reflexionsbegriff. Dieser produziert selbsttätige Einsicht oder Erkenntnis, die nicht herbeigeführt, sondern durch geeignete methodische Verfahren angeregt wird (Rekus 2000:93). Mit anderen Worten: Medienbildung beginnt dort, wo die Vermittlung von Informationen aus subjektunabhängigen Datennetzen und Informationssystemen aufhört, und wo es nicht primär um den Erwerb technischer Fertigkeiten im Umgang mit Medien geht. Denn im Bildungsbegriff ist aufgehoben, was aus konstruktivistischer Perspektive dadurch gekennzeichnet ist, dass die Menschen sowohl ihr Ich, wie die Welt, in der sie sich bewegen, letztlich selbst erzeugen, um sich darüber reflektierend zu verständigen.

Wie Wächter (2001:115) deutlich macht, sind Bildungsprozesse damit dreifach relationiert: Heranwachsende setzen sich in ein Verhältnis zu sich selbst, zur Welt und zu anderen. Dabei sind diese Relationen eng miteinander verzahnt: Erzeugung der eigenen Welt kann nicht solipsistisch verstanden werden. Sie beruht auf geteilten Codes und Wahrnehmungsmustern, in deren Kontext persönliche Bedeutsamkeit erfahren und Identität erlangt wird. Was für unseren Zusammenhang wesentlich ist: Unverzichtbar ist dabei die Funktion der Medien: Welt, Mitmenschen und das eigene Ich sind dem Subjekt nicht unmittelbar zugänglich, sondern bedürfen dazu der Vermittlung: «Ohne Medium kann das Subjekt keine Relationen aufbauen, weder zur Welt, noch zu anderen Subjekten, noch zu sich selbst» (Wächter 2001:115).

Umgekehrt heisst dies für die Medienbildung: In der Reflexion auf die Medien kommt unser Verhältnis zur Welt in essentieller Weise zum Ausdruck. Und es wird deutlich, wie mithilfe von Medien Identitäten konstruiert und in oft subtiler Balance zwischen verschiedenen – oft an sich inkommensurablen – Lebensentwürfen gehalten werden (Moser 20003:100ff.).

Perspektiven einer Medienbildung im Informationszeitalter

Von einem zeitgenössischen Bildungskonzept her gesehen ist, wie wir es eben darstellten, der Status der Medien zentral. Dies trifft nicht erst heute zu, sondern ist letztlich schon im Topos der literarischen Bildung des 19. und 20. Jahrhunderts enthalten. Zur Bildung gehörte schon damals die Kenntnis und der Umgang mit den Medien – den repräsentativen Texten der eigenen (Hoch-)Kultur; an ihnen sollte sich die Identität des «gebildeten» Bürgers entwickeln – jener «feinen Leute», die gemäss Bourdieu (2002) in besonderer Weise kulturelles Kapital anhäuften.

Identität, die sich an Bildungsprozessen abarbeitet, ist allerdings für ein zeitgenössisches Bildungskonzept, nicht mehr vom klassischen Modell einer elitären Bildung her zu verstehen. Gerade an den zeitgenössischen Medien wird deutlich, dass Reflexion als gesellschaftliche Selbstvergewisserung sich nicht mehr an den exemplarischen Modellen der einstigen «höheren Bildung» festmachen lässt. Heute gehört die Auseinandersetzung mit den scheinbar trivialen Produkten der Populärkultur und der industriell gefertigten Medienprodukten zur Auseinandersetzung mit der eigenen kulturellen Lebenswelt dazu. Wenn heutige Jugendliche sich über ihre Position in der Gesellschaft klar zu werden versuchen, unterhalten sie sich über Soap Operas, über mediale Ereignisse wie Harry Potter oder über die Wahl von Deutschlands Superstar. Bildung kann sich denn auch heute nicht mehr an einem klassischen Bildungskanon orientieren; sondern es ist dem einzelnen aufgegeben, die sich exponentiell vermehrenden Wissensbestände zu bewerten und für sich zu verklammern. Eine Bildungstheorie in den Zeiten des Informationszeitalters ist in diesem Zusammenhang auf vier wesentliche Gesichtspunkte zu verweisen:

- Wenn das Diktum von Niklas Luhmann (1996) zutrifft, dass alles, was wir wissen, aus den Medien stammt, wird es immer wichtiger, sich über die damit favorisierte Perspektive Rechenschaft zu geben. Denn die systemtheoretische Pointe Luhmanns ist es, dass die Frage nach der eigentlichen Realität wenig hilft, da gerade die Massenmedien belegen, dass es Realitätskonstruktionen sind, welche das Funktionssystem der Medien ausmachen. Jene Selektionen, welche im binären Schema von Information/ Nicht-Information erfolgen, können nicht aus einer externen Position «objektiviert» werden, sondern es ist lediglich an vorangegangene Kommunikationen anzuschliessen.

Allerdings sind die Themen, um die es in medialen Kommunikationen geht, nicht einfach selbsterzeugt, sondern sie sind über strukturelle Koppelungen mit anderen gesellschaftlichen Systemen verknüpft. Gerade die Aufnahme und Abarbeitung dieser gesellschaftlichen Themen, die uns aus den Medien zugemutet werden, scheint mir einen wesentlichen Aspekt darzustellen, der mit Bildungsprozessen verknüpft ist. Risikokommunikation, wie sie Marotzki für den Prozess der Bildung im Informationszeitalter reklamiert, wäre dann nur ein Sonderfall für den Versuch, Themen unter den disparaten Interessen und Perspektiven unterschiedlicher Funktionssysteme im Sinne der Selbstsozialisation zusammenzubringen – nicht mehr in der geordneten Form eines klassischen Bildungskanons, sondern in einer sehr fragilen Art und Weise, welche meist nur instabile und gefährdete Gleichgewichte hervorbringt. Es ist geradezu ein Paradox, dass wir von einer Wissensexplosion ausgehen, die mit einem exponentiellen Anwachsen von Informationen verbunden ist. Und dennoch oder gerade deswegen kommen wir an Grenzen, wie sie z. B. in den Debatten um Fragen der Gentechnologie, der Atomnutzung etc. anklingen.

- Bildung ist zweitens in ihrer Bedeutung für die Subjekte wesentlich auf Momente einer medienvermittelten Stilbildung im Rahmen von alltagsästhetischen Formen und Elementen bezogen. So entnehmen Kinder und Jugendliche den Medien Folien, auf deren Hintergrund sie sich in ihrer eigenen Identität bestimmen und ausdrücken. Sie definieren sich über Versatzstücke, die sie aus der Werbung oder aus dem Internet beziehen, aber auch aus der Popmusik mit ihren Stars, aus der modernen Kunst oder aus der klassischen Musik. Im Spannungsschema der Erlebnisgesellschaft hat dabei, wie Gerhard Schulze (1991) deutlich machte, der Unterschied von höherer und trivialer Ästhetik über die letzten Jahrzehnte hinweg an Bedeutsamkeit eingebüsst – auch Mozart wird heute als eine Art klassischer Popstar dargestellt und vermarktet.

- Fertigkeiten und Fähigkeiten, mit Medien umzugehen (also die «klassische» Medienkompetenz) werden zu einem guten Teil ohne formelle Vermittlungsinstitutionen erlernt. Dies betrifft den Umgang mit Telefon, Fernsehen, Handy, SMS etc. Noch beim Umgang mit Computern sind sehr oft autodidaktische Lernprozesse wichtiger als diejenigen der Schule. Medienbildung kann in einer solchen Situation drittens bedeuten, dass die extern erworbenen Fertigkeiten in der Schule systematisiert, erweitert und reflektiert werden; oder es kann darum gehen, dass die in der alltäglichen Sozialisation erworbenen Fähigkeiten für schulisches Lernen sinnvoll genutzt werden.
- Wesentlich für ein allgemeinpädagogisches Bildungsverständnis ist viertens ein erweiterter Textbegriff, wie er von der Medienbildung vertreten wird und den Vorrang des schriftlichen Textes gegenüber multimedialen Textarrangements bestreitet. «Bilden» wird man sich im 21. Jahrhundert nicht mehr am literarisch bestimmten Text, sondern in der Auseinandersetzung mit komplex konstruierten kulturellen Arrangements, in denen nicht der einzelne Text sondern deren Einbettung in multimediale Bedeutungszusammenhänge mit verschiedenen Genres, Formaten und Medien im Mittelpunkt steht. Ben Bachmair spricht in diesem Zusammenhang von Bedeutungskonstitution als kultureller Aktivität von Rezipienten. (Bachmair 2001).
- Die Frage der Medien ist fünftens in der pädagogischen Diskussion häufig mit der Kritik eines generellen Manipulationsverdachtes verbunden, der insbesondere auf die Massenmedien bezogen ist. Kommunikation ist aus dieser Sicht immer Aufmerksamkeitskommunikation, die sich an Quoten und Auflagenhöhen orientiert bzw. zu diesem Zweck – z. B. über die Personalisierung von Ereignissen – Emotionen zu erzeugen sucht. So kritisiert Ladenthin (2001:123) aus einer bildungstheoretischen Perspektive das Fernsehen: es habe vor allem das Ziel, Aufmerksamkeit zu erregen und die Neugier des Zuschauers zu wecken. Die Inhalte würden solchen Zwecken nachgeordnet. Die kommerziellen Sender «lassen nur solche Inhalte zu, die Aufmerksamkeit erregen. Sie verzichten auf Inhalte, wenn auch ohne sie Aufmerksamkeit zu erregen ist. Die Inhalte sind nicht nach einer Sachstruktur geordnet, sondern nach einer Aufmerksamkeitsstruk-

tur. Unter dem Aspekt der Bildung heisst dies: Das kommerzielle Fernsehen hat von sich aus keine inhaltliche oder gar bildende Intention» (Ladenthin 2001:123).

Was hier aus moralischer Perspektive medienkritisch vorgebracht wird, beschreibt letztlich nur die Funktionsweise der Massenmedien. Auch wenn die öffentlich-rechtlichen Medien einen Bildungsauftrag erhalten haben, zeigt sich unter der kommerziellen Konkurrenz, dass dieser nur sehr schwer und vor allem nicht über das ganze Programm hin aufrechterhalten werden kann. Um nochmals zu Luhmann zurückzublenden: Für ihn liegt die Funktion der Massenmedien gerade darin, Informationen zu verbreiten, deren wichtigstes Merkmal die Neuheit oder eine Abweichung vom Gewohnten ist, und die ständig daraufhin tendieren, Aufmerksamkeit zu erregen. Aufmerksamkeitskommunikation stellt danach weniger eine Abweichung von den Normen des Mediensystems dar, sondern entspricht weitgehend dessen Funktionsweisen. Auch wenn wir in diesem Zusammenhang keineswegs dafür plädieren, jene Schutzmechanismen, die systemextern dem Mediensystem auferlegt wurden, aufzugeben, scheint eine Strategie, welche die immanenten Funktionsweisen des Mediensystems prinzipiell als abweichend und problematisch konnotiert, wenig zukunftsweisend. Die Folgen der Expansion der Medien für die heranwachsende Generation sind meines Erachtens weniger mit externen Regel und Verboten als mit den eigenen Mitteln des Bildungssystems anzugehen. Dies demonstrieren etwa die Ansätze der Cultural Studies, welche die Wirkungsweise der Medien nicht moralisch denunzieren, sondern deren Funktionieren im Encodierungs-/Decodierungsmodell detailliert beschreiben – dies durchaus mit der Intention, die Problematik der Macht von Anbietern mitzuthematisieren.

Mit anderen Worten: Medienbildung, welche die Auseinandersetzung mit den Medien nutzt, dazu anzuleiten, selbsttätig Einsicht und Erkenntnis darüber zu gewinnen, was Medien mit einem tun, aber auch: was wir mit den Medien tun, scheint mir eine angemessener Antwort als die traditionellen Muster bewahrpädagogischer Bildungsrezepte.

Ein Fazit

Fassen wir zum Schluss in einem Resümee nochmals zusammen, weshalb wir in diesem Aufsatz den Weg von der Medienkompetenz zur Medienbildung vorschlagen und der Meinung sind, dass trotz aller Kritik am Bildungsbegriff auf diesem Hintergrund noch am ehesten eine theoretische Fundierung der Medienpädagogik möglich ist:

- Im Begriff der Medienkompetenz bleibt unklar, ob damit Ressourcen zu verstehen sind, die als anthropologische Voraussetzung der Ausstattung des Menschen über Erziehungs- und Bildungsprozesse aktiv entwickelt werden können (z. B. im Rahmen von angeborenen universalen Regeln einer Sprachkompetenz). Dagegen setzt das Konzept einer Medienbildung an Kompetenzen an, die Voraussetzung von Bildung sind – um diese quasi auf bestimmte Ziele hin zu formieren.
- Medienkompetenz wird oft als normativer Erfolgsbegriff formuliert, der darauf bezogene Förderungsprogramme legitimieren soll. Dabei bleibt unklar, welche Fertigkeiten und Fähigkeiten angesprochen werden – und inwieweit diese überhaupt durch institutionelle Lernprozesse vermittelt werden können. Demgegenüber beziehen sich Bildungsprozesse auf Prozesse der Selbstorganisierung bzw. eines nicht-funktionalisierten Aneignungsprozesses. In diesem Sinne weisen sie über das Vermittlungsmodell des Instruktionsparadigmas hinaus und lassen sich gut mit Positionen verknüpfen, wie sie in konstruktivistischen Auffassungen vom Lernen vertreten werden.
- Medienbildung ist wesentlich auf ein dialektisches Verhältnis von Form und Inhalt angelegt; in der reflexiven Auseinandersetzung mit Bildungsinhalten entwickeln sich auch die Fähigkeiten im Umgang mit Medien. Im Sozialisationskontext erworbene Medienkompetenzen bilden in diesem Zusammenhang Ressourcen, an welchen Bildungsprozesse ansetzen – erweiternd, vertiefend, reflektierend.
- Medienbildung macht deutlich, dass die Medienpädagogik nicht eine randständige Sonderdisziplin zwischen Erziehungs- und Medienwissenschaft darstellt – also eine jener oft abschätzig als Bindestrichpädagogiken apostrophierten Disziplinen. Im Gegensatz zu Hugger (2000) gehen wird davon aus, dass die mediale Kommunikation Teil jeder Bildungstheorie des 21. Jahrhunderts darstellen muss, da wir uns weder etwas ohne Medien aneignen noch uns damit auseinander setzen können.
- Konzepte der Medienbildung sind für eine Weiterentwicklung der klassischen Bildungstheorie nicht zuletzt deshalb unverzichtbar, weil sie auf einen Strukturwandel der bisher durch Bücher und Texte dominierten Wissensaneignung aufmerksam machen. So betonen etwa Marotzki u. a.: «Wenn Neue Medien bzw. das Internet einen Bildungswert erbringen sollen, dann haben sie auch die Aufgabe, von Bildung abzuarbeiten, nämlich die Perpetuierung und Bestimmung von Sinn und Wert eines relevanten Wissens sowie eine Raum und Zeit transzendierende Sicherung sozialer Kommunikation» (Marotzki et al. 1999:11).

Literatur

Baacke, Dieter. *Kommunikation und Kompetenz. Grundlegung einer Didaktik der Kommunikation und ihrer Medien.* Weinheim und München: Juventa, 1973.

Baacke, Dieter. «Medienkompetenz als Netzwerk. Reichweite und Fokussierung eines Begriffs, der Konjunktur hat.» *medien praktisch*, 2/1996. 4–10.

Baacke, Dieter. *Medienpädagogik.* Tübingen: Niemeyer, 1997

Bachmair, Ben. *Fernsehkultur. Subjektivität in einer Welt bewegter Bilder.* Wiesbaden: Westdeutscher Verlag, 1996

Bachmair, Ben. «Bedeutungskonstitution als kulturelle Aktivität der Rezipienten – Wie virtuelle Texte entstehen.» In: *Jahrbuch Medienpädagogik* 1. Stefan Aufenanger, Renate Schulz-Zander, Dieter Spanhel (Hrsg.). Opladen: Leske + Budrich, 2001. 319 ff.

Bourdieu, Pierre. *Die feinen Unterschiede. Kritik der gesellschaftlichen Urteilskraft.* Frankfurt am Main: Suhrkamp, 1997.

Chomsky, Noam. Aspekte der Syntax-Theorie. Frankfurt am Main: Suhrkamp, 1970.

Gapski, Harald. «Über ‹Medienkompetenz›, ‹Media Literacy› und die neuen Herausforderungen durch digitale Netzmedien». In: *Stadt im Netz. Medien, Markt, Moral* 2. Herausgegeben von der Ökologie-Stiftung NRW und der Heinrich-Böll-Stiftung. Essen: 1996. 89ff.

Gapski, Harald. «Was ist Medienkompetenz?» Vortrag auf der Fachtagung «Medienkritik und Medienkompetenz» am 25. September 2001 in Dortmund (online auf: http://www.ecmc.de/fachtagung-medienkompetenz-2001/doku/gapski.html).

Hall, Stuart. «Kodieren/Decodieren.» In: *Cultural Studies. Grundlagentexte zur Einführung.* Bromley Roger, Udo Göttlich, Carsten Winter (Hrsg.). Lüneburg: zu Klampen, 1999. 92–110.

Haefner, Klaus. *Die neue Bildungskrise.* Stuttgart: Birkhäuser, 1982.

Hobbs, Renee. «Expanding The Concept Of Literacy.» In: Media Literacy Review, o.J. (online auf: http://interact.uoregon.edu/MediaLit/mlr/readings/articles/hobbs/expanding.html).

Hugger, Kai-Uwe. *Medienpädagogik als Profession. Perspektiven für ein neues Selbstverständnis.* München: kopaed, 2001.

Kübler, Hans-Dieter. «Kompetenz der Kompetenz der Kompetenz ... Anmerkungen zur Lieblingsmetapher der Medienpädagogik.» In: *medien praktisch* 2/1996. 11ff.

Ladenthin, Volker. «Neue Medien und die Bildung des Menschen.» In: *Engagement. Zeitschrift für Erziehung und Schule* 2, 2001. 91ff.

Luhmann, Niklas. *Die Realität der Massenmedien.* 2. erweiterte Auflage. Wiesbaden: Westdeutscher Verlag, 1996.

Marotzki, Winfried. «Informationelle Selbstbestimmung als bildungstheoretischer Grundsatz am Beispiel eines pädagogischen sinnvollen Umgangs mit dem Internet.» In: *Zur Nutzung aktueller Medien als Folie für Selbst- und Weltbilder.* Eva Schäfer (Hrsg.). München: kopaed, 2000. 11ff.

Moser, Heinz. *Der Computer vor der Schultür.* Zürich: Orell Füssli, 1986.

Moser, Heinz. *Twelve Points: Grand Prix Eurovision – Analyse einer Fankultur.* Zürich: Pestalozzianum, 1999.

Moser, Heinz. *Einführung in die Medienpädagogik. Aufwachsen im Medienzeitalter.* Opladen: Leske + Budrich, 20003.

Rekus, Jürgen. «Auf dem Weg zur Klick-Schule.» In: *Engagement.* Zeitschrift für Erziehung und Schule 2, 2001. 91ff.

Schulze, Gerhard. *Die Erlebnisgesellschaft. Kultursoziologie der Gegenwart.* Frankfurt am Main und New York: Campus, 1992.

Wächter, Jörg-Dieter. «Die Bedeutung der Medien im Prozess der Weltaneignung.» In: *Engagement.* Zeitschrift für Erziehung und Schule 2, 2001. 113ff.

Wember, Bernward. *Objektiver Dokumentarfilm.* Berlin: Colloquium, 1972.

Medienpädagogik

Medienkompetenz in der Schule

Das allmähliche Verschwinden der Medienpädagogik

Arnold Fröhlich

Medienkompetenz wird in der Entwicklung von Lehrplänen für alle Schulstufen sowie für die Lehrerinnen- und Lehrerbildung häufig als Schlüsselqualifikation für die Zukunft angeführt. Diesem Ziel entsprechende Unterrichtsinhalte fehlen allerdings meistens oder beschränken sich auf Anwenderkompetenzen im Bereich der Informations- und Kommunikationstechnologien. Die curriculare Thematisierung der im Alltag von Kindern und Jugendlichen sowohl quantitativ als auch qualitativ bedeutungsvollen publizistischen Medien geht dabei meistens vergessen. Lehrer/innen stehen in der Grundausbildung wenig entsprechende Kursangebote offen – in der Fortbildung fehlen sie ganz. Lehrpersonen und – als logische Folge – den von ihnen unterrichteten Schüler/innen gebricht es daher an Grundkenntnissen über Produktion, Ästhetik, Distribution, Ökonomie und Wirkung von Massenmedien.

Medienpädagogik und Medieninformatik sind zu einer umfassenden Medienbildung zusammenzuführen, die allen Teilbereichen von Medienkompetenz gerecht wird. Zudem ist die Zusammenarbeit zwischen den Instituten der Lehrkräfte-Ausbildung auf Fachhochschulebene und der universitären Medienforschung in mehrfacher Hinsicht zu initiieren und auszubauen.

Der Titel dieses Beitrags könnte die Vermutung aufkommen lassen, die Medienpädagogik sei im Kontext von Schule und Unterricht nicht mehr gegenwärtig. Dabei ist keineswegs zu bestreiten, dass an verschiedenen Pädagogischen Hochschulen wie zum Beispiel in Zürich, Aarau oder in der Zentralschweiz Konzepte zur Medienbildung der Studierenden bereits implementiert oder zur Zeit in Erarbeitung sind.

In meinen Ausführungen frage ich nach den Gründen, warum andernorts medienpädagogische Bildungsinhalte *nicht* integriert sind. Dabei ist auf eine bedenkenswerte Entwicklung näher einzugehen, die sich seit einigen Jahren in der Lehrerinnen- und Lehrerbildung auf Fachhochschulebene abzeichnet.

Die Medienpädagogik-Konzepte an den erwähnten Instituten stehen leider nicht modellhaft für alle in der ganzen Schweiz nun entstehenden Pädagogischen Hochschulen. Diesen ist ja, entsprechend den Vorgaben des Bundes, auch die Weiterbildung der Lehrer/innen übertragen und besonders in diesem Sektor steht es mit der Medienpädagogik im argen.

Welches sind die Gründe dafür und welche Konsequenzen wären zu ziehen?

Seit einigen Jahren wird Medienkompetenz bei der Überarbeitung oder Neuentwicklung von Lehrplänen zwar als zentrale Schlüsselqualifikation für Lernprozesse in allen Schulstufen aufgeführt. Dabei wird in den entsprechenden Leitideen oder Richtzielformulierungen aber selten definiert, was der Begriff Medienkompetenz umfasst. Tatsächlich ist seine Determinierung «unscharf» (Moser 1999) und es gibt fast gleich viele Definitionen wie Autoren, die ihn verwenden. Dennoch fällt auf, wie selten in Lehrplankonstruktionen die dort postulierte Medienkompetenz auf der Ebene von Stoffplänen in konkrete Unterrichtsinhalte umgesetzt ist. Entsprechende Operationalisierungen von Zielen sind oft nicht einmal ansatzweise elaboriert.

Überblickt man die Literatur der letzten Jahre zur Integration des Bereichs Medien/Information/Kommunikation in der Schule, so herrscht zwar einigermassen Einigkeit darüber, dass sich Medienkompetenz aus einer Summe von Einzelkompetenzen zusammensetzt, die im Umgang mit Medien und ICT wahrzunehmen und zu fördern sind (Baacke 1998). Blickt man dann allerdings auf die Lehrpläne, so stellt man schnell fest, dass der Begriff Medienkompetenz häufig nur im Zusammenhang mit multimedialen Anwendungen aufscheint. Das ist zweifellos eine Einschränkung, die weder dem Begriff noch der Realität des Berufsfeldes von Lehrpersonen gerecht wird.

Nach Moser verweist der Begriff Medienkompetenz doch darauf, über einzelne Medien hinweg Menschen kompetent zu machen, um in der Informationsgesellschaft zu bestehen: Es geht dabei «um breite Basisqualifikationen, die für das alltägliche Leben des aktiven Bürgers in Zukunft unentbehrlich sein werden» (Moser 1999:215). Damit wird der Zusammenhang mit den Lehrinhalten der Medienpädagogik hergestellt, die sich seit jeher «mit den Fragen, welche Wirkungen Medien auf Erziehungs-, Sozialisations- und Bildungsprozesse sowie auf die Kommunikationskultur einer Gesellschaft haben» (TU Dresden) befasst hat.

Medienpädagogik als *Teil* einer umfassenden Medienbildung versteht sich demnach als die – selbstverständlich der jeweiligen Schulstufe angepasste – Vermittlung von Kenntnissen über Inhalte, Produktion, Ästhetik, Distribution, Geschichte, Ökonomie und Rezeption von Medien. Selbstverständlich gehören die digitalen resp. multimedialen dazu. Die Vermittlung von Medienkompetenz in der Lehrerinnen- und Lehrergrundausbildung als auch -fortbildung wird allerdings selten je in dieser Breite umgesetzt.

Aufenanger hat mehrfach auf die «Vereinseitigung des Begriffs» aufmerksam gemacht, indem darunter nur die neuen Medien verstanden würden: Medienkompetenz werde «in der Öffentlichkeit und auch in der fachlichen Diskussion (...) oftmals den pädagogischen Zusammenhängen entrissen und recht einseitig (...) nur unter einem medientechnologischen Aspekt betrachtet» (Aufenanger 2001:118). Insofern aber als die Vermittlung von Medienkompetenz nicht auch im Bereich der Printmedien, des Fernsehen, sämtlicher auditiver Medien, des Kinofilms und anderer Produkte der Medienindustrie wahrgenommen wird, bleibt sie partiell.

Medienkompetenz als «bildungspolitischer Kampfbegriff»?

Das vom Bund vor gut einem Jahr initiierte Public-Private-Partnership-Projekt (PPP-Projekt) hat zum Ziel, den Schweizer Schulen bis 2006 100 Millionen Franken für «die Förderung und Nutzung der Informations- und Kommunikationstechnologien ICT» zur Verfügung zu stellen (Bundesgesetz). Diese Initiative hat eine ganze Reihe von Projekteingaben ausgelöst, in denen Medienkompetenz in schöner Regelmässigkeit als Schlüsselqualifikation für das Lernen im 21. Jh. postuliert wird. Der Verdacht ist nicht von der Hand zu weisen, dass in den eingereichten Projekten das Reizwort Medienkompetenz als «bildungspolitischer Kampfbegriff» (Moser 1999) eingesetzt wird, um ein Stück des Hundertmillionenkuchens zu ergattern.

Die Ausrichtung dieser PPP-Konzepte auf die Informations- und Kommunikationstechnologien hat nun logischerweise dazu geführt, dass Medienpädagogik eingeschränkt auf die mit den ICT in Zusammenhang stehenden anwendungsorientierten, technologischen und didaktischen Kompetenzen verstanden wird. Trotz dieser Einschränkung wird der Anspruch erhoben, damit gleichzeitig auch medien*pädagogische* Inhalte abzudecken. Tatsächlich aber erschöpft sich die medienpädagogische Reflexion in den PPP-Curricula auf die Thematisierung von fragwürdigen Inhalten multimedialer Angebote. Violente Computerspiele, Pornographie im Internet und Websites mit rassistischen Inhalten sind das, was in Diskussionen mit Schülerinnen und Schülern sog. «pädagogisch reflektiert» werden soll (Schiller 2002:7). Übrigens ist meines Wissens in diesem Zusammenhang noch nie darauf aufmerksam gemacht worden, wie stark diese inkriminierten Inhalte von aktuellen Ereignissen abhängig sind, die die klassischen Informationsmedien zum Gegenstand der öffentlichen Debatte machen. Es sind das Fernsehen und die Tagespresse, die mit ihren Berichterstattungen über den Amoklauf eines Schülers in Erfurt, über die Aufdeckung eines Kinderpornorings oder die Darstellungen des Irak-Kriegs im Fernsehen die Diskussionen über Mediengewalt, Pornographie im Internet und Jugendschutz-Massnahmen überhaupt erst entfachen. Diese wichtige Rolle und gesellschaftliche Funktion der Informationsmedien findet kein Äquivalent auf curricularer Ebene, weder für die Schulen noch für die Berufsbildung für Lehrpersonen.

Neben dem vom Bund initiierten PPP-Projekt ist im Sommer 2002 zudem von der Schweizerischen Erziehungsdirektorenkonferenz eine Expertengruppe beauftragt worden, «Empfehlungen für die Grundausbildung und Weiterbildung der Lehrpersonen der Volksschule und der Sekundarstufe II im Bereich der ICT» auszuarbeiten. Diese Kommission nennt in ihrem Bericht zwar Zielsetzungen für den Erwerb von medienpädagogischen Kompetenzen wie zum Beispiel: «Die Lehramtsstudierenden wissen, welche Medien von Kindern im Zusammenspiel mit den ICT benutzt werden» (SFIB/CTIF 2002:6). Die Einschränkung «im Zusammenspiel mit den ICT» ist ausserordentlich folgenreich, indem die explizite, vom Bund erlassene Vorgabe, in der Ausbildung von Lehrerinnen und Lehrern medienpädagogische Inhalte einzubauen, von der genannten Expertengruppe wiederum ausschliesslich unter dem Aspekt computerbasierter Anwendungen gesehen wird. Schliesslich wird darüber hinaus der Begriff Medienpädagogik seiner eigentlichen Bedeutung entleert, wenn in den Expertenempfehlungen die Begriffe «pädagogisch» und «methodisch» sogar synonym verwendet werden: Als «medienpädagogisch» wird nämlich die «sachgerechte und sinnvolle Verwendung von ICT im Unterricht» verstanden. Die Frage nach der didaktisch und methodisch reflektierten Verwendung von Hilfsmitteln im Unterricht ist aber – nach den gängigen Definitionen der Fachdisziplin – Gegenstand der *Mediendidaktik* (Fröhlich 2002:2).

Wenn also unter «pädagogisch» in erster Linie der didaktisch-*methodisch* richtige Einsatz von ICT gemeint wird, so bleiben die im weitesten Sinne pädagogischen Implikationen, nämlich erzieherisch relevante, grundsätzliche gesellschaftliche und ethische Überlegungen ausgespart. Pädagogische Reflexionen finden dann nicht nur im Bereich der Informations- und Kommunikationstechnologien keinen Widerhall mehr. Mit dieser sprachlichen Umdeutung sind darüber hinaus auch sämtliche Unterrichtsinhalte, die sich mit den *publizistischen* Medien befassen, aus dem Lehrplan eliminiert. Dies in eklatanter Missachtung des qualitativen und quantitativen Stellenwerts, den die traditionellen Massenmedien Radio, Fernsehen, Kino und Printmedien im Leben von Kindern und Jugendlichen – neben ihrer Beschäftigung mit dem Computer – nach wie vor haben.

Lehrpersonen ohne medienpädagogische Kompetenzen

Eine weitere Gefahr der Marginalisierung medienpädagogischer Inhalte besteht in der ausdrücklichen Vorgabe seitens des Bundes, in den Curricula-Entwürfen eine «Angleichung der Zertifizierung von Lehrpersonen an internationale Normen» (SFIB/CTIF 2002:12) zu erreichen. Diese Normen einer standardisierten Computer Driver Licence umfassen ausschliesslich technisches Know-how sowie die Benutzung von Hard- und Software. Wenn aber in der Lehrerinnen- und Lehrerbildung mit dem Erwerb eines derartigen ICT-Zertifikats die Ausbildungsziele im Bereich Medien/Information/Kommunikation erfüllt werden können, so konzentrieren sich – so ist zu vermuten – Aus- und Fortbildungskurse auf solche Anwenderkompetenzen. Diese sind für die zukünftige Berufsausübung zweifellos wichtig, sie stellen hingegen nur eine der Komponenten von Medienbildung dar. Die anderen konstitutiven Elemente einer umfassenden Medienkompetenz bleiben dabei unberücksichtigt.

So lässt sich in verschiedenen aktuellen Lehrplankonstruktionen die Tendenz ausmachen, den Erwerb von Medienkompetenzen auf technische Aspekte hin einzuschränken. Diese Tendenz haben bereits Süss und Lichtsteiner in einer Untersuchung festgestellt, in der sie die Lehrerfortbildungs-Angebote im Bereich Medienpädagogik anhand der im Schuljahr 2000/2001 ausgeschrieben Kurse untersucht haben. Dabei ermittelten die beiden Forscher, dass in allen deutschschweizerischen Kantonen im Durchschnitt nur 1% des gesamten Weiterbildungsangebots unter der Rubrik «Medienpädagogik und Medien allgemein» subsumiert werden kann. Das Angebot an ICT-Kursen hingegen war rund neunmal umfangreicher. Dieses Verhältnis hat sich seither weiter zu Ungunsten von medienpädagogisch orientierten Kursen verschoben, was an einem Beispiel für das Jahr 2003 aufzuzeigen ist.

Die Analyse der Inhaltsbeschreibungen von zur Zeit 840 überregional (ULEF), resp. gesamtschweizerisch (SWCH) angebotenen Kursen zur Lehrerinnen- und Lehrerweiterbildung ergibt, dass knapp 200 zum Know-how in der Computeranwendung oder unter dem Titel «ICT im Unterricht» firmieren. Von diesen rund 200 Kursen befasst sich lediglich ein einziger mit explizit medienpädagogischen Aspekten: Er heisst «Nach uns der Computer» und hat die Rolle des Computers in unserer Gesellschaft zum Thema.

Das ernüchternde Fazit der Untersuchung von Süss und Lichtsteiner sowie meiner Stichprobe ist offensichtlich: Medienpädagogik findet in der Schweiz auf der Ebene der Lehrerinnen- und Lehrerweiterbildung nicht statt. Oder mit anderen Worten: Die Medienbildung beschränkt sich für Lehrpersonen, die ihre Grundausbildung abgeschlossen haben, ausschliesslich auf Anwenderkompetenzen im Multimediabereich. Von einer «Media Fluency», wie Aufenanger das lebenslange Kompetenz-Update im Mediabereich umschreibt, kann angesichts der vollständigen Negierung sämtlicher publizistischen Medien in der Weiterbildung nicht gesprochen werden. Diese Situation widerspiegelt sich auch in den Publikationen der letzten Jahre: In der Schweiz kam kaum eine Neuerscheinung zum Thema Medienpädagogik auf den Markt, während eine ganze Reihe von Büchern über die Integration von Computer und Internet in Schule und Unterricht veröffentlicht wurden.

Was sind die Folgen dieser Entwicklung?

Mit dem Verschwinden von medienpädagogischen Lehrinhalten aus den Programmen der Grundausbildung und Weiterbildung von Lehrpersonen fehlen zukünftig auch deren Kompetenzen, medienerzieherische, medienkundliche und mediengestalterische Unterrichtsinhalte mit ihren Schülerinnen und Schülern durchzuführen.

Die Wahrscheinlichkeit ist daher gross, dass auf allen Schulstufen die Medien in all ihren Facetten als Unterrichtsgegenstand kaum wahrgenommen werden. Reflektorische und gestalterische Kompetenzen als Teil einer breiter angelegten Vermittlung von Medienkompetenz kommen erst recht zu kurz. Eine 2002 an der PH Zürich durchgeführte Untersuchung (Ernst 2002:30) über die bei den Studienanfängerinnen und -anfängern vorhandenen Grundqualifikationen im Umgang mit Medien zeigt, dass sie zwar den Computer mit grosser Selbstverständlichkeit nutzen, aber über kein medienpädagogisches Bewusstsein verfügen.

Postulate für eine kohärente Medienbildung von Lehrpersonen

Die bisherigen Ausführungen könnten dazu verleiten anzunehmen, Medienpädagogik und Medieninformatik seien im schulischen Kontext sich gegenseitig konkurrierende Teile von Medienbildung und erstere müsse vor letzterer in Schutz genommen werden. Das ist keineswegs die Absicht dieses Artikels.

Es gilt allerdings, hier ein paar Postulate aufzustellen, die dem «allmählichen Verschwinden der Medienpädagogik» und einer damit verbundenen Unkenntnis über die Produktion, das Funktionieren massenmedialer Systeme und der spezifischen ästhetischen Erscheinungsformen von Medien entgegensteuern. Diese Postulate werden im folgenden nach dem Motto des Wandspruchs präsentiert, wie er Frühjahr 1968 in Paris an den Wänden zu lesen war: «Soyez réaliste, demandez l'impossible».

Ich plädiere erstens dafür, Medienpädagogik und Medieninformatik unter Einbezug der Mediendidaktik zu einer kohärenten und umfassenden Medienbildung zusammen zu führen. An den Pädagogischen Hochschulen wird für die Grundausbildung und Weiterbildung von Lehrpersonen aller Stufen ein Ausbildungsbereich Medien/Information/Kommunikation mit der Zielsetzung aufgenommen, Kenntnisse und Fertigkeiten sowohl auf technischer als auch methodisch-didaktischer und pädagogischer Ebene im Sinne einer umfassenden Medienbildung zu vermitteln.

Diese Forderung ist durchaus nicht neu. Bereits vor drei Jahren hat die Arbeitsgruppe für medienpädagogische Fragen der Nordwestschweizerischen Erziehungsdirektoren-Konferenz NWEDK entsprechende Leitideen und Richtziele für den Medien- und ICT-Bereich in der Lehrerinnen- und Lehrerbildung an PHs in der Schweiz vorgelegt. Die in diesem Grundsatzpapier enthaltenen Zielformulierungen und Lehrinhalte sind für die inskünftig dort erfolgende Grundausbildung als auch Weiterbildung von Lehrpersonen in gleichem Masse gültig.

Ein Blick auf die Verhältnisse in unserem nördlichen Nachbarland zeigt, wie die Integration medienpädagogischer Anliegen in die Konzepte der Lehrerbildung unter Einbezug der informationstechnologischen Notwendigkeiten erfolgen kann. Zu erwähnen wären hier z. B. die Arbeiten von Dieter Spanhel oder von Gerhard Tulodziecki und seiner Mitarbeiter, die kürzlich ein Studienbuch für die Ausbildung von Lehrpersonen vorgelegt haben (Tulodziecki/Herzig 2002), das allen Einzelkompetenzen einer auch lern- und wahrnehmungspsychologisch abgestützten Medienbildung gerecht wird.

Die in Deutschland übliche Verortung der Lehrerinnen- und Lehrerbildung für alle Schulstufen an den Universitäten erleichtert eine mögliche Zusammenarbeit mit der Medienwissenschaft, wie sie hierzulande erst in Ansätzen existiert. In der Schweiz sind die Berührungspunkte zwischen universitärer Lehre und Forschung einerseits und den berufsbildenden Lehrgängen an den Fachhochschulen andererseits meist nur durch mehr oder weniger zufällige personelle Verflechtungen gegeben.

Viele Pädagogische Hochschulen in der Schweiz liegen noch in den Geburtswehen und die grossen Anforderungen an ihre Dozierenden bei der Umstellung auf die neu strukturierten Ausbildungen haben den Kontakt mit den universitären Instituten noch nicht ins Blickfeld geraten lassen. Diesen Instituten für Publizistikwissenschaft und der Medienforschung sei hier in Erinnerung gerufen, in ihren Angeboten an Vorlesungen nicht zu übersehen, dass an den Fakultäten aller schweizerischen Universitäten Student/innen ihr Fachstudium für den zukünftigen Lehrberuf auf der Sekundarstufe I oder II absolvieren! Das sind nicht wenige, wenn wir in Rechnung stellen, wie viele Studierende z. B. der Sprachwissenschaften später in Lehrberufen tätig sind.

Aus diesem Grund heisst das zweite Postulat: Die universitären Institute für Publizistik und Medienwissenschaft bieten Lehrveranstaltungen an, die auch die Bedürfnisse nach Kenntnissen in der Medienbildung von Lehramtsstudierenden angemessen berücksichtigen. Dazu gilt es einen nicht unwichtigen Aspekt gebührend zu beachten: Es ist schliesslich ein wesentliches Ziel der gesamtschweizerischen Neukonzeption der Lehrerinnen- und Lehrerbildung auf Hochschulniveau, diese auf ein besser abgestütztes wissenschaftliches Fundament zu stellen. Für eine adäquate Reflexion der Medienwirkungen in psychologischer, sozialer und soziokultureller Hinsicht – um nur ein Beispiel zu nennen – ist die schulische Medienpädagogik demnach auf die Erkenntnisse der Medienwissenschaft und Medienforschung zwingend angewiesen.

Ich plädiere daher drittens – zumindest auf längere Sicht – für eine engere Zusammenarbeit zwischen den Universitäten und den Fachhochschulen im Hinblick auf mögliche Synergien zwischen Medienforschung, Lehrkräfte-Berufsbildung und Unterrichtspraxis.

Viertens sollten die universitären Medieninstitute ihre Dienstleistungsfunktion als Lieferantinnen des unerlässlichen Theorierahmens zur Praxis in Schule und Berufsbildung wahrnehmen. Erst in einem wissenschaftlichen Bezugsrahmen lassen sich medienpädagogische Bildungsinhalte für Schule und Lehrerbildung überhaupt konstruieren und umsetzen.

Wie sonst sollen zukünftige oder bereits im Beruf stehende Lehrpersonen die eingangs geforderten «für das aktive Leben in Zukunft unentbehrlichen breiten Basisqualifikationen» erwerben können, die sie befähigen, mit ihren Schülerinnen und Schülern Unterrichtssequenzen im Sinne einer umfassenden Medienbildung kompetent durchzuführen?

Fünftens sind die Aktivitäten von Gremien, Gesellschaften und Kommissionen in der Schweiz, die sich mit medienpädagogischen Belangen befassen, inskünftig besser zu koordinieren, indem diesen Bestrebungen eine Plattform angeboten werden kann, um die Anliegen der Medienpädagogik gesamtschweizerisch zur Geltung bringen zu können. Der anlässlich ihrer Tagung in Zürich von der SGKM gefasste Entschluss, in der Gesellschaft eine Arbeitsgruppe «Medienpädagogik in der Lehrerinnen- und Lehrerbildung» einzusetzen, die Kompetenzkriterien und ein Manifest ausarbeitet (Blum 2003), ist ein entscheidender Schritt in diese Richtung, damit eine umfassende Medienbildung, wie sie in diesem Beitrag postuliert wird, im Unterricht aller Schulstufen und dementsprechend in der Grundausbildung und Weiterbildung von Lehrerinnen und Lehrern wahrgenommen wird.

Literatur

Aufenanger, Stefan. «Multimedia und Medienkompetenz – Forderungen an das Bildungssystem.» In: *Jahrbuch Medienpädagogik* 1. Stefan Aufenanger, Renate Schulz-Zander, Dieter Spanhel (Hrsg.). Opladen: Leske + Budrich, 2001.

Baacke, Dieter. «Medienkompetenz im Spannungsfeld von Handlungskompetenz und Wahrnehmungskompetenz.» Vortrag an der Pädagogischen Hochschule Ludwigsburg am 8. Dezember 1998. www.ph-ludwigsburg.de/medien.

Bachmair, Ben; Spanhel, Dieter; de Witt, Claudia (Hrsg.). *Jahrbuch Medienpädagogik* 2. Opladen: Leske + Budrich, 2001.

Blum, Roger. Mail an Vorstand und Dozentenrat der SGKM vom 16. April 2003.

«Bundesgesetz über die Förderung der Nutzung von Informations- und Kommunikationstechnologien in den Schulen» vom 14. Dezember 2001.

Demmler, Kathrin. *Medienpädagogik und Medienarbeit.* Institut für Medienpädagogik in Forschung und Praxis, 2002.

Ernst, Katharina. «Film in der Schule – Begehrt, aber wenig reflektiert.» In: *Infos und Akzente* 4/2002.

Fröhlich, Arnold. Vernehmlassung im Auftrag des Erziehungsdepartement Basel-Stadt zu den «Empfehlungen der Expertengruppe der schweizerischen Eidgenossenschaft für die Grundausbildung und Weiterbildung der Lehrpersonen an der Volksschule und der Sekundarstufe II im Bereich der Informations- und Kommunikationstechnologien ICT». Basel: unveröffentlicht, 2002.

Moser, Heinz. *Einführung in die Medienpädagogik.* Opladen: Leske + Budrich, 1999.

NWEDK-Arbeitsgruppe für medienpädagogische Fragen. *Medien – Information – Kommunikation in der Lehrerinnen- und Lehrerbildung an Pädagogischen Hochschulen.* Luzern: Thesenpapier, unveröffentlicht, 2000.

Schiller, Hansueli. «Computer an Volksschulen – Verbreitet, aber noch wenig genutzt.» In: *i-mail* 2/2002.

SFIB/CTIF (Hrsg.). *Empfehlungen der Expertengruppe für de Grundausbildung und Weiterbildung der Lehrpersonen an der Volksschule und der Sekundarstufe II im Bereich der ICT.* Bern: Papier zuhanden der Erziehungsdirektorenkonferenz EDK, unveröffentlicht, 2002.

Spanhel, Dieter. «Medienpädagogik in der Lehrerbildung.» In: *medien praktisch* 4/2002. 30–34.

Süss, Daniel; Lichtsteiner; Marcel. *Übersicht der Kursangebote im bereich Medienpädagogik/Informationstechnologie der Deutschschweizer LehrerInnenfortbildung.* Entwurf. Zürich: IPMZ-Institut für Publizistikwissenschaft und Medienforschung der Universität Zürich, 2000.

SWCH Schweizerische Lehrerinnen- und Lehrerbildungskurse. *Kursprogramm Juli 2003.* Hölstein: 2003.

Technische Universität Dresden. *Medienpädagogik.* www.tu-dresden.de/erzwiae.

Tulodziecki, Gerhard. «Neue Medien – veränderte Schule?» Vortrag im Rahmen des Studientags der Pädagogischen Hochschule Ludwigsburg am 22. Februar 2001. www.ph-ludwigsburg.de/medien.

Tulodziecki, Gerhard; Herzig, Bardo. *Computer & Internet im Unterricht – Medienpädagogische Grundlagen und Beispiele.* Berlin: Cornelsen Scriptor, 2002.

ULEF Institut für Unterrichtsfragen und Lehrer/innenfortbildung Basel. *Weiterbildung Lehrerinnen und Lehrer Baselstadt/Baselland 2003.* Basel: 2003.

Medienbildung an der Pädagogischen Hochschule Zürich

Ein Werkstattbericht

Katharina Ernst und Thomas Merz-Abt

Die Gründung von Pädagogischen Hochschulen in der Schweiz bringt mit sich, dass in verschiedenen Kantonen die bis anhin von – z. T. – mehreren Lehrerseminarien angebotene Lehrerinnen- und Lehrerbildung nun konzentriert in einer Institution stattfindet. Für den Kanton Zürich bedeutet dies, dass mit dem Entscheid des Zürcher Stimmvolkes im Oktober 2000 für die Gründung einer Pädagogischen Hochschule Zürich (PHZH) zehn Institutionen, die bis anhin für die Aus- und Weiterbildung und Beratung von Lehrkräften der Volksschule sowie für Forschungs- und Entwicklungsprojekte zuständig waren, neu in einer Institution vereint sind. Die Pädagogische Hochschule als Fachhochschule ist neu gesetzlich verpflichtet, neben der Lehrerinnen- und Lehreraus- und -weiterbildung auch Forschung zu betreiben. Die Entwicklung der Pädagogischen Hochschule Zürich führte dazu, ihre gesamten Leistungen neu zu konzipieren.

Situation im Kanton Zürich

Der Medienpädagoge Dieter Spanhel skizziert in einem erst kürzlich publizierten Beitrag die Situation der Medienpädagogik in der deutschen Lehrerbildung. Dabei konstatiert er, dass erst in den letzten zwei Jahren ein Bewusstsein für die Notwendigkeit von Angeboten im Hinblick auf die Ausbildung von Lehrkräften zur Entwicklung und Integration von Rahmenkonzepten von medienpädagogischen Inhalten geführt hat. Für die Schweiz zeigt Daniel Süss in einer Studie, dass Lehrpersonen im Rahmen ihrer Ausbildung ganz unterschiedlich für ihre zukünftige medienpädagogische Tätigkeit vorbereitet wurden. Mit dem Aufbau von Pädagogischen Hochschulen in der Schweiz sind jetzt verschiedene Kantone damit beschäftigt, Medienbildung in die Ausbildung zu integrieren, d.h. Inhalte und Rahmenkonzepte zu entwickeln. Ein Austausch zwischen den einzelnen Institutionen findet bis jetzt allerdings noch kaum statt.

Im Kanton Zürich haben bisher die verschiedenen Lehreraus- und Weiterbildungsinstitutionen im Bereich Medienbildung je individuelle Lösungen finden müssen, denn die entsprechenden Lehrpläne enthielten keine verpflichtenden Inhalte. In der Ausbildung waren die angebotenen Kurse inhaltlich entweder stark medienpädagogisch ausgerichtet, oder sie betonten die informations- und kommunikationstechnische Grundbildung. Im Bereich der Lehrerinnen- und Lehrerweiterbildung reagierte der Gesetzgeber mit seinen Angeboten auf aktuelle gesellschaftliche Veränderungen. So sind im Bereich Medienbildung seit den 90er-Jahren Kurse angeboten, die Lehrpersonen befähigen, Computer und neue Medien in der Schule gewinnbringend einzusetzen.

Mit der Schaffung von Fachbereichen hat die PHZH eine Struktur vorgesehen, die nun die eigentliche Fachentwicklung stärken will. Damit soll ein gemeinsamer Fachdiskurs, Austausch und Wissenstransfer zwischen den verschiedenen Leistungsbereichen (Aus- und Weiterbildung, Forschung und Innovation sowie Dienstleistungen) gewährleistet werden. Zu den Hauptaufgaben der Fachbereiche gehört das Sicherstellen und Entwickeln ihres fachlichen Know-hows in den jeweiligen Leistungsbereichen, da diese Verantwortung bei ihnen liegt. Mit dem Start der PHZH konnte auch ein Fachbereich Information und Kommunikation geschaffen werden. Erstmals ist nun im Kanton Zürich seit Herbst 2002 für die Studierenden der Besuch von medienpädagogischen Modulen verbindlich vorgesehen. Dabei kann die PHZH – was gerade in diesem Fachbereich sehr wichtig ist – auch auf umfangreiche Grundlagen aus dem früheren Pestalozzianum zurückgreifen, das in der Medienpädagogik eine wertvolle Basis gelegt hat.

Stand der Entwicklungsarbeit

Für den Bereich Medienbildung sind in der Ausbildung an der PHZH zum jetzigen Zeitpunkt folgende Angebote vorgesehen:

- Alle Studierenden besuchen einen Grundkurs Informatik, den sie mit einer Prüfung abschliessen (ECDL).
- Der Besuch des Moduls «Medienbildung» ist für alle Studierenden obligatorisch. Hier lernen sie theoretische Grundlagen und Begriffe der Medienbildung kennen. Im Zentrum stehen folgende Themenfelder: Medienkunde und Mediengeschichte, Medien- und Informationsgesellschaft, Mediensozialisation und Medienpädagogische Konzepte. Diese Veranstaltung wird in Vorlesungen und Seminaren durchgeführt, so können konkrete Fragestellungen aus der Berufspraxis im Gruppenunterricht bearbeitet werden. Das Modul bietet eine breite Orientierung im Fach und zeigt Studierenden auch Vertiefungsmöglichkeiten auf.
- In Wahlpflichtmodulen (Vorschule und Sekundardstufe I je 2 Module, Primarstufe 1 Modul) setzen sich die Studierenden themenspezifisch vertieft mit einer Fragestellung auseinander.

- Fachdidaktische Kenntnisse erwerben die Studierenden in einem stufenspezifischen Modul.
- Zum jetzigen Zeitpunkt wird auch ein Studienschwerpunkt im Bereich Medienbildung entwickelt. Dieses Angebot erlaubt Studierenden, sich in einem Umfang von zehn Modulen mit dem Thema zu beschäftigen.

Geplant ist, dass die Studierenden ihre Leistungen in einem «Portfolio Medienbildung» strukturiert dokumentieren. Das Portfolio soll so konzipiert sein, dass es später auch für die persönliche Weiterbildung einsetzbar ist. Gleichzeitig soll es als Steuerungsinstrument für die Entwicklung des Curriculums Medienbildung in der Ausbildung dienen.

Für Lehrpersonen in der Praxis werden Themen aus dem Bereich der Medienbildung in unterschiedlichen Gefässen im Rahmen von *Weiterbildungsangeboten* offeriert: Kurse, Module, Nachdiplomkurse wie z. B. «Ausbildung der Ausbildner zur Förderung des pädagogischen Einsatzes von ICT im Unterricht» (www.adaict.ch, Umfang 8 Module) und Nachdiplomstudiengänge (Umfang 3 NDKs).

Unter dem *Forschungsschwerpunkt* «Medienbildung» werden in verschiedenen Projekten die Themenbereiche «Medien und Identität», «Kinder- und Jugendmedien», «Medien und ICT in Schule und Lehrerbildung» und «Lehrmittelforschung» bearbeitet.

Die PHZH bietet auch verschiedene *Dienstleistungen* im Bereich Medien an: Diese umfassen eine Medienwerkstatt, den Aufbau von eLearning und das medien-lab, eine Dokumentationsstelle und Lernumgebung für Studierende und Dozierende.

Fragestellungen in der Entwicklungsarbeit

In seinem Werk *Medienpädagogik als Profession. Perspektiven für ein neues Selbstverständnis* zeigt Kai-Uwe Hugger zwei zentrale Charakteristika auf, die dem medienpädagogischen Handeln inne wohnen und die sich sowohl im bildungspolitischen Umgang mit dem Thema ausmachen lassen, als auch die Lehrerinnen- und Lehrerbildung mit beeinflussen: Hugger betont einerseits den «medial mitkonstituierten Charakter» der Medienpädagogik und unterstreicht, dass «medienpädagogische Professionalisierungstendenzen [...] existentiell mit der Entwicklung der Medien verbunden [sind]: Angesichts der zunehmenden Bedeutung von Medien in allen Lebensverhältnissen und für alle pädagogischen Vermittlungsprozesse, lauert darin ein für die Zukunft gewaltiges medienpädagogisches Professionalisierungspotenzial» (Hugger 2001:44). Zum andern unterstreicht er die «Querstruktur des medienpädagogischen

Handelns: Eine Besonderheit der Struktur medienpädagogischen Handelns liegt gerade darin, dass es seinen Ort in nahezu allen traditionellen sowie neuen pädagogischen Objektbereichen findet...» (Hugger 2001:44).

Diese beiden Charakteristika manifestieren sich auf Ebene Lehrpläne im Lehrplan der Volksschule des Kantons Zürich: So wurde bereits in den 80er-Jahren die Medienerziehung als fächerübergreifender Unterrichtsgegenstand in den Lehrplan aufgenommen und damit die Querstruktur medienpädagogischen Handelns im Schulalltag umgesetzt. Dass die Entwicklung der Medien die Inhalte der Medienpädagogik mitkonstituiert, lässt sich am Beispiel Lehrplan in einer problematischen Konsequenz aufzeigen, indem hier besonders deutlich wird, dass die Konvergenz neuer und alter Medien noch kaum wahrgenommen wurde: Seit den 90er-Jahren wird der rasanten Verbreitung des Computers Rechnung getragen indem die Informatik für die Oberstufe – als fächerübergreifender Unterrichtsgegenstand – eingeführt wird und in der Überarbeitung des Lehrplans im Jahr 2000 auch auf Primarstufe implementiert ist. Die Richtziele der Medienerziehung werden bei dieser Aktualisierung jedoch nicht angepasst. Sigrid Blömeke weist auf die problematische Seite dieses Vorgehens und kann zeigen, dass in Lehrplänen, die medienerzieherische Elemente enthalten, häufig bewahrpädagogische Ansätze dominieren und handlungsorientierte Ziele, systematische Aufarbeitung von Medieneinflüssen oder Reflexion der gesellschaftlichen Bedeutung von Medien demgegenüber untergeordnet sind. Im schulischen Diskurs zur Medienbildung manifestiert sich dies verhängnisvoll, da unter dem Begriff «Informatik» oft die technische Handhabung des Computers nach wie vor mehr gewichtet wird als pädagogische Überlegungen zum Einsatz im Unterricht. Das führt auch dazu, dass unter dem Stichwort «Medienerziehung» eine bewahrpädagogische Ausrichtung auf alte Medien unterstellt wird. Das heisst, die Konvergenz neuer und alter Medien und damit ein umfassendes Verständnis von medienpädagogischen Aufgaben ist noch wenig verbreitet. Dies hat u. a. zur Folge, dass diese Konvergenz teilweise auch im Rahmen der Lehrerinnen- und Lehrerausbildung zu wenig berücksichtigt wird, d.h., dass bei Angeboten zwischen «alten» und «neuen» Medien unterschieden wird.

Für die Entwicklung eines Curriculums Medienbildung in der Ausbildung gilt es jetzt, die verschiedenen Angebote auf ein kohärentes zu Grunde liegendes Konzept auszurichten. Sehr allgemein formuliert sollte die Lehrerinnen- und Lehrerausbildung dazu befähigen, die Erziehungs- und Bildungsaufgaben in einer von Medien stark geprägten Gesellschaft wahrnehmen zu können. Tulodziecki/Herzig konkretisieren dies in fünf Zielbereichen, die die neuen Medien explizit integrieren und medienpädagogische Anliegen als Querschnittaufgabe verstehen:

- Stärkung der Medienkompetenz einschliesslich der angemessenen technischen Handhabung von Medien und Informationstechnologien,
- Erwerb von Kenntnissen zur und Sensibilität für die Bedeutung von Medien für Kinder und Jugendliche,
- Befähigung zur reflektierten Nutzung von Medien und Informationstechnologien für Lehren und Lernen,
- Befähigung zur Wahrnehmung von Erziehungs- und Bildungsaufgaben im Bereich von Medien und Informationstechnologien,
- Befähigung zur Mitwirkung an der Gestaltung medien-pädagogischer Konzepte in der Schule.

Ausgehend vom Ansatz Tulodzieckis skizziert Blömeke für die Ausbildung fünf Kompetenzbereiche, für die angehende Lehrkräfte zu befähigen sind.

Mediendidaktische Kompetenz
Fähigkeit zur reflektierten Verwendung von Medien und Informationstechnologien in geeigneten Lehr- und Lernformen und deren Weiterentwicklung:
- Einsatz von Medien und Informationstechnologien als Werkzeug und Mittel im Unterricht
- Gestaltung weiterentwickelter schulischer Lehr- und Lernformen

Medienerzieherische Kompetenz
Fähigkeit, Medienthemen im Sinn pädagogischer Leitideen im Unterricht behandeln zu können:
- Realisierung der Erziehungsaufgaben im Bereich der Medien und Informationstechnologien
- Verwendung von Theorien und Konzepten zur Medienerziehung und ITG

Sozialisationsbezogene Kompetenz im Medienzusammenhang
Fähigkeit zur konstruktiven Berücksichtigung der Lernvoraussetzungen beim medienpädagogischen Handeln:
- Erfassen der Lebenswelt von Kindern und Jugendlichen und Verstehen ihres Mediennutzungsverhaltens
- Berücksichtigung der Medieneinflüsse auf Kinder und Jugendliche

Schulentwicklungskompetenz im Medienzusammenhang
Fähigkeit zur innovativen Gestaltung der Rahmenbedingungen medienpädagogischen Handelns:
- Wahrnehmung der Bedeutung von Medien und Informationstechnolo-

gien für die Professionalität des Lehrerberufs und für die Schulentwicklung
- Gestaltung der gesellschaftlichen und schulischen Bedingungen von Medienpädagogik in der Schule

Eigene Medienkompetenz
Fähigkeit zu sachgerechtem, selbstbestimmtem, kreativem und sozialverantwortlichem Handeln im Zusammenhang mit Medien und Informationstechnologien:
- Nutzung und Gestaltung von Medien und Informationstechnologien
- Analyse der Medien und Informationstechnologien im gesellschaftlichen Zusammenhang und Durchschauen ihrer Einflüsse auf Individuum, Gesellschaft und Arbeitswelt
- Verstehen der «Sprache» der Medien und Informationstechnologien

Damit ein Studienangebot angemessen entwickelt, durchgeführt und überprüft werden kann, müssen die Lernvoraussetzungen von Studierenden bekannt sein (Blömeke 2000:19). Gerade im Bereich der Medienkompetenz bringen Studierende bereits vielfältige Erfahrungen mit, die es bei der Entwicklung von Angeboten zu berücksichtigen gilt. Die PHZH hat im Herbst 2002 bei allen Studienanfänger/innen eine Befragung zu vorhandenen Grundqualifikationen im Umgang mit Medien (Besitz, Nutzung, Kompetenzen) und zu Einstellungen gegenüber dem Stellenwert der Medienpädagogik in der Schule durchgeführt. Erste Resultate der Auswertung zeigen, dass heutige Studienanfänger/innen ein vielfältiges Angebot von Medien besitzen und nutzen. Sie haben während ihrer Schulzeit bereits mit dem Computer gearbeitet und kennen verschiedene Anwendungen. Im Hinblick auf die medienpädagogische Haltung wird sichtbar, dass Studierende bei Studienbeginn noch ein sehr wenig differenziertes medienpädagogisches Bewusstsein haben, und eine bewahrpädagogische Haltung dominiert.

Die Weiterentwicklung eines Curriculums Medienbildung im Rahmen der Ausbildung an der PHZH wird einerseits Resultate der Befragung berücksichtigen und u. U. in weiteren Befragungen noch konkretisieren. Andrerseits wird ein zentraler Schwerpunkt die Erarbeitung der konzeptuellen Grundlagen unter Berücksichtigung und Einbezug des aktuellen Fachdiskurses sein. Ein Austausch über konzeptionelle Grundlagen muss auch mit der Weiterbildung stattfinden. Zudem sollen Ergebnisse aus Forschungsprojekten mit berücksichtigt werden.

Literatur

Blömeke, Sigrid. *Medienpädagogische Kompetenz. Theoretische und empirische Fundierung eines zentralen Elements der Lehrerausbildung.* München: kopaed, 2000.

Hart, Andres; Süss, Daniel (Hrsg.). *Media Education in 12 European Countries. A Comparative Study of Teaching Media in Mother Tongue Education in Secondary Schools.* Zürich: Eidgenössische Technische Hochschule, 2002.

Hugger, Kai-Uwe. *Medienpädagogik als Profession. Perspektiven für ein neues Selbstverständnis.* München: kopaed, 2001.

Moser, Heinz. *Wege aus der Technikfalle. Computer und Internet in der Schule.* Zürich: Pestalozzianum, 2001.

Tulodziecki, Gerhard; Bardo, Herzig. *Computer & Internet im Unterricht – Medienpädagogische Grundlagen und Beispiele.* Berlin: Cornelsen Scriptor, 2002.

Lehrplan der Volksschule des Kantons Zürich. 1992, Ergänzungen 2000.

Spanhel, Dieter. «Medienpädagogik in der Lehrerbildung.» In: *medien praktisch* 4/2002. 30–34.

Medienpädagogische Kompetenz als Teil professionellen Handelns

Anforderungen an das medienpädagogische «Wissen» und «Können» von Erzieherinnen und Erziehern

Kerstin Mayrberger

Ausgehend von Oevermanns Theorie professionalisierten pädagogischen Handelns wird hier die Auffassung vertreten, dass demnach jedes pädagogische Handeln ein professionelles darstellt – auch das Handeln von Erzieherinnen und Erziehern im Vorschulbereich. Zu einer pädagogisch professionellen Handlungskompetenz gehört in der heutigen Gesellschaft die Fähigkeit angemessen Medienkompetenz fördern und vermitteln zu können. Daher ist für pädagogische Fachkräfte eine medienpädagogische Kompetenz unabdingbar. Dieser Beitrag stellt ein entsprechendes Anforderungsprofil an die Ausbildung von Erzieherinnen und Erziehern vor.

1 Einleitung

Medienkompetenz als zentrale Zielkategorie von Medienerziehung gilt als eine grundlegende Fähigkeit für das Bestehen in der jetzigen und auch zukünftigen Gesellschaft. Vermittelt und gefördert wird Medienkompetenz in der Regel innerhalb institutioneller Zusammenhänge: in der Schule, dem ausserschulischen pädagogischen Bereich, der Hochschule und in der Fort- und Weiterbildung. Aus dem Blick gerät häufig der vorschulische Bereich mit seinen Kindertageseinrichtungen.

Gerade im Zuge der Veröffentlichungen zur PISA-Studie sind die Rufe nach besserer Bildung in allen Bereichen erneut laut geworden. Dieses trifft in diesem Zusammenhang auch den Kindergarten als zentrale vorschulische Institution. Wenn auch einige der Forderungen sicherlich zu weit greifen, so besteht doch in der öffentlichen Diskussion der Konsens darin, dass diese den Kindern ein höheres Anregungspotential (z. B. Computerecken, Fremdsprachenerfahrungen, naturwissenschaftliche Experimente, Sportangebote) als bisher bieten müssen (Kneip et al. 2002:26ff.). Entsprechend steigen die Ansprüche an die Kompetenzen der in diesem Bereich tätigen pädagogischen Fachkräfte, den Erzieherinnen und Erziehern.

Gerade der Bereich der neuen Medien macht dieses besonders deutlich. Der Computer als zusätzliches Angebot in einer zeitgemässen Einrichtung gilt zwar bei einem Teil der Eltern immer noch als überflüssig, aber bei einer zunehmenden Anzahl als Qualitätsmerkmal z. B. bei der Kindergartenwahl.

Spätestens seit dieser allgemeinen Orientierung hin zur Etablierung der neuen Medien im Vorschulbereich wird von den in diesem Bereich Tätigen eine umfassende, über die herkömmlichen Medien hinaus gehende Medienkompetenz verlangt. Zudem sind entsprechende Ansprüche und Erwartungen der Eltern und auch der Kinder gestiegen: Ein Computer sollte mehr sein, als ein Gerät, auf dem Edutainment-Programme zur Verfügung stehen.

Erzieher/innen müssen in diesem Zuge ihr pädagogisches Kompetenzspektrum erweitern. Neben einer persönlichen Medienkompetenz sollte eine professionell pädagogisch handelnde Fachkraft auch über eine medienpädagogische Kompetenz verfügen.

Dieser Beitrag begründet die medienpädagogische Kompetenz als Teilbereich einer professionellen pädagogischen Handlungskompetenz. In diesem Zusammenhang wird auf die Theorie professionalisierten Handelns von Oevermann (1997, 2002) zurückgegriffen und hier in Grundzügen dargestellt. Darauf aufbauend wird ein entsprechendes Anforderungsprofil an eine medienpädagogische Kompetenz vermittelnde Ausbildung von Erzieherinnen und Erziehern vorgestellt.

2 Professionalisierung pädagogischen Handelns

2.1 Stand der Diskussion

Der Stand der Diskussion zur Professionalisierung pädagogischer Praxis soll in Anlehnung an die aktuelle zusammenfassende Darstellung von Böllert und Gogolin (2002:367ff.) gegeben werden. Die Diskussion basiert hier auf einer Definition von Profession, die sich durch die folgenden drei Merkmale definiert: «1. Wissenschaftliche Fundierung der Tätigkeit; 2. Ausübung der Tätigkeit in gesellschaftlich relevanten, ethisch normierten Feldern wie Recht oder Gesundheit und 3. Verfügen über ein Mandat zur Problemlösung bzw. zum Eingriff in die Lebenspraxis von Individuen» (Böllert/Gogolin 2002:367). Diese lehnt sich stark an der analytischen Auffassung der Bestimmung von Profession in den 60er- und 70er-Jahren an (u. a. Exklusivität der Zuständigkeit, Exklusivität der Wissensbasis, Zuschreibung einer funktionalen Autorität) (Dewe/Otto 2001:1399). Sozialpädagogische Berufe haben aus dieser traditionellen Perspektive nur den Status einer halbierten bzw. Semi-Profession, «da sie u. a. nicht über Zugangsregeln zur Festlegung von Berufszugehörigkeit, über Berufsautonomie im Sinne der Monopolisierung von Handlungsfeldern, über ein Standesgericht und ein Kompetenzmonopol verfüge. Statt dessen sei sie durch eine diffuse Allzuständigkeit, unklare Zieldefinitionen und eine geringe Spezialisierung gekennzeichnet» (Böllert/Gogolin 2002:372).

Die Autorinnen halten dem entgegen, «ob die Orientierung am klassischen Professionstypus für die Soziale Arbeit überhaupt tragfähig sei bzw. ob sie nicht zu Ausblendungen kategorialer Bedingungen sozialpädagogischen Handelns führt» (Böllert/Gogolin 2002:372). Diese Auffassung soll auch hier als Hintergrund dienen, damit im Folgenden deutlich wird, inwieweit sich die moderne Professionsdiskussion von dieser traditionellen unterscheidet. Dieses wird anhand der Argumentation Oevermanns (1997) thematisiert, der eine revidierte Theorie professionalisierten Handelns entwickelt hat, die ähnlich wie andere aktuelle Ansätze (u. a. Dewe/Otto 2002; Bauer 2001; Wagner 1998; Combe/Helsper 1997) das Verhältnis von Theorie und Praxis bzw. Wissen und Können neu diskutiert.

2.2 Die revidierte Theorie professionalisierten Handelns

Die Theorie Oevermanns stellt den theoretischen Bezugspunkt für das genannte Anforderungsprofil an eine medienpädagogische Kompetenz von Erzieherinnen und Erziehern dar, da hier pädagogisches Handeln selbst als ein professionelles und die pädagogische Berufspraxis als professionalisierungsbedürftig begründet wird.

Oevermann zielt mit seinem Ansatz darauf ab, die analytischen Defizite der klassischen Professionstheorie zu überwinden, d.h. diese weiterzuentwickeln, indem er sich auf das allen Theorien gemeinsame besinnt: der Typik der Handlungsprobleme. Denn das Defizit sieht er darin, dass sich die klassische Professionstheorie mit der Explikation institutioneller Erscheinungsformen begnügt. Innere Erscheinungsformen wie typischerweise zu lösende Handlungsprobleme, aus denen sich erst institutionelle Ausprägungen herleiten lassen, sind kaum expliziert. Dieses veranlasst ihn dazu seine radikalisierte Version einer Theorie der Professionen aufzustellen, was sich in einer Explikation der Strukturlogik des professionalisierten Handelns äussert (Oevermann 1997:70ff.). Die Typik eines Handlungsproblems sieht er vor allem darin, dass «Professionen sich darauf gründen, stellvertretend für Laien, d.h. für die primäre Lebenspraxis, deren Krisen zu bewältigen» (Oevermann 2002:23).

Als Grundlage seiner allgemeinen Professionstheorie führt er im Wesentlichen den Übergang von der Natur zur Kultur als Ausgangspunkt, das Modell der autonomen Lebenspraxis und die Funktion von Krise und Routine sowie der Krisenbewältigung als systematisches Erzeugen von Neuem im Handeln von Menschen in den jeweiligen Gesellschaften aus.

Oevermann beschreibt drei funktionale Foci innerhalb deren Geltungsbereiche es zu Krisen kommt, die von Gesellschaften bewältigt werden müssen und die durch professionalisiertes Handeln folgendermassen stellvertretend gelöst werden können: (1) Aufrechterhaltung des praktischen Konsenses über Recht und Gerechtigkeit bzw. Wiederherstellung des gesellschaftlichen Normensystems (Focus von Rechtspflege) (2) Beschaffung von therapeutischem Potential bzw. Wiederherstellung einer beschädigten existentiellen Integrität (Focus von Therapie und Prophylaxe) und (3) Geltung von Weltbildern, Werten, Normalitätsentwürfen und Theorien bzw. methodische Bearbeitung von Geltungsansprüchen; Erkenntniskritik (Focus professionalisierter Praxis) (Oevermann 1997:71ff.; 2002:23ff.). Er hält fest, dass alle drei Zuständigkeitsbereiche professionalisierten Handelns in einem Wechselverhältnis zueinander stehen. Demnach ist das professionalisierte Handeln in der Praxis «immer eine Zusammensetzung von Problemlösungen bezüglich aller drei Foci, aber dennoch ist in jeder konkreten professionalisierten Praxis einer dieser drei Foci dominant» (Oevermann 1997:95). Pädagogische Tätigkeiten im Sinne von klientenbezogenen Ausformungen professionalisierter Praxis sind hier in erster Linie dem zweiten Focus zuzuordnen. Das von ihm am Beispiel von Therapeut bzw. Arzt und Klient entwickelte Modell eines Arbeitsbündnisses als Typik professionellen Handelns überträgt er hier sinngemäss auf das pädagogische Handeln.

Den Aspekt der Professionalisierungsbedürftigkeit und Professionalisiertheit pädagogischen Handelns stellt Oevermann in einer aktuellen Veröffentlichung (Oevermann 2002) konkreter dar, weshalb im Folgenden auf diese Bezug genommen wird. Er stellt grundsätzlich fest, dass sobald das einem Arbeitsbündnis zu Grunde liegende und sie objektiv prägende pädagogische Handlungsproblem zur Geltung gebracht werden soll, deutlich wird, dass diese Praxis eine professionalisierungsbedürftige ist, aber noch nicht professionalisiert wurde (Oevermann 2002:20ff.). Dieses begründet er auch mit der allgemeinen Unterscheidung zwischen zwei Modellen der rationalen Anwendung methodisierten Wissens auf die Problembewältigung der Praxis, die er grundsätzlich gegenüber stellt. Die erste Wissensanwendung, das *ingenieuriale* Wissen, wird in standardisierten Handlungsabläufen umgesetzt und auf ein technisches Problem angewandt und hat keinen Klientenbezug. Dagegen geht die zweite klientenbezogene Wissensanwendung, die *Interventionspraxis*, von einer grundsätzlichen Nicht-Standardisierbarkeit von Problemstellungen aus und behandelt jede Krisenbewältigung von Lebenspraxis als Einzelfall. Die Hilfe des professionell Handelnden muss immer eine zur Selbsthilfe sein, da nur so die Autonomie des Hilfesuchenden möglichst gewahrt bleiben kann. Oevermann (1997:157ff.) beschreibt hier die mäeutische Pädagogik und die Methode des sokratischen Dialogs als wesentliches Mittel, die Eigenkräfte des Subjektes zu wecken bzw. zu mobilisieren, aber auch zu schützen. Eine Interventionspraxis zeichnet sich demnach durch eine stellvertretende Krisenbewältigung durch den Experten aus, der sich um eine Rekonstruktion und damit um ein Verstehen des je konkreten Falls bemüht und damit dem Klienten hilft, aus sich heraus die aus einer Routine erfolgte Krise seiner primären individuellen Lebenspraxis zu lösen. Dieser Prozess vollzieht sich in einer Struktur, die helfen soll, die paradoxe Lage auszugleichen, in der zum einen die Autonomie des Subjekts gewahrt, bzw. wieder hergestellt wird und zum anderen das Subjekt mit dem Hilfegesuch einen Teil seiner Autonomie preisgibt, dem so genannten Arbeitsbündnis. Es stellt damit eine widersprüchliche Einheit, geprägt von diffusen und spezifischen Rollenbeziehungen, dar (Oevermann 2002:39ff.).

Die beschriebene Intervention erfolgt auf der Basis von Wissen und Können. Nach Oevermann zeichnet sich die professionalisierte stellvertretende Krisenbewältigung in einem Arbeitsbündnis durch zwei gegensätzliche Komponenten aus, einerseits durch die wissenschaftlich begründete Problemlösungsroutine und andererseits durch das interventionspraktische, fallverstehende Vorgehen. Das Arbeitsbündnis ist dadurch charakterisiert, dass ein Klient sich mit einem Leiden bzw. einer Krise freiwillig an einen Experten wendet und diesen bittet, es stellvertretend für bzw. mit ihm zu bewältigen.

Ist eine Krise, die zwangsläufig durch Zukunftsoffenheit charakterisiert ist, bewältigt, so kann man von einem Fortschritt im Bildungsprozess des Klienten sprechen. Oevermann (2002:25ff.) konstatiert so auch, dass die Nicht-Standardisierbarkeit der professionalisierungsbedürftigen Dienstleistung und ihr Charakter als stellvertretende Krisenbewältigung nicht voneinander zu trennen sind.

Zusammenfassend ergibt sich aus diesen Voraussetzungen für ein konkretes pädagogisches Handeln bzw. die Fähigkeiten die professionell pädagogisch Handelnde besitzen müssen, Folgendes: (1) Die Krisenkonstellation einer je konkreten Lebenspraxis muss im Sinne eines Fallverstehens rekonstruiert und verstanden worden sein. (2) Die dem diagnostischen Fallverstehen folgende Anwendung methodisierter, also standardisierter Problemlösungen, muss fallangemessen erfolgen und nicht mechanisch auf eine konkrete Strukturgesetzlichkeit angewandt werden. (3) Die Weckung der Eigenkräfte in einem Arbeitsbündnis kann nur erfolgreich sein, wenn der Klient als ganze Person und nicht als Rolleninhaber in der Arbeitsbeziehung auftritt (Oevermann 2002:30ff.).

Pädagogische Berufe bzw. ihre Berufspraxis gelten hier als nicht professionalisiert, aber professionalisierungsbedürftig (2002:35ff.), da sie im Sinne Oevermanns professionell handeln, insofern eine fallverstehende Herangehensweise in der Interaktion mit dem Klienten, hier dem Vorschulkind, erfolgt. «Der Pädagoge ist also der Strukturlogik seines Handelns nach Geburtshelfer im Prozess der Erzeugung des Neuen und nicht umgekehrt, wie im

Nürnberger Trichtermodell, Agentur der Anpassung des neuen Lebens an das alte Wissen und die alten Normen» (Oevermann 2002:35). Aus dieser Sichtweise wird die stetige Krisenhaftigkeit deutlich, in der sich das sich bildende Subjekt seit der Ontogenese befindet und auf das sich das pädagogische Handeln bezieht. Im Gegensatz zum Elternhandeln im Rahmen der primären Lebenspraxis zeichnet sich ein Expertenhandeln in diesem Sinne durch eine stellvertretende Krisenbewältigung aus, die erst vorliegt, «wenn Experten ausserhalb des primären sozialisatorischen Interaktionssystems Familie, also Pädagogen, herangezogen werden müssen» (Oevermann 2002:35), wenn also «die primäre Sozialisation durch die Familie allein die Entwicklung zu einem autonom handlungsfähigen, mit sich identischen Subjekt nicht mehr zureichend gewährleistet» (Oevermann 2002:36).

Zur Aufgabe von Pädagoginnen und Pädagogen gehört natürlich einerseits die Wissens- und Normenvermittlung, andererseits aber auch die Fähigkeit des beschriebenen fallbezogenen Handelns im Sinne einer prophylaktischen therapeutischen Praxis hinsichtlich potentieller erzieherischer und sozialisatorischer pathologischer Wirkungen. Oevermann weist in diesem Zusammenhang darauf hin, dass sich das Arbeitsbündnis mit dem Kind auf das Interaktionssystem Familie erweitert bzw. erweitern muss, wenn es erfolgreich sein soll.

Hierbei sieht er die naturwüchsige Bedingung der Neugierde aufseiten des Kindes als Voraussetzung eines Arbeitsbündnisses an, die vom Pädagogen sowohl unterstellt als auch respektiert werden muss. Ein Arbeitsbündnis in diesem Sinne ist abhängig vom Entwicklungsalter des Sozialisanden, weshalb Oevermann selbst das Alter von fünf Jahren im Normalfall als Untergrenze für ein professionelles Arbeitsbündnis ansieht. Dieses hängt mit einer nur eingeschränkten Differenzierungsfähigkeit zwischen einer diffusen und einer spezifischen Beziehung zum Pädagogen auf Seiten des Kindes zusammen (Oevermann 2002:39ff). Infolgedessen muss man bei einem Arbeitsbündnis dieser Art von einem von Expertenseite unterstellten ausgehen, da Kinder sich im Gegensatz zu erwachsenen Klienten nicht freiwillig in diese Beziehung begeben.

Entsprechend diesen Ausführungen erfolgt der Eintritt von pädagogisch professionell Handelnden in das Interaktionssystem Familie in westlichen Staaten in der Regel auch mit der Anmeldung zum Kindergarten, spätestens aber mit der Einschulung. Es wurde deutlich, dass pädagogische Tätigkeiten als professionalisierungsbedürftig gelten, da die Typik der pädagogischen Handlungsprobleme der pädagogischen Praxis der eines professionellen Handelns entspricht. Daher wird in diesem Beitrag das professionelle pädagogische Handeln im Rahmen medienpädagogischer Konzepte betrachtet.

2.3 Professionelles pädagogisches Handeln im Vorschulbereich

Betrachtet man Oevermanns Theorie, die in erster Linie auf den Bereich der Schule bzw. den des Lehrerhandelns ausgelegt ist, im Sinne des Elementarbereichs und den dort tätigen Erzieherinnen und Erziehern, so lassen sich grundsätzlich die nachstehenden Folgerungen ziehen. Auch im Vorschulalter entspricht die Wissens- und Normenvermittlung der Normalsituation pädagogischen Handelns. Neugierde bzw. Wissbegierde kann bei Kindern im Vorschulalter häufig als gegeben angesehen werden. Sie befinden sich prinzipiell stetig in einer so genannten Krise des Nichtwissens, in der sie aus ihrem gesamten Umfeld (Familie und institutionelle Betreuung) Hilfe zur Bewältigung von diesem erwarten. Kinder dieses Alters können kaum trennen zwischen einer Beziehung als ganze Person und einer Rollenbeziehung zueinander. Somit kommt Erzieherinnen und Erziehern aus Sicht der Kinder eine ähnlich primäre Sozialisationsfunktion wie den Eltern zu, was im Umkehrschluss bedeutet, dass sie sich in ihrem professionellen Handeln dieser Funktion bewusst sein müssen. So stellen Erzieher/innen auch gegenüber Eltern einen pädagogisch professionell handelnden Experten dar. Neben der Vermittlung von Kenntnissen handeln sie aber je fallspezifisch auf die jeweilige Lebenspraxis des Gegenübers bezogen, haben also auch die beschriebene therapeutische (prophylaktische) Funktion inne. Diese Aufgaben erfüllen Erzieher/innen nach Oevermann einerseits auf der Grundlage von fachwissenschaftlichem *Wissen* und andererseits durch eine spezifisch praktische Interpretationskompetenz bzw. ein Sinnverstehen von Handlung bezogen auf ein jeweiliges Fallverständnis in Form von *Können*. Praktisch geschieht dieses auf Grundlage des Konzeptes der mäeutischen Pädagogik und sollte im Rahmen einer an Kasuistik orientierten Ausbildung vermittelt werden.

Aus diesem Grund muss man auf Basis der dargestellten Theorie für die Ausbildung der Erzieher/innen zu pädagogisch professionell Handelnden eine stärker fallbezogen orientierte Herangehensweise einfordern, da nur auf einer gestärkten Grundlage dieser Art ein Arbeitsbündnis zustande kommen kann, das professionellen Ansprüchen genügt. Oevermann stellt so auch ausdrücklich fest, dass aus professionalisierungstheoretischer Sicht «die Professionalisierungsbedürftigkeit der pädagogischen Praxis um so höher zu veranschlagen [ist], je jünger die Schüler sind» (Oevermann 2002:59), also gerade der Elementarbereich einer sehr hohen professionellen Kompetenz pädagogischer Handelnder bedarf. Hürden für eine endgültige Professionalisierung des noch semi-professionellen pädagogischen Handelns im traditionellen Sinne stellt Oevermann am Beispiel der Schule dar (Oevermann 1997:162ff.; 2002:49ff.). Für den Bereich der vorschulischen Erziehung treffen diese nur mit Einschränkungen zu und müssen an anderem Ort beschrieben werden. An dieser Stelle soll nur der Hinweis auf das niedrige Zugangsniveau zur Ausbildung und eine noch stärkere Konkurrenzsituation zwischen Erzieherinnen bzw. Erziehern und Eltern, die ihr Kind quasi freiwillig in den Kindergarten schicken, hingewiesen werden.

Die hier dargestellten Ausführungen zum Stand der Professionalisierung pädagogischen Handelns im allgemeinen und dem von Erzieherinnen und Erziehern im Vorschulbereich stellen die eine Grundlage für ein Anforderungsprofil einer professionellen medienpädagogischen Kompetenz von pädagogisch Tätigen im Vorschulbereich dar. Die andere Basis bildet das Konzept der medienpädagogischen Kompetenz bzw. der Medienkompetenz, das im Folgenden im Sinne dieses Beitrages allgemein dargestellt werden soll, bevor es im Rahmen des Anforderungsmodells spezifisch ausformuliert wird.

3 Medienpädagogische Handlungskompetenz

In diesem Zusammenhang soll nicht erneut geklärt werden, inwiefern Medienpädagogik als Profession gelten kann (Hugger 2001), da im vorangegangenen Abschnitt gezeigt wurde, weshalb pädagogisches Handeln als ein professionelles gelten kann. Medienpädagogisches Handeln wird in diesem Zusammenhang als ein spezielles pädagogisches Handeln vergleichbar mit didaktischer Kompetenz begriffen, weshalb eine erneute Diskussion hier hinfällig ist und im Folgenden von einem professionellen medienpädagogischen Handeln ausgegangen wird.

An dieser Stelle soll kurz umrissen werden, weshalb eine Förderung von Medienkompetenz schon im Vorschulbereich von Bedeutung ist und nicht erst mit dem Eintritt in die Grundschule wichtig wird. Kinder leben heute von Anfang an in einer Mediengesellschaft bzw. Medien sind Bestandteil ihrer Lebenswelt und -praxis. Die Erfahrungen, die sie dort in Form von Medienbildern, -figuren oder -erlebnissen sammeln, können sie nicht immer allein bewältigen und benötigen hier Unterstützung, gerade wenn diese in der Familie kaum oder gar nicht erfolgt. Auch können die Kinder durch eine Medienerziehung professioneller Art als Subjekt gestärkt werden und sich so auf lange Sicht zu kompetenten Mediennutzerinnen und -nutzern entwickeln.

Die dem Anforderungsprofil zugrunde liegende medienpädagogischen Aspekte orientieren sich am Konzept medienpädagogischer Kompetenz und dem entsprechenden Begriff von Medienkompetenz von Aufenanger (1999; 2001). Die von Baacke geprägten Dimensionen von Medienkompetenz (Medienkritik, Medienkunde, Mediennutzung und Mediengestaltung) finden sich hier, wie auch in anderen bis heute publizierten Varianten (u. a. Moser, Pöttinger, Schrorb, Theunert, Tulodziecki), wieder. Aufenangers umfassende

Ausführungen lassen einen deutlichen Bezug zum ausserschulischen Bereich und der aktiven Medienarbeit zu, der eine wesentliche Rolle im vorschulischen medienerzieherischen Handlungsfeld zukommt.

Die Forderungen nach medienpädagogischen Kompetenzen an Medienerziehung und Medienkompetenzförderung betreibende sind nach wie vor aktuell. Eine Umsetzung erfolgte bisher vorwiegend im Bereich der Lehrerbildung (Blömeke 2000; Spanhel 2001). Im ausserschulischen Bereich gibt es nur wenige konkrete Bemühungen diese Kompetenz neben anderen pädagogischen Schwerpunkten gezielt zu vermitteln. Die medienpädagogische Ausbildung von Erzieherinnen und Erziehern steht heute noch immer nicht in einem angemessenen Verhältnis zur Bedeutung, die Medien in der heutigen Gesellschaft und der Welt von Kindern erfahren. Im Mittelpunkt steht in der Regel eine auf aktive Medienarbeit oder auf eine technische Kompetenz hin orientierte Medienkompetenzvermittlung. Dieses hängt auch damit zusammen, dass die entsprechenden Lehrkräfte oft selbst nicht über eine ausreichende medienpädagogische Kompetenz verfügen und selten bei der Vermittlung auf eine geschlechtsspezifische Herangehensweise eingegangen wird (Kobbeloer 2002:30ff./80ff.).

Eine medienpädagogische Kompetenz soll hier verstanden werden als Fähigkeit Medienkompetenz zielgruppengerecht und pädagogisch professionell im Rahmen der Medienerziehung fördern zu können. Medienkompetenz, die sowohl Vermittlungsziel als auch Teil der medienpädagogischen Kompetenz der Vermittelnden ist, stellt dabei in ihrer Komplexität nicht einfach eine Fähigkeit dar, sondern einen Aspekt einer umfassenden Medienbildung. Medienbildung umfasst im Sinne Aufenangers «den kompetenten Umgang mit Medien, die Reflexion über sie sowie die Fähigkeit, sich auf unbekannte Mediensituationen angemessen einstellen zu können» (2001:6) und hat immer den Menschen als Ganzen im Blick.

Die an dieser Stelle zugrunde gelegten Aspekte von Medienkompetenz und medienpädagogischer Kompetenz werden hier allgemein formuliert. Eine konkrete Ausführung für die Ausbildung von Erzieherinnen und Erziehern erfolgt im nächsten Abschnitt.

Medienkompetenz als Gesamtgebilde setzt sich wie folgt zusammen:

- Kognitive Dimension: Wissen, Verstehen und Analyse von Medien (Inhalte, System, Codierung)
- Handlungsdimension: Technische Fähigkeiten, aktive Gestaltung mit Medien sowie Medien als Ausdrucksmittel und Informationsquelle nutzen
- Moralische Dimension: Erweiterung der kognitiven Dimension hinsichtlich ethischer und medienanthropologischer Fragen (Inhalte, Aspekte der Produktion von Medien, soziale Verträglichkeit, Auswirkungen)

- Soziale Dimension: Umsetzung der kognitiven und moralischen Dimension im Raum des sozialen und politischen Handelns (politische Aspekte von Mediensystemen; Thematisierung sozialer Auswirkungen von Medien)
- Affektive Dimension: Unterhaltung, Medienerleben; angemessene Mediennutzung
- Ästhetische Dimension: Betonung kommunikationsästhetischer und -kultureller Aspekte; spezifische Fähigkeiten Medien als Ausdrucks- und Informationsmittel zu nutzen und zu gestalten

Diese Dimensionen werden als Ankerpunkte genutzt, wenn es im Folgenden darum geht, Anforderungen an eine spezifische Medienkompetenz als Teil einer medienpädagogischen Kompetenz zu bestimmen. Diese unterteilt sich in die weiteren Teilaspekte:

- Wissen um pädagogische/didaktische Konzepte: anerkannte Konzepte kennen und anwenden können (Medienerziehung/-didaktik)
- Wissen um Medienwelten von Kindern und Jugendlichen: Zugang zu entsprechenden Medienwelten haben und nutzen, um sich angemessen auf die Perspektive der Kinder und besonders auf die des einzelnen Kindes einlassen zu können (Umgangsformen mit Medien, handlungsleitende Themen, Sichtweisen)
- Sensibilität für Medienthemen und Medienerlebnisse: Fähigkeit, offen zu sein für die Intentionen der Individuen, die sie mit Hilfe von Medien, Medienfiguren und Mediengeschichten zum Ausdruck bringen (Basis einer fallbezogenen Medienerziehung)
- Medienpädagogisches Handeln (Können): Aspekt der innerhalb der Ausbildung neben einer reinen Wissensvermittlung verstärkt betrieben werden muss (medienpädagogische Kasuistik) (Aufenanger 1999:94ff.; 2001: 4ff.)

Im folgenden Abschnitt werden die hier dargestellten Konzepte von Medienkompetenz und medienpädagogischer Kompetenz mit der oben geführten Diskussion um ein professionelles pädagogisches Handeln in Beziehung gesetzt. Dabei stellt der unter medienpädagogischer Kompetenz zuletzt genannte Punkt des medienpädagogischen Handelns in Form von praxisbasiertem Können den wichtigsten Bezugsrahmen pädagogisch professionellen Handelns dar.

		Professionelle Handlungskompetenz (vgl. OEVERMANN 2002)	
		Wissens-/ Normenvermittlung	(medien)pädagogisches Können
Medienkompetenz (vgl. AUFENANGER 1999, 2001)	Kognitive Dimension	Mediensymbole verstehen; Hypertextstruktur erkennen; Mediensysteme verstehen; Methoden der Medienanalyse kennen; Kenntnis der Rezeptionsforschung;	Navigation im Internet; Hypertexte schreiben; Medienanalyse (Film, Bilderbuch, Computerspiel) durchführen; (Formale) Bewertung von Medieninhalten (Software; Buch; Film); (Formale) Bewertung von Informationen (Internet, Fernsehen, Zeitungen); Besuch einer Rundfunkanstalt
	Handlungsdimension	Technischen Aufbau von Medien; Informationsangebote kennen (Internet, Fernsehen, Zeitungen); Medienangebot (Software, Fernsehen, Bücher) kennen; Methoden der Mediengestaltung kennen; funktionales Wissen um die Handhabung von Medien	Umgang mit PC und Internet („Computerführerschein"); medienpraktische Erfahrungen mit neuen und alten Medien gemacht haben (Website-Gestaltung, Videofilm drehen, Fotoarbeit, Radioarbeit); Durchführung eines Medienprojekts
	Moralische Dimension	Jugendmedienschutzbestimmungen und -institutionen kennen; Normen und Werte kennen; Bedingungen von Medienproduktionen kennen; Kommunikationszusammenhänge kennen	Medienanalyse durchführen und Problembereiche beschreiben (Handlung, Darstellungsweisen, Charaktere, Gewalt, Geschlecht, Machtverhältnisse etc.); Geschlechterrollenstereotypen erkennen; Medien auf ihren ideologischen Gehalt analysieren;
	Soziale Dimension	(politische) Angebotsstruktur der Medienlandschaft (Zeitung, Fernsehen, Internet) kennen; (politische) Rolle der Medien in der Gesellschaft kennen; Wissen um die Veränderung von Kommunikation durch Medien	Aktive Kommunikation mit Hilfe von Medien erfahren (SMS, eMail, Chat, Brief); Erfahrungsaustausch über Kommunikationssituationen;
	Affektive Dimension	Wissen um Unterhaltung und seine Funktionen; Wissen um eine angemessene Mediennutzung	Unterhaltung erleben können; Medienbiographische Erfahrungen/ Medienerlebnisse reflektieren und mit Methoden bearbeiten können

	Ästhetische Dimension	Methoden der ästhetischen Mediengestaltung kennen; Wissen um die Handhabungsmöglichkeiten von Medien	Produktion von Medieninhalten unter ästhetischen Aspekten (Musikvideoclip oder Trickfilm erstellen, Gestaltung einer persönlichen Homepage)
	Wissen um pädagogische/ didaktische Konzepte	Konzepte der Frühpädagogik kennen und deren jeweiligen Standpunkt zum Einsatz von Medien (z.B. Situationsansatz und neue Medien); Konzepte für den sinnvollen Medieneinsatz (Computer, aktive Medienarbeit) im Kindergarten kennen; Wissen um mediendidaktische Methoden	Erarbeitung eines überzeugenden (medien)pädagogischen Konzepts für die eigene Einrichtung und dieses argumentativ vertreten können (z.B. «Computerspielplatz»); Medienprojekte planen und Zielsetzungen ausformulieren und begründen können;
Medienpädagogische Kompetenz (vgl. AUFENANGER 1999, 2001)	Wissen um Medienwelten von Kindern und Jugendlichen	Kenntnis des sozialökologischen Ansatzes der Mediensozialisation; Kenntnisse von Medienpräferenzen der von Vorschulkindern	Offen gegenüber den Medienthemen und -figuren von Vorschulkindern sein und dieses angemessen zeigen können (Dialogbereitschaft); Auseinandersetzung mit einem Medienverbund und Merchandising zu einem bestimmten Medieninhalt; aktive Erkundung von Medienorten hinsichtlich Angeboten für Kinder (Internet, Fernsehprogramm, Kinderzeitschriften); Kindermedien ausprobieren (Hörcassetten, Edutainment/ Computerspiele, Bilderbücher, Kinder-Websites; Kinderzeitschriften)
	Sensibilität für Medienthemen und Medienerlebnisse	Bedeutung und Funktion von Medien für Vorschulkinder kennen; Kenntnisse der Rezeptionsforschung (u.a. strukturanalytische Rezeptionsforschung); Kenntnis des Konzepts der handlungsleitenden Themen	Symbolische Darstellungen von Medieninhalten im Spiel und Medienäußerungen von Kindern erkennen und damit angemessen umgehen können; den Stellenwert von Medienfiguren erkennen und thematisieren können

Tab.1: Professionelle medienpädagogische Handlungskompetenz

4 Anforderungen an eine professionelle medienpädagogische (Handlungs-)Kompetenz

Das hier entwickelte Anforderungsprofil an eine professionelle medienpädagogische Handlungskompetenz hat einen systematischen Entwurfscharakter und muss entsprechend noch ergänzt bzw. vertieft werden. Es kann aber schon jetzt als Grundlage einer Diskussion eines medienpädagogischen Curriculums der Erzieherinnen- und Erzieherausbildung dienen.

Kernelemente dieser Handlungskompetenz sind im Sinne Oevermanns das Wissen und Können in Form der Funktionen der *Wissensvermittlung*, der *Normenvermittlung* und die *therapeutische Kompetenz*, die hier konkret als *(medien-)pädagogisches Können* bezeichnet wird. Die Wissens- und Normenvermittlung werden zusammengefasst unter dem Aspekt des Wissens betrachtet, da beides nie strikt voneinander getrennt erfolgt. Nicht alle Fähigkeiten lassen sich exakt zuweisen, weshalb hier die Zuordnung zu dem Punkt erfolgt, der diese Kompetenz am stärksten repräsentiert.

Für eine professionelle medienpädagogische Handlungskompetenz, die sich mit Hilfe der dargestellten Inhalte (Wissen und Können) in der erzieherischen Ausbildung entwickelt und einer fallbezogenen Herangehensweise einen hohen Stellenwert zukommen lässt, ist insbesondere der Bereich der Sensibilität für die Medienthemen und Medienerlebnisse der Kinder bzw. des einzelnen Kindes von zentraler Bedeutung.

5 Ausblick

Dieses dargestellte Konzept bezieht sich auf eine umfassende medienpädagogische Kompetenz, die es gilt in die Erzieherinnen- und Erzieherausbildung zu implementieren. Durch eine Integration einzelner der dargestellten Aspekte in andere Themenbereiche der Ausbildung (Interdisziplinarität), also zum einen die Medien dort als Werkzeug und Hilfsmittel zu verwenden wo es sich für den Vermittlungsprozess anbietet, aber andererseits auch die Thematisierung und Reflexion der Medien selbst nicht auszugrenzen, können diese Aspekte mit ihren jeweiligen Ansprüchen angemessen erfüllt werden. Dieses sollte besonders durch die Ergänzung der institutionellen Ausbildung um das fallbasierte, exemplarische Lernen neben praktischer Erfahrungen im konkreten Berufsfeld unterstützt werden. Insbesondere der Ausbau des Anteils des (medien-) pädagogischen Fallverstehens im Sinne einer (medien-) pädagogischen Kasuistik neben der reinen Wissens- und Normenvermittlung in der Ausbildung unterstützt die Professionalisierungstendenzen erzieherischen Handelns gerade im Elementarbereich. Die aktuellen Entwicklungen hinsichtlich einer Reorganisation der Ausbildung von Erzieherinnen und Erziehern (u. a. Diskussion um Lernfelder) bieten dabei vielfältige Möglichkeiten.

Literatur

Aufenanger, Stefan. «Medienpädagogische Projekte – Zielstellungen und Aufgaben.» In: *Handbuch Medien: Medienkompetenz. Modelle und Projekte.* Dieter Baacke, Susanne Kornblum, Jürgen Lauffer, Lothar Mikos, Günter A. Thiele (Hrsg.). Bonn: Bundeszentrale für politische Bildung, 1999. 94–97.

Aufenanger, Stefan. Konzept zur «Medienbildung für Grundschulhorte in Ravensburg und Reutlingen». Gefunden im WWW am 21. April 2003 unter http://www.ravensburger.de/unternehmen/stiftung/projekte/02450/index.html. 2001.

Bauer, K.-O. «Pädagoge – Profession oder Nebenbeschäftigung?» In: *Lehrerprofessionalität – Lehrerprofessionalisierung.* Olga Jaumann-Graumann, Walter Köhnlein (Hrsg.). Bad Heilbrunn: Klinkhardt, 2001. 25–44.

Blömeke, Sigrid. *Medienpädagogische Kompetenz. Theoretische und empirische Fundierung eines zentralen Elements der Lehrerausbildung*. München: kopaed, 2000.

Böllert, Karin; Gogolin, Ingrid. «Stichwort: Professionalisierung.» In: *Zeitschrift für Erziehungswissenschaft*, Jahrgang 5, Heft 3/2002. 367–383.

Combe, Arno; Helsper, Werner (Hrsg.). *Pädagogische Professionalität.* 2. Auflage. Frankfurt am Main: Suhrkamp, 1997.

Dewe, Bernd; Otto, Hans-Uwe. «Profession.» In: *Handbuch Sozialarbeit Sozialpädagogik.* Hans-Uwe Otto, Hans Thiersch (Hrsg.). Neuwied: Luchterhand, 2001. 1399–1423.

Dewe, Bernd; Otto, Hans-Uwe. «Reflexive Sozialpädagogik. Grundstrukturen eines neuen Typs dienstleistungsorientierten Professionshandelns.» In: *Grundriss Soziale Arbeit. Ein einführendes Handbuch.* Werner Thole (Hrsg.). Opladen: Leske + Budrich, 2002. 179–198.

Hugger, Kai-Uwe. *Medienpädagogik als Profession. Perspektiven für ein neues Selbstverständnis.* München: kopaed, 2001.

Kneip, Ansbert; Meyer, Cordula; Stoldt, Hans-Ulrich. «Ich kann was!». In: Spiegel special. Heft 3/2002. 26–31.

Kobbeloer, Michael. *Internetnutzung von ErzieherInnen. Darstellung und Auswertung einer Studie zur Medienkompetenz.* Berlin: Cornelsen, 2002.

Oevermann, Ulrich. «Theoretische Skizze einer revidierten Theorie professionalisierten Handelns.» In: *Pädagogische Professionalität.* 2. Auflage. Arno Combe, Werner Helsper. Frankfurt am Main: Suhrkamp, 1997. 70–182.

Oevermann, Ulrich. «Professionalisierungsbedürftigkeit und Professionalisiertheit pädagogischen Handelns.» In: *Biographie und Profession.* Margret Kraul, Winfried Marotzki, Cornelia Schweppe (Hrsg.). Bad Heilbrunn: Klinkhardt, 2002. 19–63.

Spanhel, Dieter. «Medienpädagogische Kompetenz als integraler Bestandteil der Lehrerprofessionalität. Zur Konzeption und Verankerung medienpädagogischer Inhalte in der Lehrerbildung.» In: *Medien machen Schule. Grundlagen, Konzepte und Erfahrungen zur Medienbildung.* Bardo Herzig (Hrsg.). Bad Heilbrunn: Klinkhardt, 2001.

Wagner, Hans-Josef. *Eine Theorie pädagogischer Professionalität.* Weinheim: Beltz Wissenschaft, 1998.

Lesekompetenz

Inner- und ausserschulische Determinanten der Lesesozialisation

Wassilis Kassis und Hansjakob Schneider

Nicht erst seit der letzten PISA-Studie (Deutsches PISA-Konsortium 2001, BFS/ EDK 2001) wird immer wieder betont, dass Lesekompetenz eine wichtige Voraussetzung für die Partizipation an der modernen Informationsgesellschaft ist. Bereits die Autor/innen der IEA-Studien zur Lesekompetenz von Kindern und Jugendlichen (z. B. Notter et al. 1996) und der IALS-Studie zur Lesekompetenz von Erwachsenen (z. B. Notter et al. 1999) weisen übereinstimmend auf Folgendes hin: Wer über schlechte Lesekompetenzen verfügt, ist weit über das berufliche Umfeld hinaus eingeschränkt: Von Zeitungen, über Gebrauchsanweisungen bis hin zu neuen Medien: Diese Personen können vom schriftlichen Informationsangebot nur bedingt profitieren und können andererseits den Anforderungen unserer Informationsgesellschaft nur bedingt genügen.

Lesekompetenz baut sich auf im langen und oft nicht linear verlaufenden Prozess, der Lesesozialisation, über die im deutschsprachigen Raum seit den 90-er Jahren intensiv geforscht worden ist. Für die Zwecke der vorliegenden Studie sollen wichtige Bereiche der Lesesozialisation genauer untersucht werden: Die Familie, die Schule, die Peers, die personalen Ressourcen der Jugendlichen und der sozialpsychologische Aspekt der Geschlechterrollenstereotypen.

1 Theorie

Die Familie übt auf die literale Sozialisation einen starken und in der Forschung gut dokumentierten Einfluss aus. Dabei ist anzumerken, dass die Variable *Familie* in Wirklichkeit ein Konglomerat von verschiedenen Wirkkräften darstellt, das Faktoren wie *sozioökonomischen Status, Bildungsnähe, Erziehungsstil, Familienform, Familiendynamik* und andere mehr umfasst. Hurrelmann et al. (1993) belegen den Zusammenhang zwischen einem literal interessierten Elternhaus und der literalen Sozialisation der Kinder, wobei die Mütter sich als besonders wichtige Vermittlungsinstanzen erweisen. Wieler (1997) identifiziert für das frühe Vorlesealter elterliche Interaktionsstile, die eher fördernd sind (z. B. Vorlesen nicht mit der Absicht, zu fördern; Akzeptieren der aktiven Rolle der Kinder auch beim Vorlesen; gemeinsame Buchauswahl). Sie stellt überdies fest, dass die von ihr identifizierten Interaktionsstile tendenziell schichtspezifisch sind. Der literalen Sozialisation zuträgliche Interaktionsstile finden sich eher in der bildungsnahen Schicht. Der Zusammenhang zwischen Schichtzugehörigkeit und erfolgreicher literaler Sozialisation ist in verschiedenen Studien bestätigt worden (für die Schweiz z. B. Notter 1999; Coradi Vellacott/Wolter 2002). Für die Schweizer Stichprobe der PISA-Studie zeigen Coradi Vellacott/Wolter (2002:110) auf, dass die Bildungsnähe des Elternhauses einerseits direkt auf die Lesekompetenz einwirkt, andererseits auch indirekt über den Schultyp, den die Jugendlichen besuchen.

Ähnlich wie die Familie ist die *Schule* eine Variable, die als komplexes Konstrukt zu denken ist: Auch hier spielen Faktoren wie Bildungsnähe und sozioökonomischer Status eine Rolle. Zusätzlich sind auch die Klassenzusammensetzung, das Klassenklima und weitere Variablen für den Einfluss auf die literale Sozialisation mitverantwortlich. Fragen im Zusammenhang mit der Zusammensetzung von Schulklassen wurden von Rüesch (1998:175) untersucht. In seinem Pfadmodell werden 30% der Varianz bezüglich Lesekompetenz durch Faktoren des Individuums und der Familie erklärt, hingegen nur 7% durch die Zugehörigkeit zu einer bestimmten Schulklasse. Hurrelmann et al. (1993:78ff.) betonen, dass das Lesen in der Freizeit vornehmlich durch die Familiensituation gesteuert werde, dass aber die Qualität der Leseförderung in der Schule, wenn auch nur sehr beschränkt, dazu beitragen könne.

Die *Peers* sind bisher in der Literalitätsforschung im Wesentlichen als Quellen des Austauschs über Medienerfahrungen erkannt worden. Dieser soziale und kommunikative Prozess der gemeinsam mit anderen vollzogenen Rezeption von Medienangeboten wird *Anschlusskommunikation* genannt (Sutter 2002:81). In der Anschlusskommunikation findet aber nicht nur ein die subjektive Rezeption ergänzender Aneignungsprozess statt, es werden auch Bedeutungen der Medienerzeugnisse konstruiert. Und schliesslich werden in diesem Prozess die Medien und ihre Erzeugnisse auch bewertet und kritisiert (Sutter 2002:82).

Die personalen *Ressourcen* von Jugendlichen bauen sich wesentlich im Prozess der primären Sozialisation auf. Für den Schulerfolg zentral ist das schulische Selbstvertrauen, das Mass also, in dem eine Person sich als Person schätzt und schulisch als begabt empfindet. Diese Variable wirkt nicht ausschliesslich auf die Lesekompetenz, aber es ist zu erwarten, dass sie auch diesen Bereich mitsteuert.

Dass das biologische Geschlecht ein zuverlässiger Indikator für die Lesesozialisation ist, betonen viele Studien. In den letzten Jahrzehnten interessierte aber in der Erziehungs- und Sprachwissenschaft das Geschlecht tendenziell weniger als biologisches Faktum und mehr als soziale Konstruktion (Gender)

(Deaux 1998; Eckes et al. 2000, für Sprachwissenschaft: Tannen 1993, Oppermann 1995, bezüglich neue Medien: Ritter 1994, Schründer-Lenzen 1995). In empirischer Hinsicht plädiert Garbe (2002:228) dafür, das soziale Geschlecht als abhängige Variable zu verstehen, die von verschiedenen unabhängigen Variablen beeinflusst wird. Solche Variablen wären etwa Einstellungen zur Position von Männern und Frauen in der Familie, in der Arbeitswelt oder unter Peers. Quantitativ-empirische Untersuchungen zu Zusammenhängen zwischen sozialem Geschlecht und literaler Sozialisation sind uns nicht bekannt (auch Garbe 2002:226). Qualitativ orientierte Forschungen legen aber nahe, dass unabhängig vom biologischen Geschlecht Femininität tendenziell mit einer literarischen Lese- und Schreibpraxis einhergeht, Maskulinität eher mit Computernutzung (Garbe 2002:23).

Zusammenfassend können wir in theoretischer Hinsicht feststellen, dass die Familie die Lesesozialisation in erheblichem Mass beeinflusst, viel stärker jedenfalls als die Schule. Stark ausgeprägte Geschlechterrollenstereotype haben, so kann man annehmen, eine hemmende Wirkung auf die Lesesozialisation. Ein angemessenes Selbstwertgefühl hilft, mit schulischen Herausforderungen Erfolg versprechend umzugehen. Dieser allgemeine Zusammenhang ist auch für die Lesekompetenz zu vermuten. Die Rolle der Peers ist bisher unseres Wissens nicht quantitativ erforscht worden. Aus der qualitativen Forschung können wir aber schliessen, dass Gespräche über Medienerfahrungen unter Peers sowohl affektiv (Genusserlebnisse austauschen) als auch kognitiv (gemeinsam über Medien und ihre Inhalte nachdenken) anregend auf die literale Sozialisation einwirken können (Sutter 2001).

Dieser kurze Überblick über die Forschungslage zeigt vor allem eines auf: Einzelne Faktoren und auch Zusammenhänge zwischen einzelnen Faktoren sind bereits recht gut erforscht. Was hingegen noch fehlt ist eine Gesamtschau des Wirkungsgefüges von schulischen und ausserschulischen Faktoren, die das Lesen beeinflussen. In der vorliegenden Studie wird versucht, einen Schritt in diese Richtung zu tun.

Die Hauptfrage, die wir mit den zwei noch vorzustellenden Strukturgleichungsmodellen untersuchen wollen, lautet: *Welche Wirkungen bestehen zwischen Familie, der Motivation im Deutschunterricht, Lehrpersonen, Mitschüler/innen, Geschlechterrollenstereotypen (bei den Jungen), den Leseerfahrungen, dem Selbstkonzept und den Lesekompetenzen von jugendlichen Schülerinnen und Schülern?* Über die Erklärung der interindividuellen Unterschiede der in dieser Stichprobe berücksichtigten weiblichen und männlichen Jugendlichen versuchen wir, einen Kernpunkt der Medienpädagogik aufnehmend, die Prädiktoren zu ermitteln, die zu diesen interindividuellen Differenzen führen (Groeben/Hurrelmann 2002a, 2002b). Strukturgleichungsmodelle erlauben über die Integration vieler Prädiktoren die genauere Erfassung und Erklärung der interindividuellen Unterschiede (so auch Steyer et al. 1997:21ff.) bzgl. der Lesesozialisation Jugendlicher.

2 Methode

Die hier vorzustellende Studie stammt aus dem Nationalfondsprojekt «Lernen im Kontext neuer Medien».[1] Die hier präsentierten Daten stammen aus dem Teilprojekt «Wechselwirkungen zwischen Schule und Familie», das sich zum Ziel gesetzt hat, das Wirkungsgefüge von schulischen und ausserschulischen Variablen bezüglich der Lesekompetenz zu erhellen.

Im Folgenden wird die Anlage der Studie erläutert und die relevanten Variablen werden kurz vorgestellt:

Im Teilprojekt «Wechselwirkungen zwischen Familie und Schule» wurden 419 Jugendliche aus 22 Sekundarschulklassen schriftlich befragt. Es handelte sich um Schüler/innen des 9. Schuljahres der Sekundarstufe B (Grundansprüche) und um Jugendliche der Sekundarstufe A (erweiterte Ansprüche). Die Jugendlichen waren im Durchschnitt zum Erhebungszeitpunkt fünfzehneinhalb Jahre alt. Fragebögen wurden ebenfalls an die Eltern und die Deutschlehrpersonen abgegeben.[2] Im Folgenden werden ausschliesslich die Selbsteinschätzungen der Jugendlichen besprochen, dies gilt auch für die Einschätzung der Lesekompetenz.[3]

Die Fragebogenitems sind als Likert-Skalen mit vier Ausprägungen formuliert.[4] Sie drehten sich unter anderem um die oben erwähnten vier Bereiche Familie, Schule, Mitschüler/innen, personale Ressourcen und Geschlechterrollenstereotype. Die folgende Liste gibt eine Übersicht über die diskutierten Variablen (versehen mit jeweils einem indikativen Item). In Tabelle 1 sind als Reliabilitätmass für die berechneten Faktoren die Cronbach-Alpha-Werte der einzelnen Indikatoren ersichtlich.

1 Das Gesamtprojekt und das Teilprojekt «Schreiben» wurde von PD Dr. Peter Sieber geleitet, das Teilprojekt «Lesen» von Dr. Andrea Bertschi-Kaufmann und das Teilprojekt «Wechselwirkungen zwischen Schule und Familie» von PD Dr. Wassilis Kassis (vgl. Bertschi-Kaufmann & Kassis 2001).

2 Eine Teilstichprobe von 14 Jugendlichen wurde mündlich befragt und mit den Erhebungsinstrumenten der anderen Teilprojekte («Lesen» und «Schreiben») untersucht.

3 Es existiert bezüglich der Lesekompetenz zwischen der Selbsteinschätzung und der Fremdeinschätzung durch die Deutschlehrperson eine hochsignifikante aber nicht sehr starke Korrelation (Spearmans $R = 0.207$, $p < 0.001$). Dass die Korrelation nicht höher ist, hat unter anderem mit den nicht genau miteinander vergleichbaren Fragestellungen an die Schüler/innen und die Lehrpersonen zu tun.

4 Die Fragebogenitems waren im Allgemeinen als Aussagen formuliert, die aufgrund der Antwortvorgaben «stimmt gar nicht – stimmt eher nicht – stimmt eher – stimmt völlig» eingeschätzt werden sollten.

A) Variablen der Familie

a1) Migrationsstatus und ethnische Herkunft

Im Fragebogen wurde mit verschiedenen Fragen abgeklärt, ob und in welchem Grad die Jugendlichen ein- oder mehrsprachig sind. Dabei wurden zwei Gruppen unterschieden, die in der empirischen Literatur in letzter Zeit öfters erwähnt wurden (z. B. Moser 2002:126):

- Die Gruppe der Migrant/innen aus süd- und südosteuropäischen Ländern (Portugal, Spanien, Italien, Balkan und Türkei)
- Die Gruppe der restlichen Jugendlichen, d.h. der Jugendlichen aus Deutschschweizer Familien und die Migrant/innen aus anderen Gebieten (in unserer Stichprobe etwa Jugendliche aus England, Schweden etc.)

Die im Elternhaus gesprochenen Sprachen werden als Indikator für die ethnische Herkunft der Jugendlichen verstanden («Sprache(n), die du in der Familie sprichst: Welche der folgenden Sprachen betrachtest du als die Sprache, die du am besten beherrschst?»)

a2) Elterlicher Erziehungsstil (zwei Indikatoren)

- Unterstützend-beaufsichtigender Erziehungsstil (Beispiel: «Meine Eltern wissen ziemlich genau, ob ich meine Hausaufgaben gemacht habe.»)
- Strafend-kontrollierender Erziehungsstil (Beispiel: «Meine Eltern erwarten von mir, dass ich mich allem füge, was sie mir vorschreiben.»)

a3) Umgang der Jugendlichen mit Büchern im Elternhaus

Diese latente Variable setzt sich aus zwei Einzelitems zusammen:[5]

- Anzahl Bücher im Besitz der Jugendlichen
- Buchlesezeit pro Woche

B) Schulische Variablen

b1) Schultyp

Die Jugendlichen stammten aus der Sekundarschule B (Grundansprüche) bzw. Sekundarschule A (erweiterte Ansprüche)

b2) Beziehung zu Mitschülerinnen und Mitschülern

Diese latente Variable setzt sich aus zwei manifesten Variablen zusammen:

- Indikator ‹Beliebtheit bei Peers› (Beispiel: «Ich glaube, ich gehöre zu den beliebtesten Schülerinnen und Schülern der Klasse.»)
- Einzelitem ‹Wohlfühlen in der Klasse› (Beispiel: «Wie wohl fühlst du dich mit deinen Freundinnen und Freunden?»)

5 Die beiden Items korrelieren stark und hochsignifikant miteinander (Spearmans $R=0.573$, $p< 0.001$).

b3) Motivation im Leseunterricht
Diese Variable besteht aus einem Einzelitem: «Wenn wir im Deutschunterricht etwas lesen, mache ich gerne mit.»

C) Individuelle Variablen
Die latente Variable ‹Schulisches Selbstvertrauen› setzt sich aus zwei Indikatoren zusammen:
- ‹Begabungsselbstbild› (Beispiel: «Ich wollte, ich wäre so intelligent wie die anderen.»)
- ‹Selbstakzeptierung› (Beispiel: «So wie ich bin, möchte ich eigentlich bleiben.»)

D) Allgemein-gesellschaftliche Variablen
- Indikator ‹Geschlechterrollenstereotype› (Beispiel: «Männer sind für technische und handwerkliche Berufe besser geeignet als Frauen.»)

E) Abhängige Variable: Selbstbeurteilung der Lesekompetenz
Die abhängige Variable besteht in der Selbstbeurteilung der Lesekompetenz durch die Jugendlichen (Beispiel: «Ich kann die wichtigen Informationen aus einem Text entnehmen.»)

Skala	**Zahl der Items**	**Cronbachs Alpha**
Elterliche Kontrolle	3	0.8230
Elterliche Beaufsichtigung	4	0.7548
Familiäres Involvement	4	0.8217
Selbstakzeptierung	4	0.6760
Begabungsselbstbild	5	0.7330
Geschlechterrollenstereotype	5	0.7940
Beliebtheit bei Peers	3	0.8315
Selbstbeurteilung Lesekompetenz	3	0.8404

Tab. 1: Reliabilität der eingesetzten Indikatoren

3 Strukturgleichungsmodelle als Auswertungsmethode

Lineare Strukturgleichungsmodelle sind konfirmatorische Verfahren, mit denen anhand empirischer Daten a priori formulierte Kausalhypothesen zur Erklärung von Merkmalszusammenhängen geprüft werden (hierzu Steyer et al. 2000). Dies ermöglicht das Aufdecken von Wirkungszusammenhängen zwischen den Merkmalen der schulischen Umwelt sowie des familiären und gesellschaftlichen Kontextes. Strukturgleichungsmodelle erachten wir auch deswegen als besonders angezeigt, weil sie als multivariate Forschungsmethode die Möglichkeit eröffnen, die Kausalrichtung komplexer Datenanalysen zu eruieren (Schnabel 1997), und weil sie zugleich die uns leitende Vorstellung der multifaktoriellen Erforschung des Phänomens Lesesozialisation stützen.

Im Rahmen des zu zeichnenden Strukturgleichungsmodells liessen wir uns primär von sachlogischen und theoriebasierten Überlegungen leiten. Zur Erklärung der Lesekompetenzen jugendlicher Schüler/innen haben wir eine möglichst breite Erfassung ihrer familiären und schulischen Lebenswelt vorgenommen. Dieses breite Feld war uns deshalb wichtig, weil die Schule und die persönlichkeitsbeeinflussenden Kompetenzerwerbsprozesse innerhalb der Schule mit Faktoren zusammenhängen, die auch ausserhalb der Schule, in unserem Fall im Rahmen der Familie, Wirkungen haben. Diese Wirkungen beeinflussen ihrerseits sehr stark auch das Schulische.

4 Ergebnisse

Bevor nun die Ergebnisse zu den einzelnen Strukturgleichungsmodellen vorgetragen werden, sei vorweg bemerkt, dass die Lesekompetenzentwicklung von Mädchen und Jungen getrennt betrachtet werden muss. Rechnerisch erwies sich nämlich das gemeinsame Modell insofern als unterkomplex, als die verschiedenen Kennwerte dieses Modells erheblich schlechter ausfielen als die Kennwerte des Mädchen- bzw. des Jungenmodells.

4.1 Strukturgleichungsmodell ‹Lesekompetenz weiblicher Jugendlicher›

Bereich familiäre Sozialisation

- Mädchen aus der Schweiz und aus nicht-südost-europäischen Ländern besuchen im Unterschied zu den Jugendlichen aus Südost-Europa signifikant häufiger ($t (218) = -4.626$, $p <.001$.) einen Sekundarschultyp mit erweiterten Anforderungen. Der Pfadkoeffizient beträgt –0.300.
- Mädchen aus der Schweiz und aus nicht-südost-europäischen Ländern besitzen im Unterschied zu den Mädchen aus Südost-Europa, Pfadkoeffizient –0.170, signifikant mehr ($t (218) = -2.997$, $p <.01$.) eigene Bücher.
- Eine gute familiäre Einbettung (unterstützender Erziehungsstil) der Mädchen beeinflusst das schulische Selbstvertrauen und damit die Selbstakzeptierung und das Begabungsselbstbild der Mädchen positiv ($t (218) = 3.502$, $p <.001$.). Der Pfadkoeffizient beträgt 0.380.

- Der aktive Umgang der Mädchen mit Büchern im Elternhaus unterstützt sehr stark (Pfadkoeffizient 0.380) die Lesekompetenz (t (218) = 3.959, p <.001.).
- Die Motivation im Leseunterricht wird stark (t (218) = 3.821, p <.001.) vom aktiven Umgang der Mädchen mit Büchern im Elternhaus gefördert. Der Pfadkoeffizient beträgt 0.320.
- Eine gute familiäre Einbettung (unterstützender Erziehungsstil) der Mädchen ist für einen aktiven Umgang mit Büchern im Elternhaus sehr (Pfadkoeffizient beträgt 0.280) förderlich (t (218) = 2.777, p <.01.).
- Ein aktiver Umgang mit Büchern im Elternhaus fördert (Pfadkoeffizient 0.240) seinerseits das Begabungsselbstbild der Mädchen (t (218) = 3.246, p <.01.).

Bereich schulische Sozialisation
- Weibliche Jugendliche, die einen Sekundarschultyp mit erweiterten Anforderungen besuchen, haben intensivere Beziehungen (t (218) = 2.229, p <.05.) zu ihren Mitschülerinnen und Mitschülern. Der Pfadkoeffizient beträgt 0.180.
- Ein hohes schulisches Selbstvertrauen fördert die Lesekompetenz (t (218) = 3.691, p <.001.). Der Pfadkoeffizient beträgt 0.330.
- Gute Beziehungen zu den Mitschülerinnen und Mitschülern unterstützen sehr stark (Pfadkoeffizient 0.62) das schulische Selbstvertrauen (t (218) = 5.433, p <.001.) der Mädchen.
- Eine hohe Motivation im Leseunterricht unterstützt die Lesekompetenz (t (218) = 4.057, p <.001.). Der Pfadkoeffizient beträgt 0.300.

Die Selbstbeurteilung der Mädchen, so das vorläufige Fazit, wird stark aus dem schulischen Selbstvertrauen gespiesen, das seinerseits sehr stark von den Erfahrungen mit Peers beeinflusst wird.

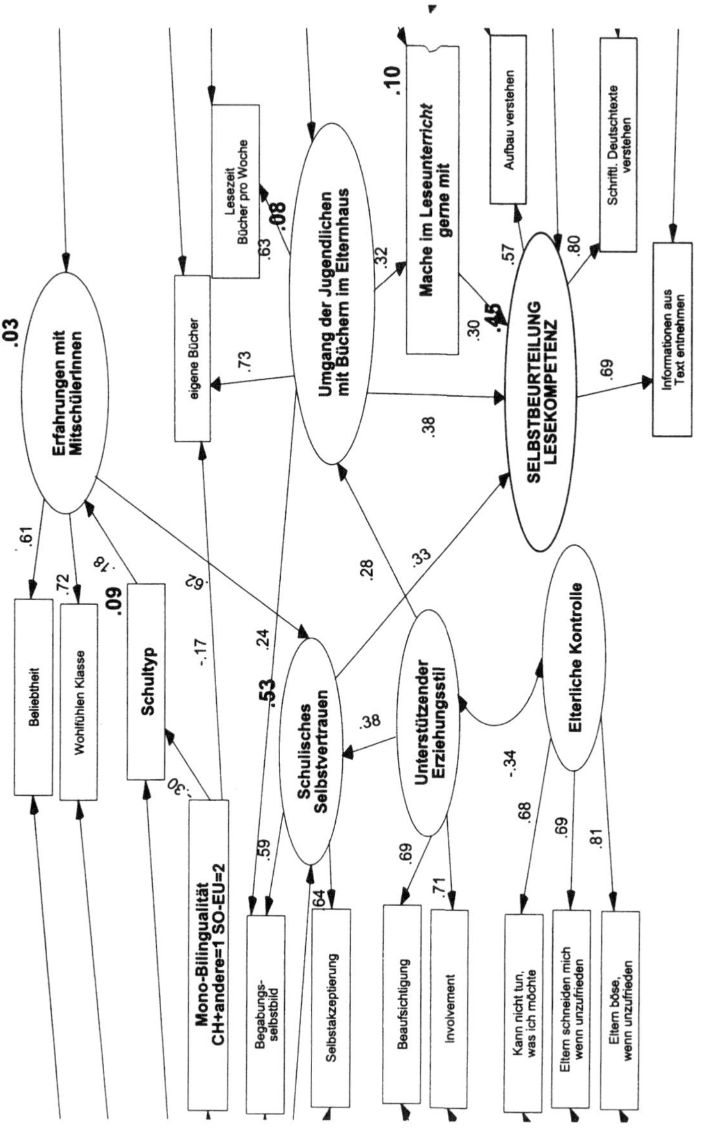

Abb. 1: Strukturgleichungsmodell «Lesekompetenz weiblicher Jugendlicher» Nur signifikante standardisierte Pfade sind eingezeichnet, N=218, GFI=0.937, AGFI=0.916, Df=114, RMR=0.037, Chi^2-Wert=129.641, RMSEA=0.025, p-Wert=0.150, R^2-Wert der Zielvariablen=.45.

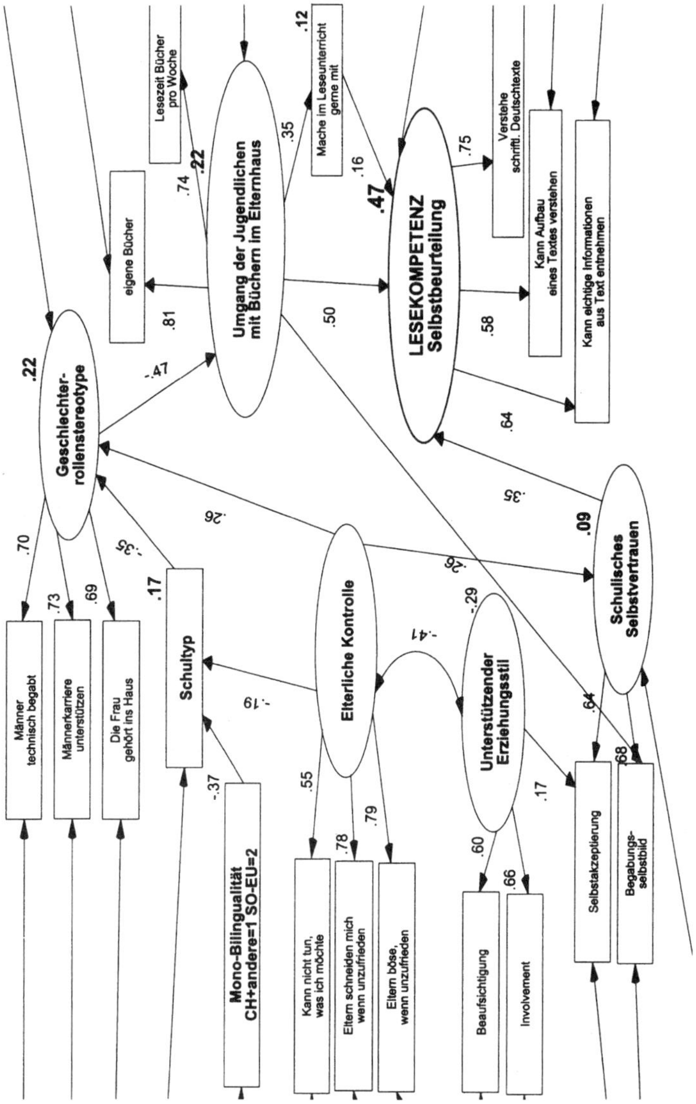

Abb. 2: Strukturgleichungsmodell «Lesekompetenz männlicher Jugendlicher»
Nur signifikante standardisierte Pfade sind eingezeichnet, N=197, GFI=0.926, AGFI=0.902, Df=128, RMR=0.040, Chi²-Wert=145.816, RMSEA=0.027, p-Wert=0.134, R²-Wert der Zielvariablen=47.

4.2 Strukturgleichungsmodell ‹Lesekompetenz männlicher Jugendlicher›

Bereich familiäre Sozialisation

- Jungen aus der Schweiz und aus nicht-südost-europäischen Ländern besuchen im Unterschied zu den Jugendlichen aus Südost-Europa signifikant häufiger (t (197) = –5.643, p <.001.) einen Sekundarschultyp mit erweiterten Anforderungen. Der Pfadkoeffizient beträgt –0.370.
- Eine gute familiäre Einbettung (unterstützender Erziehungsstil) der Jungen beeinflusst ihre Selbstakzeptierung, der dazugehörende Pfadkoeffizient beträgt 0.170, positiv (t (197) = 1.998, p <.05.).
- Ein rigider und kontrollierender Erziehungsstil unterstützt (Pfadkoeffizient 0.260) den Aufbau von Geschlechterrollenstereotypen (t (197) = 2.801, p <.01.).
- Der Aufbau eines hohen schulischen Selbstvertrauens wird (Pfadkoeffizient beträgt –0.290) von einem rigiden und kontrollierenden Erziehungsstil belastet (t (197) = –2.742, p <.01.).
- Ein rigider und kontrollierender Erziehungsstil korrespondiert (Pfadkoeffizient –0.190) mit dem Besuch des Sekundarschultyps mit Grundanforderungen (t (197) = –2.464, p <.05.).
- Der aktive Umgang der Jungen mit Büchern im Elternhaus unterstützt sehr stark (der Pfadkoeffizient beträgt 0.500) die Lesekompetenz (t (197) = 5.180, p <.001.).
- Die Motivation im Leseunterricht wird stark (Pfadkoeffizient über 0.350) vom aktiven Umgang der Jungen mit Büchern im Elternhaus gefördert (t (197) = 4.381, p <.001.).
- Der aktive Umgang der Jungen mit Büchern im Elternhaus fördert (Pfadkoeffizient 0.260) das Begabungsselbstbild der Jungen (t (197) = 3.671, p <.001.).

Bereich Geschlechterrollenstereotype

- Geschlechterrollenstereotype hemmen sehr deutlich den Umgang der Jungen mit Büchern im Elternhaus (t (197) = –4.933, p <.001.). Der Pfadkoeffizient beträgt hohe –0.470

Bereich schulische Sozialisation

- Männliche Jugendliche, die einen Sekundarschultyp mit erweiterten Anforderungen besuchen, haben geringere (Pfadkoeffizient –0.350) Geschlechterrollenstereotype (t (197) = –4.244, p <.001.).
- Ein hohes schulisches Selbstvertrauen unterstützt (Pfadkoeffizient 0.350) den Aufbau von Lesekompetenz (t (197) = 3.756, p <.001.).

- Eine hohe Motivation im Leseunterricht unterstützt die Lesekompetenz (t (197) = 2.046, p <.05.). Der Pfadkoeffizient beträgt 0.160.

Ähnlich wie bei den Mädchen wird die Selbstbeurteilung der Lesekompetenz von Jungen stark vom schulischen Selbstvertrauen gesteuert. Auch der Umgang der Jugendlichen mit Büchern im Elternhaus übt einen sehr starken Einfluss auf die Selbsteinschätzung der Lesekompetenz von Jungen aus. Gerade dieser Umgang mit Büchern im privaten Bereich wird seinerseits sehr stark negativ von Geschlechterrollenstereotypen beeinflusst.

5 Zusammenfassung und Diskussion

Im Rahmen beider Modelle haben wir das konfigurative Zusammenspiel inner- und ausserschulischer Determinanten erkennen können, und dies sowohl bei den Mädchen wie auch den Jungen. Dabei verhielt sich die innerfamiliäre Erfahrungswelt, operationalisiert über den elterlichen Erziehungsstil, als Basis der schulischen Erfahrungen. Dieser Gedanke der ‹Basis› darf nicht dahingehend missverstanden werden, dass die Familie bezogen auf die Lesesozialisation der Jugendlichen als allmächtige Instanz stilisiert würde. Die familiäre Sozialisation scheint, so unsere Ergebnisse, eine notwendige aber keineswegs hinreichende Bedingung zur Vorhersage von Lesekompetenz darzustellen (hierzu auch Georgiou 1999): So wird das schulische Selbstvertrauen der Mädchen zwar wesentlich von den Erfahrungen im Elternhaus gespiesen, aber eben auch von Erfahrungen mit Peers in der Schule.

Ohne nun auf alle Teilergebnisse eingehen zu wollen (siehe hierzu den Ergebnisteil) möchten wir auf die Hauptergebnisse aus beiden gerechneten Strukturgleichungsmodellen eingehen.

Die Spezifik des Mädchensozialisationsmodells zeigt sich insbesondere in der eminenten Wirkung der Beziehungen zu den Mitschülerinnen und Mitschülern für die Entwicklung von Lesekompetenz. Eine gute Einbindung in der Gleichaltrigengruppe in der Schule stützt sehr stark das schulische Selbstvertrauen der Mädchen, was sich wiederum sehr vorteilhaft auf die Einschätzung der Lesekompetenz durch die Mädchen auswirkt (auch Hartup 1996). Die zentrale Stellung des schulischen Selbstvertrauens der Mädchen erkennen wir auch in den Wirkungen des unterstützenden Erziehungsstils auf das Selbstvertrauen. Die in Studien häufig beobachtete geringere Einschätzung der eigenen Lesekompetenz durch die Mädchen (hierzu auch den Sammelband Daiutes 1993), scheint somit auch ein Effekt zu sein, der über gute Gleichaltrigenbeziehungen und ein hohes Selbstvertrauen mindestens teilweise durchaus als korrigierbar erscheint.

Bei den Jungen haben wir sehr deutlich erkennen können, dass die Geschlechterrollenstereotype vom kontrollierenden Erziehungsstil regelrecht genährt werden (vergleichbare Ergebnisse kennen wir aus der Gewaltsozialisation männlicher Jugendlicher, siehe Kassis 2003). Der im Elternhaus erfahrene rigide Erziehungsstil wird, so unsere Erkenntnis, von den Jungen auf die Geschlechterrollenstereotype umgelenkt und dies hat seinerseits eine überaus starke, nachteilige, Wirkung auf die Häufigkeit des Lesens (siehe auch Eccles et al. 2000; Garbe et al. 1999; Merkens 2000). Die über die männliche Geschlechtersozialisation erlernte geistige Rigidität, wirkt sich also auch dahingehend aus, dass die Erweiterung des eigenes Horizontes durch das Lesen von Büchern (Saxer 1995) gemieden wird. Geschlechterrollenstereotype sind insofern ein organisiertes Wissen, als sie konsistent über mehrere Lebensbereiche aufgebaut werden (z. B. Familie, Sexualität, Beruf, Lesen von Büchern) und neu hinzukommende Informationen selektiv aufnehmen und speichern (Garbe 1999). Wer somit das Thematisieren und das Problematisieren von Geschlechterrollenstereotypen als eine Aufgabe erkennt, die primär der feministischen Pädagogik zukommt, verkennt die nachteilige Wirkung, die Geschlechterrollenstereotype auf die fachliche Entwicklung von männlichen Jugendlichen haben (Bertschi/Kassis/Sieber 2003 in Vorbereitung).

Der Umgang der weiblichen und männlichen Jugendlichen mit Büchern im Elternhaus unterstützt stark die Motivation im Leseunterricht in der Schule (Schön 1993) und weist auf die bereits angesprochene enge Koppelung zwischen familiären und schulischen Erfahrungen der Jugendlichen (Georgiou 1999; Snow 1993). Diese enge Verbindung zeigt sich ebenfalls in den Wirkungen des Erziehungsstils auf das schulische Selbstvertrauen und auf die Beziehungen zwischen sozialer Herkunft und besuchtem Schultyp (auch Coradi Vellacott/Wolter 2002). In allen diesen Teilergebnissen wird der von uns geäusserte Gedanke der ‹Basis›qualität der Familie für die Lesesozialisation deutlich (Groeben/Hurrelmann 2002a).

Dass die Lesekompetenz ihrerseits, sowohl von einem hohen schulischen Selbstvertrauen, als auch von der Motivation im Leseunterricht positiv beeinflusst wird, verweist aber auch auf die Konsistenz der Erfahrungen der Jugendlichen im schulischen Umfeld. Eine der Konsequenzen der vorliegenden Studie ist, dass die Förderung der Lesesozialisation bezüglich Geschlecht differenziert erfolgen sollte: Bei Mädchen scheint das Gemeinschaftserlebnis, das empathische Miteinander wichtig für ein starkes schulisches Selbstvertrauen zu sein, das seinerseits die Lesesozialisation unterstützt. Hier wären weiterführende methodische Überlegungen für den geschlechterspezifischen Leseunterricht in der Schule gefragt. Bei den Jungen stehen die Geschlechterrollenstereotype als wichtiges Hindernis der Lesesozialisation im

Wege. Ob diese, im Elternhaus über lange Zeit aufgebauten starren Vorstellungen sich in der Schule wirksam angehen lassen, bleibe dahingestellt. Immerhin könnte ein Bewusstmachen von Einstellungen gegenüber dem Lesen von Büchern und eine Diskussion mit Jungen über solche Einstellungen verhärtete Ansichten etwas aufweichen. Eine geschlechterspezifische medienpädagogische Diskussion scheint angesichts dieser Resultate angezeigt (auch die Schlussfolgerungen von Böck 2000). Die Resultate unserer Studie weisen aber auch darauf hin, dass Massnahmen zur Förderung des Lesens nicht nur bezüglich der Geschlechter differenziert zu denken sind, sondern auch bezüglich der Sozialisationsinstanzen: Dass schulische Interventionen zur Leseförderung positive Effekte aufweisen können, ist dokumentiert (z. B. Bertschi-Kaufmann 2000). Weit schwieriger sind die Gewohnheiten im Elternhaus zu beeinflussen (Hurrelmann 1993; 1994). Wichtig wäre in diesem Bereich eine vermehrte Kooperation zwischen Schule und Elternhaus. Unsere Ergebnisse zeigen auf, dass auf den inner- oder den ausserschulischen Bereich begrenzte Interventionsmassnahmen kaum Erfolg versprechen, wenn die anzugehende Frage die Lesekompetenz ist. Die Notwendigkeit kombinierter Massnahmen erscheint demnach nicht einzig als ein theoretisches sondern auch als ein empirisches Faktum.

Literatur

Bertschi-Kaufmann, Andrea. *Lesen und Schreiben in einer Medienumgebung: die literalen Aktivitäten von Primarschulkindern.* Aarau: Sauerländer, 2000.

Bertschi-Kaufmann, Andrea; Kassis, Wassilis. «‹Lernen im Kontext neuer Medien› – Ein Nationalfondsprojekt zu den Lese- und Schreibaktivitäten von Heranwachsenden.» In: *Bulletin Leseforum Schweiz,* 10/2001. 1–13.

Bertschi-Kaufmann, Andrea; Kassis, Wassilis; Sieber, Peter. *Lernen im Kontext neuer Medien.* Weinheim und München: Juventa, 2004.

BFS/EDK: Bundesamt für Statistik; Schweizerische Konferenz der Kantonalen Erziehungsdirektoren. *Für das Leben gerüstet? Die Grundkompetenzen der Jugendlichen – Nationaler Bericht der Erhebung Pisa 2000.* Neuchâtel: BFS, 2001.

Böck, Margit. «Lesen in der neuen Medienlandschaft. Ergebnisse einer Befragung von 8- bis 14-Jährigen in Österreich.» In: *Informationen zur Deutschdidaktik* 2/2000. 73–83.

Coradi Vellacott, Maja; Wolter, Stefan C. «Soziale Herkunft und Chancengleichheit.» In: *Die Grundkompetenzen der Jugendlichen – Nationaler Bericht der Erhebung PISA 2000.* Bundesamt für Statistik; Schweizerische Konferenz der Kantonalen Erziehungsdirektoren (Hrsg.). Neuchâtel: BFS, 2002. 90–112.

Daiute, Colette (Hrsg.). *The Development of Literacy Through Social Interaction.* San Francisco: Jossey-Bass, 1993.

Deaux, Kay. «An Overview of Research on Gender: Four Themes from 3 Decades.» In: *Sexism and Stereotypes in Modern Society: The Gender Science of Janet Taylor Spence.* William B. Swann, Judith H. Langlois, Lucia Albino Gilbert (Hrsg.). Washington, D.C.: American Psychological Association, 1998. 11–33.

Deutsches PISA-Konsortium (Hrsg.). *PISA 2000. Basiskompetenzen von Schülerinnen und Schülern im internationalen Vergleich.* Opladen: Leske + Budrich, 2001.

Eccles, Jacquelynne S.; Freedman-Doan, Carol; Frome, Pam; Jacobs, Janis; Yoon, Kwang Suk. «Gender-Role Socialization in the Family: A Longitudinal Approach.» In: *Developmental Social Psychology of Gender.* Thomas Eckes, Hanns-Martin Trautner (Hrsg.). Mahwah, New Jersey: Lawrence Erlbaum Associates, 2000. 333–360.

Eckes, Thomas; Trautner, Hanns-Martin. «Developmental Social Psychology of Gender: An Integrative Framework.» In: *Developmental Social Psychology of Gender.* Thomas Eckes, Hanns-Martin Trautner (Hrsg.). Mahwah, New Jersey: Lawrence Erlbaum Associates, 2000. 3–32.

Garbe, Christine. «‹Geschlecht›: Sexus, Gender, Geschlechtscharakter, Geschlechterstereotype und -differenz, Doing Gender und Medien.» In: *Lesesozialisation in der Mediengesellschaft: Zentrale Begriffsexplikationen.* Norbert Groeben (Hrsg.). Kölner Psychologische Studien, Jahrgang IV, Heft 1. Köln: Psychologisches Institut, 1999. 116–131.

Garbe, Christine; Schoett, Silja; Weilnböck, Harald. «Geschlechterdifferenz und Lektürepraxis in der Adoleszenz: Funktionen und Bedeutungen von Lektüre im Medienverbund von Jugendlichen.» In: *Lesesozialisation in der Mediengesellschaft.* Norbert Groeben (Hrsg.). Tübingen: Niemeyer, 1999. 218–232.

Garbe, Christine. «Geschlechterspezifische Zugänge zum fiktionalen Lesen.» In: *Lesen in der Mediengesellschaft. Stand und Perspektiven der Forschung.* Heinz Bonfadelli, Priska Bucher (Hrsg.). Zürich: Pestalozzianum, 2002. 215–34.

Georgiou, Stelios N. «Parental Attributions as Predictors of Involvement and Influences on Child Achievement.» In: *British Journal of Educational Psychology,* 69/1999. 409–429.

Groeben, Norbert; Hurrelmann, Bettina (Hrsg.). *Lesekompetenz: Bedingungen, Dimensionen, Funktionen.* Weinheim und München: Juventa, 2002.

Groeben, Norbert; Hurrelmann, Bettina (Hrsg.). *Medienkompetenz: Voraussetzungen, Dimensionen, Funktionen.* Weinheim und München: Juventa, 2002.

Hartup, Willard W. «Cooperation, Close Relationships and Cognitive Development.» In: *The company they keep: friendship in childhood and adolescence.* William M. Bukowski, Andrew F. Newcomb, Willard W. Hartup (Hrsg.). Cambridge/New York/Melbourne: Cambridge University Press, 1996. 213–237.

Hurrelmann, Bettina; Hammer, Michael. «Lesesozialisation in der Familie.» In: *Praxis Deutsch,* 21/1994 (123). 3–9.

Hurrelmann, Bettina; Hammer, Michael; Niess, Ferdinand. *Leseklima in der Familie. Lesesozialisation* Band 1. Gütersloh: Bertelsmann Stiftung, 1993.

Kassis, Wassilis. «Die Wirkungsweise von Geschlechterrollenstereotypen auf die Gewaltentwicklung männlicher Schüler.» In: *Schweizerische Zeitschrift für Bildungswissenschaften* 24/2003 (1). 1–16.

Merkens, Annette. *Stereotype und Personwahrnehmung.* Landau: Verlag Empirische Pädagogik, 2000.

Moser, Urs. «Kulturelle Vielfalt in der Schule: Herausforderung und Chance.» In: *Für das Leben gerüstet? Die Grundkompetenzen der Jugendlichen – Nationaler Bericht der Erhebung Pisa 2000.* Bundesamt für Statistik; Schweizerische Konferenz der Kantonalen Erziehungsdirektoren (Hrsg.). Neuchâtel: BFS, 2002. 113–35.

Notter, Philipp; Bonerad, Eva-Marie; Stoll, François. *Lesen – eine Selbstverständlichkeit?* Schweizer Bericht zum «International Adult Literacy Survey». Chur/Zürich: Rüegger, 1999.

Notter, Philipp; Meier-Civelli, Ursula; Nieuwenboom, Jan W.; Rüesch, Peter; Stoll, François. *Lernziel Lesen: Lesekompetenzen von Kindern und Jugendlichen in der Schweiz.* Schweizerischer Bericht über die IEA Reading Literacy Study. Aarau: Sauerländer, 1996 [= Pädagogik bei Sauerländer 22].

Oppermann, Katrin; Weber, Erika. *Frauensprache – Männersprache. Die verschiedenen Kommunikationsstile von Männern und Frauen.* Zürich: MVG, 1995.

Ritter, Martina. *Computer oder Stöckelschuh? Eine empirische Untersuchung über Mädchen am Computer.* Frankfurt am Main und New York: Campus, 1994.

Rüesch, Peter. *Spielt die Schule eine Rolle? Schulische Bedingungen ungleicher Bildungschancen von Immigrantenkindern – eine Mehrebenenanalyse.* Bern: Lang, 1998 [= Explorationen 18].

Saxer, Ulrich. «Lesen als Problemlösung.» In: *Auf den Schultern von Gutenberg. Medienökologische Perspektiven der Fernsehgesellschaft.* Bodo Franzmann, Werner D. Fröhlich, Hilmar Hoffmann, Balz Spörri, Rolf Zitzlsperger (Hrsg.). Berlin und München: Quintessenz, 1995.

Schön, Erich. «Jugendliche Leser und ihr Deutschunterricht.» In: *Bedeutungen erfinden – im Kopf, mit Schrift und miteinander: zur individuellen und sozialen Konstruktion von Wirklichkeiten.* Heiko Balhorn, Hans Brügelmann (Hrsg.). Konstanz: Faude, 1993. 220–226.

Schnabel, Kai-Uwe. «Zur Interpretation der vollstandardisierten Lösung bei Längsschnittmodellen.» In: *Grundlagen und Anwendungen komplexer Strukturgleichungsmodelle.* Uwe Engel & Hans Gerhard Strohe (Hrsg.). Hamburg: Kovac, 1997. 109–118.

Steyer, Rolf; Eid, Michael; Schwenkmezger, Peter. «Modeling True Intraindividual Change: True Change as a Latent Variable.» In: *Methods of Psychological Research – online*, 2/1997 (1), 21–33.

Steyer, Rolf; Partchev, Ivailo; Shanahan, Michael J. «Modeling True Intraindividual Change in Structural Equation Models: The Case of Poverty and Children's Psychosocial Adjustment.» In: *Modeling Longitudinal and Multilevel Data: Practical Issues, Applied Approaches and Specific Examples.* Todd D. Little, Kai-Uwe Schnabel (Hrsg.), Mahwah, New Jersey: Lawrence Erlbaum, 2000. 109–126.

Schründer-Lenzen, Agi. *Weibliches Selbstkonzept und Computerkultur.* Weinheim: Deutscher Studien Verlag, 1995.

Snow, Catherine E. «Families as Social Contexts for Literacy Development.» In: *The Development of Literacy Through Social Interaction.* Colette Daiute (Hrsg.). San Francisco: Jossey-Bass, 1993. 11–24.

Sutter, Tilmann. «Anschlusskommunikation und die kommunikative Verarbeitung von Medienangeboten. Ein Aufriss im Rahmen einer konstruktivistischen Theorie der Mediensozialisation.» In: *Lesekompetenz: Bedingungen, Dimensionen, Funktionen.* Groeben, Norbert; Hurrelmann, Bettina (Hrsg.). Weinheim und München: Juventa, 2002. 80–105.

Tannen, Deborah (Hrsg.). *Gender and Conversational Interaction.* London: Oxford University Press, 1993.

Wieler, Petra. *Vorlesen in der Familie. Fallstudien zur literarisch-kulturellen Sozialisation von Vierjährigen.* Weinheim und München: Juventa, 1997.

«Und was sah ich!»

Lese- und Erzählkompetenzen im Spannungsfeld von Buch und Multimedia

Andrea Bertschi-Kaufmann

Multimedia und insbesondere die Interactive Books bieten Dramaturgien und Spielvorlagen, die ganz anders strukturiert sind als das gedruckte Kinder- und Jugendbuch. Narrative Zusammenhänge müssen im Verlauf der Bildschirmlektüre erst hergestellt werden und geschriebene Textteile fehlen hier weitgehend. Die Auswahl, welche Kinder und Jugendliche innerhalb des Buch- und Medienangebots treffen, hat Folgen für die Art ihres Lesens und Schreibens, d.h. die Rezeptionsbasis beeinflusst nicht nur die Lese- und Schreibaktivität der Heranwachsenden, sondern auch deren Kompetenzen im Umgang mit Schrift. Der Beitrag diskutiert digitale Geschichtenversionen, jene so genannten Adventures an ausgewählten Beispielen zur Kinderkrimireihe der «TKKG», und er zeigt die Beobachtungen aus multimedialen schulischen Lernanlagen, in welchen Kinder und Jugendliche ihre Leseerfahrungen mit einzelnen dieser Spielgeschichten kontinuierlich in eigenen Texten dokumentierten. Der Umgang mit diesen interaktiven Lektüren lässt sich einordnen in eine Typologie, mit welcher sich die nach und nach gewonnenen Erzählkompetenzen erkennen und beschreiben lassen.

1 Zu den Voraussetzungen: Die Lesepraxis von Kindern und Jugendlichen in multimedialen Lernumgebungen

Seit langem verfolgt die Leseforschung mit besonderer Aufmerksamkeit die Nutzung der so genannten Langtexte, der Bücher, weil mit ihr besondere kognitive Leistungen und soziale Interaktionsprozesse verbunden sind. Jugendliche gestalten ihre Lesepraxis heute allerdings zunehmend inmitten einer sich laufend erweiternden Medienlandschaft, deren Rezeptionsangebote und deren Nutzungsweisen mit dem traditionell verstandenen Begriff der «Lesekultur» nicht einzufangen sind. So zeigt sich in den neueren Erhebungen von Nutzungszahlen ein deutlicher Rückgang des Buchlesens bei den Jugendlichen (Bonfadelli 1999; Schön/Boesken 2002) und zugleich eine zeitliche Zunahme der Computernutzung. Das offensichtliche Konkurrenzverhältnis zwischen den verschiedenen Medienangeboten und den jeweils angeregten Rezeptionsweisen bereitet nicht nur der Öffentlichkeit Sorge, auch für die Leseförderung in Schulen und Bibliotheken stellen sich drängende Fragen. Besonders häufig geäussert wird dabei die Befürchtung, durch das multimediale Angebot könnten Kinder allmählich das Interesse am Buch vollkommen verlieren. Nach der Veröffentlichung der ersten auf CD-ROM präsentierten Kindergeschichten in den 90er-Jahren war zu vermuten, dass diese bald einen bedeutenden Teil des Kindermedienangebots ausmachen würden.

Das Sortiment im Bereich dieser *Interactive Books* ist allerdings nicht so umfangreich, wie euphorische Marktprognosen dies noch vor wenigen Jahren vermuten liessen. Die Attraktivität, die sie für Kinder und Jugendliche haben, ist allerdings unbestritten. Sie zeigt sich unter anderem in der Ausleihe jener Bibliotheken, die mit der Erweiterung ihres Bestandes durch Leseangebote auf CD-ROM verstärkten Zuspruch erfahren. Nicht selten werden dadurch auch neue Leser/innen gewonnen, die von ihren multimedialen Lektüren zum gedruckten Buch wechseln. Die Geschichten im meist linear erzählenden Kinderbuch und dem als *Adventure* angelegten Hypertext präsentieren sich allerdings weitgehend verschieden. *Interactive books* bieten Dramaturgien und Spielvorlagen, die ganz anders strukturiert sind als das gedruckte Kinder- oder Jugendbuch. Narrative Zusammenhänge müssen im Verlauf der Bildschirmlektüre erst hergestellt werden und geschriebene Textteile fehlen hier weitgehend. Aus der Perspektive einer buchorientierten Leseförderung mit ihren unbestrittenen Vorteilen für die literale Entwicklung der Kinder sind die «neuen» Medien erst einmal störend. Die Geschichten vermitteln sich hier nur zu einem kleinen Teil über die Schrift. Bilder, Videoeinspielungen und Ton sind als Teile einer im Hypertext präsentierten Erzählanlage mindestens ebenso wichtig, in vielen Versionen spielen die Schriftelemente eine sehr untergeordnete oder gar keine Rolle. Die Fragen liegen deshalb auf der Hand:

- Was lernen Kinder und Jugendliche im Umgang mit den vergleichsweise neuen und offensichtlich attraktiven Multimedia und insbesondere mit den an bekannte Kinder- und Jugendbücher angelehnten *Adventures*, die mit vielerlei Elementen Nähe zum erzählenden Buch suggerieren?
- Wie erfahren Kinder und Jugendliche in diesen Medien Geschichten und wie verwerten sie diese Erfahrungen für weitere Lektüren, insbesondere auch für ihr eigenes Erzählen?
- Welche narrativen Strukturen können Heranwachsende hier erwerben und wie verwerten sie diese insbesondere auch für das eigene Reproduzieren von Geschichten, für das eigene Schreiben?

Diesen Fragen unter anderen ist unser Forschungsprojekt «Lernen im Kontext neuer Medien»[1] nachgegangen. In insgesamt 20 Schulklassen (Primarschule und Sekundarstufe I) wurden multimediale Leseumgebungen so eingerichtet, dass die Kinder in regelmässig stattfindenden Lesestunden aus einem vielfältigen Angebot auswählen konnten: Zur Verfügung standen gedruckte Kinderliteratur und elektronische Versionen, welche einen direkten Bezug zu Buchvorlagen haben oder zumindest auf bekannte Figuren und Motive referieren. Aufschluss über die Art der Verwertung gaben die Lese- und Medientagebücher, in welchen die Kinder und Jugendlichen ihre Leseerfahrungen kontinuierlich in eigenen Texten dokumentierten. Sie hielten fest, was ihnen an den Geschichten besonders gut gefallen hatte, gaben Geschichtenteile erzählend wieder, schrieben häufig auch eigene Fortsetzungen und verlängerten sich damit – schreibend – das Geschichtenerleben. In dem daraus entstandenen Textkorpus «Medientagebücher» lassen sich Lese- und Schreibentwicklungen, Stagnationen und Sprünge erkennen; es sind jeweils Spuren, die auf die individuellen Verlaufsentwicklungen verweisen. Insbesondere zeigt sich in den Texten der Kinder auch, von welchen Lektürevorlagen sie sich zum weiteren Lesen und zum eigenen Schreiben haben anregen lassen.

Die Stichprobe jener Texte, in welchen Leseerfahrungen mit *Interactive Books* wiedergegeben werden, dokumentiert Sprachleistungen besonderer Art: Die Kinder haben die Geschichten in digitalen Spielversionen kennen gelernt, für die reproduzierenden eigenen Texte stehen also – anders als beim gedruckten Kinderbuch – nicht primär sprachliche und erst recht kaum schriftliche Vorlagen zur Verfügung. Was sie aus der interaktiven Anlage, den Bildern, Tönen und den wenigen schriftlichen Hinweisen entnommen haben, verdichtet sich im Verlauf der Rezeption zunächst einmal zu einer Handlungsfolge bzw. zu einem geschichtenlogischen Konstrukt, von dem Teile schliesslich beim eigenen Wiedererzählen wiedergeben werden. Was die Nutzer/innen also im Hypertext an Verknüpfungen hergestellt haben, arrangieren sie neu als linearen, erzählenden Text, dies zumindest in jenen Bruchstücken, die sie im Tagebuch aufschreiben. Herausgefordert ist damit ihr eigenes Erzählen, die Fähigkeit, eben gesammelte Spielerfahrung so zu vermitteln, dass sie für sie selber und auch für die Leser/innen ihres Tagebuchs nachvollziehbar sind.

1 Das Forschungsprojekt «Lernen im Kontext neuer Medien» war in das vom Schweizerischen Nationalfonds zur Förderung der Forschung eingerichtete Schwerpunktprogramm «Zukunft Schweiz» integriert. Dieses sollte die Folgen des sozialen Wandels in verschiedenen gesellschaftlichen Bereichen beobachten. Lesen und Schreiben von Jugendlichen in einer sich laufend erweiternden Medienlandschaft ist Gegenstand unseres Projekts, das Beobachtungen aus den von den Kindern und Jugendlichen über mehrere Jahre geführten Lese- und Medientagebüchern analysiert.

2 Zum Rezeptionsangebot: Adventures – am Beispiel der Multimedia-Reihe zu TKKG

Ein Multimedia-Angebot liegt vor, wenn die Nutzer/innen an vorgesehenen Stellen in ein Computerspiel eingreifen können, dies mittels Maus, Tastatur, Gamepad oder weiteren Instrumenten. Damit das möglich ist, muss von den Programmierenden ein System von Verweisen aufgebaut worden sein. Diese so genannten Hyperlinks bestimmen Möglichkeiten und Grenzen der Interaktion: Die unterschiedlichen Bausteine sind nicht linear aneinander gebunden, können aber auch nicht beliebig miteinander verknüpft werden. Erzählung bezeichnet in diesem Zusammenhang also einen äusserst weiten, nicht genau definierten Ablauf (Dolle-Weinkauff 2000). Der Begriff *Interactive Book* als Gegenstück zum gedruckten Buch ist deshalb eine vergleichsweise diffuse Bezeichnung für eine Sammelgattung, in der unterschiedliche Genres von multimedialen Versionen und häufig auch Mischformen zum Beispiel von *Living Books* und *Adventures* enthalten sind. Die CD-ROM *Ronja Räubertochter* zum Beispiel lässt sich als animierte Version zur literarischen Vorlage bezeichnen; strukturierend ist die hier angelegte Erzählachse. Die digitale «Sams»-Version präsentiert sich als Spielanlage, die mit dem Personal und der Szenerie der Buchvorlage ausgestattet und ebenfalls auf einer Achse angelegt ist: Sie führt die Spielenden vom einen Wochentag zum nächsten. Gegenüber solchen vergleichsweise einfachen Strukturen bieten die verschiedenen (digitalen) Versionen zur Buchserie der Kinderkriminalgeschichten *TKKG* eine deutlich komplexere Anlage. Die Spielgeschichten sind als labyrinthische Adventures angelegt; sie setzen spezifische kognitive Leistungen, insbesondere einen Orientierungssinn voraus. Kinder müssen die Hinweise auf die mehrfach angelegten Lesewege erkennen, sie müssen sich diese Hinweise merken und für die Gestaltung eines möglichst erfolgreichen Spielverlaufs verwerten. Die Vorlagen verlangen von ihren Nutzerinnen und Nutzern also zum einen das Erkennen von Darstellungsstrategien und zum anderen deren Umsetzung in geeignete Strategien, die zur Lösung des jeweils gestellten Problems, zur Auflösung des Falls führen.

Interessant ist dieses Genre des *Interactive Book* ganz offensichtlich auch für die Kinder im Grundschulalter. Im Rahmen unserer Untersuchungsanlage wurden die Krimigeschichten auf CD-ROM besonders häufig gewählt, und dies auch von Kindern, die nicht oder noch nicht zum angestammten Publikum der beliebten *TKKG*-Buchserie gehörten. Die Faszination lässt sich leicht nachvollziehen: Insbesondere mit den kurzen Videoeinspielungen knüpfen die Spielgeschichten an Sehgewohnheiten an, welche Kinder im Umgang mit dem Fernsehen längst erworben haben. Anders als beim Fernsehen können sie in diesen elektronischen Büchern auch die Reihenfolge und die Beschäftigungsdauer mit einzelnen Seiten wählen und sie bestimmen vor allem den Verlauf des Handlungsgeschehens selber mit. Für den Ausgang der Geschichte sind sie also selber verantwortlich, und die meisten der bisher erhältlichen multimedialen *TKKG*-Versionen lassen die entsprechenden Entscheidungsmöglichkeiten auch offen. Vergleichsweise vielfältig wurden die Möglichkeiten eines hypertextuellen Verknüpfungsangebots in jenem Spiel realisiert, das die Serie eröffnet hat, allerdings bei den Figuren von der Buchreihe abweicht.

Bei *Ein Fall für Mütze und Co.* wird der Fall gleich zu Beginn in einer kurzen filmischen Sequenz vorgespielt: Gabys Hund Zak ist entführt worden. Für das Detektivteam Gaby, Mütze und Tim stellt sich damit die Aufgabe, das Tier zu finden und die Täter zu überführen. Wer am Bildschirm mithilft, sich an der Spurensuche beteiligt, kann mit der Heldin und den Helden zusammen verschiedene Orte in der Stadt aufsuchen, Zeugen befragen, ein Notizbuch führen und darin Fundstücke festhalten und wichtige Hinweise auch lesend dem «Handbuch der Meisterdetektive» entnehmen. Auf dem Bildschirm findet sich dafür eine begleitende Schiene, auf der die Symbole für die verschiedenen Instrumente für die Detektivarbeit zu finden sind und angeklickt werden können. Was das Leseabenteuer bei dieser Version besonders attraktiv macht, sind die im Spiel angelegten Varianten: Die weiterführenden Informationen erhält man nämlich nur dann, wenn man sich abwechselnd für eine Rolle aus dem Helden-Team entscheidet, in eine der Figuren hineinschlüpft und sich mit ihr auf die Spurensuche macht. Dabei sind die drei Figuren in unterschiedlichen Situationen erfolgreich, sie lösen oft auch unbemerkt an anderen Stellen des Detektiv-Spiels Wichtiges aus, so dass ganz verschiedene Wege und Variationen – umständlichere und direkte – zur Lösung führen.

Weitgehend ähnlich wie dieser erste Teil der Multimedia-Serie funktionieren auch die weiteren Versionen, die das Personal und viele Motive aus den Buchvorlagen direkt übernehmen wie zum Beispiel «Katjas Geheimnis», «Tödliche Schokolade» oder «Das Rätsel der Villa Drachenkralle». Allerdings fällt insbesondere bei den neueren Titeln der Reihe auf, dass die jeweils zugrunde gelegte Spielstruktur nicht durchweg überzeugende Entsprechungen in der teils erzählten, teils zu rekonstruierenden Handlung findet. Immerhin geht es auch bei den Folgetiteln um die Lösung von Kriminalfällen, und indem die Kinder die Figuren entsprechend führen, sind sie als Mitspielende in die Handlung am Bildschirm jeweils direkt involviert.

Im Vergleich zu den eindimensionalen und – wegen der hohen Vorhersagbarkeit der Handlung – auch platten Buchvorlagen sind die multimedialen Versionen der *TKKG*-Serie also durchaus interessant. Sie legen Szenerien aus und fordern dazu auf, die Figuren darin zu bewegen und so in Aktion zu bringen, dass die Handlung voranschreitet und das Problem gelöst werden kann. Damit machen die elektronischen Vorlagen ihren Nutzerinnen und Nutzern zwar ein Angebot zur Konkreativität (dazu Mathez 2002), sie geben keinen bestimmen Verlauf der Geschichte vor. Deren Konstruktion leisten die Mitspielenden selber, sie gelingt ihnen insbesondere dann, wenn sie bereits auf ein Vorwissen zurückgreifen und den neuen Plot in ihre bisherige Kenntnis der stereotypisierten Figuren und ihren Handlungsmöglichkeiten integrieren können. Aus dem Zusammengehen der bereits angesammelten Geschichtenerfahrung und der im aktuellen Spiel gefundenen Handlungsvarianten gestaltet sich – so ist zu vermuten – in der Rezeption jene narrative Kette, die als eine jeweils neue Geschichte wahrgenommen wird.

3 Zu einer Typologie der narrativen Reproduktionen der Leseerfahrung

Wenn Kinder nach solchen Lese- bzw. Spielerfahrungen, die sie am Bildschirm gewonnen haben, jene Handlungen und Sequenzen, die ihnen noch in Erinnerung sind, aufschreiben, wird zum einen zumindest teilweise sichtbar, was sie von ihren interaktiven Lektüren aufgenommen und behalten haben, zum anderen zeigt sich, wie detailliert sie das eben Erlebte in eigener Sprache und Schrift reproduzieren und erzählend weitergeben können. Die Reaktionen zeugen von den bei den Kindern unterschiedlich verfügbaren Erzählkompetenzen. Mit der Beobachtung der Textreihe einzelner Kinder zeigt sich darüber hinaus auch, dass im Umgang mit dem Interactive Book und mit der laufend angeregten Versprachlichung von Leseerfahrungen deutliche Entwicklungen hin zu einer differenzierten Geschichtenwahrnehmung und einer kontinuierlich steigenden Erzählaktivität möglich sind. Die Texte, mit denen Kinder in ihren Medientagebüchern ihre Lese- bzw. Spielerfahrungen rekapitulierten, lesen sich deshalb auch als Dokumente, die auf eine jeweils erreichte Stufe von Rezeptions- bzw. Reproduktionskompetenz verweisen. Mit der folgenden Auswahl von Textstellen aus Tagebucheinträgen wird zugleich der Versuch einer typologischen Einordnung unternommen.

3.1 Erkunden der Spielanlage – die Spielregeln erkennen

Wer sich auf eine Spielgeschichte einlässt, muss zuallererst einmal die wichtigsten Funktionsweisen auf der Spieloberfläche verstehen, erst dann sind Verknüpfungen, die Handlungen initiieren, überhaupt möglich. Kinder, die von diesem ersten Schritt noch weitgehend absorbiert sind, nehmen wohl einzelne Figuren und deren Rollen im Spiel wahr, aber noch kaum deren Interaktionsmöglichkeiten. Ein verknüpfendes Wiedererzählen von Sequenzen ist in diesem «Anfängerstadium» nicht möglich. Der Konflikt der im *Adventure* zu entwickelnden Geschichte bzw. das Problem, das es zu lösen gilt, ist hingegen einfacher zu benennen, in den allermeisten Versionen wird es ja in einer Art Intro expliziert:

> Tim. Karl, Klösschen und Gabi Du musst heraus zu finden wer die Schoklade vergiftet hat. Im Klösschen sein Vater gehört die Fabrik. Einmal wird der Herr Sauerlich erpresst, und Tkkg wollen diesen Fall lösen. Du kannst auswehlen mit wen du spielen willst aber du kann auch später einen anderen nehmen, Der 1. Verbrecher war Max es gibt auch ein zweiter das war die Sekretärin. Für die dies noch nie gespielt haben.[2] (Ria, 4. Schuljahr)

3.2 Ins Spiel eintauchen, Spielstrategien entwickeln – mit Hilfe kompetenter anderer Spieler

Handlungsfolgen erschliessen sich im Adventure nur jenen Kindern, die das Regelwerk des Spiels entdeckt, die von diesen Entdeckungen ein Erfolg versprechendes Verhalten ableiten und dieses erst einmal erprobt haben. Solange Kinder mit solchen spielstrategischen Überlegungen beschäftigt sind, gerät die eigentliche Geschichte noch nicht in den Blick, wahrnehmbar und benennbar sind erst einmal jene Elemente, deren Manipulation geglückt oder missraten ist:

> Ich habe auf dem PC gelesen (Ein fall für Mütze und Co) Ich bin schon ziemlich weit, für dass ich erst angefangen habe. (…) Leider hat es mir wieder alles gelöschen und ich musste wieder von vorne beginnen weil ich nich auf die diskette gespeichert habe. Als nächstes hab ich mit den Pitzaboten. Ich bin noch nicht sehr weit gekommen. Jetzt habe ich noch den Pitzaboten in meiner truppe. Endlich habe ich es beendet. Am Morgen habe ich schon ein bischen gemacht, ich musste wieder von forne beginnen aber jetzt ist es fertig. (Gabriel, 5. Schuljahr)

Offensichtlich gelingen die spielstrategischen Handlungen vielen Kindern besser, wenn sie auf die Hilfe von anderen zurückgreifen können, welche die Programmstruktur bereits kennen. Immer noch ist die Aufmerksamkeit auf die Bewältigung der Spielschritte gelenkt; ob in diesem Prozess überhaupt eine Geschichte erlebt wurde, scheint in Texten, welche diese noch wenig fortgeschrittene Rezeptionsweise dokumentieren, nicht auf:

2 Die Texte werden in der originalen Schreibweise der Kinder wiedergegeben. Abgesehen von den orthographischen Fehlern fallen auch direkt aus dem Schweizerdeutschen übernommene Formulierungen auf, für welche die Kinder keine passende hochdeutsche Form gefunden haben.

> Ich und Burim waren am Compiuter gemacht. Da haben TKKG wir Tötliche schockolade genommen, da sind wier entlich in Golf-platz hineingekommen unz hat Rapheal gezeigt da sind wier erst em Kiosk gegangen und er sagt du musst einmall im Golfplatz gehen. (Kushtrim, 4. Schuljahr)[3]

> Wir fingen von vorne an und kamen recht weit da uns Steffi und Aline gute Tipps gegeben hatten. Es hat mir sehr gut gefallen und ich glaube dass Linda und ich in Zukunft noch viel Spass am Compter haben werden Ich war naturlich mit Linda am Computer. Wir spielten die CD-ROM Katjas Geheimnis wir kamen so weit wie nur möglich, denn wir mussten nur noch die Gangster einfangen die waren aber nie da. Deshalb stellten Linda und ich dann ab. (Alessandra, 4. Schuljahr)

3.3 Die Geschichte entdecken, Figuren und ihre Beziehungen differenzieren

Von einer wirklichen Geschichtenerfahrung können wir dann reden, wenn Kinder die Figuren nicht mehr nur isoliert, sondern mit ihrer Verflechtung in das Handlungsgeschehen wahrnehmen. Damit scheint ihnen bewusst zu werden, dass es sich um Interaktionen handelt, die nach einer Fortsetzung verlangen und an deren Verlauf sie selber teilnehmen können. Die technischen Anforderungen des Computerspiels sind in diesem Stadium selbstverständlicher geworden und werden wohl deshalb nur noch beiläufig erwähnt, das heisst, sie stehen dem Aufspüren der Geschichte nicht mehr im Weg. So lange die Figuren allerdings noch ausschliesslich in der Art eines Geschichtensettings erst einmal vorgestellt werden, kann von Erzählen im eigentlichen Sinn noch nicht gesprochen werden:

> Ich und Linda waren zusammen am Compi wir spielten tödliche Schokolade denn das habe ich noch nicht fertig. Aber jetzt habe ich es auch schon fertig. Wir haben schon den ersten Verbrecher gefasst und sind im zweiten teil nur konnten wir die Finger abtrüke nicht sichern aber dass hat ja zeit. – Der erste Verbrecher heisst Max Pornt und die zweite Verbrecherin heisst Nina Clover. Max Pornt ist ein ehemaliger Handballspieler jetzt spielt er Golf und Nina Clover ist ein Asistentin von Herrn Sauerlich der erbrest worden war sogar noch von seiner Asistentin, Herrn Sauerlich ist Klösschens Vater. (Aline, 4. Schuljahr)

3 Kinder, für die Deutsch Zweitsprache ist, wird mit der Aufforderung zur Rekapitulation von Bildschirmgeschichten viel zugemutet, denn diese bieten kaum Sprach- bzw. Schriftvorlagen und können deshalb auch nicht musterhaft übernommen, sondern müssen in der fremden Sprache erstmals formuliert werden.

3.4 Die Geschichte mitkonstruieren, sich selber eingliedern in die Erzählanlage

Kinder, die den Spielverlauf tatsächlich in Gang gebracht haben, sind meist mehrfach an der Handlung beteiligt. Mit den jeweils «richtigen» Entscheidungen über den Fortgang in der labyrinthischen Anlage haben sie zum Erfolg der Figuren in der Geschichte wesentlich beigetragen, zumindest virtuell haben sie sich in die Handlung eingemischt und sind von deren Fortgang und vom Verhalten der einzelnen Figuren meist auch emotional betroffen (Bertschi-Kaufmann 2003). Dieses doppelte Involvement schafft ganz offensichtlich eine gute Voraussetzung zur Geschichtenwahrnehmung und in der Folge auch zur Wiedergabe zumindest jener Stationen, die im Vorgang der Rezeption als wichtig wahrgenommen wurden und die je nachdem auch Widerstände bei den Nutzerinnen und Nutzern hervorgerufen haben. Möglicherweise sind sie gerade deshalb besonders deutlich in Erinnerung geblieben. Solche Erinnerungen verketten sich zu Handlungsfolgen, die auch ohne Probleme wiedergegeben werden können. Wer diese Stufe des Verstehens und der äusseren wie inneren Beteiligung am interaktiven Geschehen erreicht hat, dem scheint das (Wieder-) Erzählen nicht schwer zu fallen. Kindern gelingen so eigene narrative Textteile, in denen insbesondere auch jenes Kriterium eingelöst ist, das Erzählforscher wie Dietrich Boueke und andere (1995) als konstitutiv beschrieben haben. Gemeint ist hier die «emotionale Nähe», die sich in der Verwendung von Textelementen, die negativ oder positiv konnotiert sind, von direkter Rede, in der Wiedergabe von Gedanken der einzelnen Figuren, kurz: in einer «Semantik des Dabeiseins» (Quasthoff 1987) zeigt:

> ... Die Erpresser drohen damit, das sie die Schokolade, von dem Familien Betrieb Sauerlich, mit Schlafmitteln vergiften. Ein hinweis führt das TKKG-Team auf den Golfplatz. Bei diesem Golfplatz arbeitet Gabis Kollegin Katja. Gabi kommt nur in den Golfplatz, als sie sich als Cadi bewirbt. Danach geht sie auf Spurensuche auf dem Golfplatz. Überall wo man ist, jedenfalls meistens, sieht man die Girl-Group «Wilde Girls» die mir [!] mehr als verdächtig vorkommen. Willis Sauerlich alias Klöschen ist schon ganz Schmal geworden, meinen die Eltern. Aber da sind wir [!] anderer Meinung ... (Andrea, 6. Schuljahr)

> Tanja und ich gingen an den Computer und spielten, Katjas Geheimnis. Wir erfuhren das die Bank in der Stadt am Montag 15.25 überfallen wurde. Katja ist am selben Tag verschwunden. Bei Katjas nachhilfe Lehrer fanden wir eine 3. Mahnung wir dachten diese Manung ist für katja bestimmt. tanja und ich überlegten wir [!] haben den verdacht, das Katja bei dem Raubüberfall dabei war. (Dominique, 4. Schuljahr)

3.5 Die Geschichte darstellen und in szenische Formen ausgestalten

Ein Geschichtenganzes schliesslich erfahren jene Kinder, die bereits eine deutliche Vorstellung davon haben entwickeln können, wie Handlungsfolgen verlaufen: von einem Anfang, der in elektronischen Versionen meist «von allein» abläuft und den spannenden Konflikt bereits ankündigt oder der erst noch in Gang gebracht werden muss, bis zu einem folgerichtig aufgelösten Ende. Was sich im Hypertext also als scheinbar beliebiges Nebeneinander von Motiven und Aktionsmöglichkeiten darstellt, ordnet sich im Rezeptionsprozess kompetenter Spieler/innen in einen linearen Verlauf ein. Das Wissen darum, wie eine Geschichte in aller Regel funktioniert und welchen Textmustern sie folgt, bietet dafür wichtige Orientierungen und hilft oft auch Fehlentscheidungen im Spiel zu vermeiden. Kinder, die sich mit – gedruckten und im Hypertext präsentierten – Geschichten auskennen, sind deshalb im Geschichtenerleben weniger oft durch Irrgänge gestört.

Das Vertrautsein mit Geschichtenstrukturen ist aber nicht nur für die erfolgreiche Rezeption eines langen Textes hilfreich, sondern ebenso sehr für das Erzählen und Wiedererzählen des fiktionalen Geschehens. In diesem fortgeschrittenen Stadium sind Kinder nicht nur fähig, aus den Elementen der Spielszenerie einen geschichtenlogischen Verlauf zu konstruieren und darin Figuren und ihre Handlungsmotive darzustellen, sondern es gelingt ihnen im Vorgang der Rekonstruktion auch, diese Geschichten so zu gestalten, dass die Leser/innen ihrer Texte in den Sog der Geschichten hineingeraten und ihrerseits Angebote zur Beteiligung erhalten. Die erzählerischen Mittel, welche die Schreiber/innen dafür verwenden, haben sie vom Computerspiel selbst bestimmt nicht erhalten können. Der Rückgriff auf Bucherfahrungen und hier insbesondere auf die Lektüre der gedruckten «TKKG»-Krimiserie ist ganz offensichtlich eine Hilfe. Selbst die aus literarischer Sicht wenig interessanten Buchvorlagen vermitteln Muster dafür, wie Figuren kurz eingeführt, wie sie in einer von Station zu Station fortschreitenden Folge in Szene(n) gesetzt und wie diese Szenen erzählt werden können, so dass sich bei den Lesenden der Eindruck eines linear-chronologischen Geschehens einstellt.

> Einer von den 4 Fröunde heisst: Willi Sauerlich. Sein Spitzname: Klöschen (weil er so Dick ist). lieblingsbeschäftigung: Schockolade futtern. Alter: keine Anung.
>
> Ein anderer heisst: Peter Carten. Sein Spitzname: Tarzan. lieblingsbeschäftigung: Sport. Alter: 13 Jahre.

Ein anderer heisst: Karl Vierstein. Sein Spitzname: Der Computer. Lieblingsbeschäftigung: Mit dem Computer arbeiten. Alter: wurde nicht erwent.

Sogar ein Mädchen ist Mitglied: Gaby Glockner. Spitzname: Pfote (Weil sie von jedem Hund die Pfote giebt). lieblingsbeschäftigung: mit Hunden spielen. Alter: –

Ich durchsuchte einfach alles, nach länger zeit gieng ich zum Botshaus. Und was sah ich! Katja, sie sass ängstlich im bot und erzähle mir: «Als ich bei der Bank vorbeilief, sah ich 3 Typen. Einem von denen fiehl die Maske ab, ich sah das Gesicht. Er lief an mir vohrbei und sagte: du wirst das bereuhen.» Und darum ist Kathia verschwunden, weil sie sich verstecken wollte. Sie hatte die 3 Typen gezeichnet, und gab mir alle Bilder. Als ich mit der Polizei wieder kam, war Katja verschwunden. Es war ein riesen Chaos im Boots Haus, warscheindlich wurde sie gezwungen mit den Räubern mitzukommen... (Jasmin, 6. Schuljahr)

4 Schlussfolgerungen: Lese- und Schreibförderung in multimedialen Lernumgebungen

Was oben als Entwicklung hin zu einem immer differenzierteren Geschichtenverstehen und zu einer eigenen narrativen Reproduktion im Umgang mit dem *Interactive Book* typologisch dargestellt wurde, vollzieht sich bei den allermeisten Kindern selbstverständlich nicht in derart geradlinigen Bahnen und es entwickelt sich auch nicht Stufe für Stufe. Häufig dokumentieren die kontinuierlich niedergeschriebenen Leseerfahrungen auch Phänomene, die sich in einen schematischen Entwicklungsverlauf schlecht zu fügen scheinen: das länger dauernde Verharren beim selben Medium, bei ein- und derselben Nutzungsweise, ohne dass nach aussen sichtbare Konsequenzen für ein Weiterkommen in der Geschichte gezogen wurden, Abbrüche und Neuanfänge oder – umgekehrt – eine überraschende Steigerung von Fertigkeiten und Wahrnehmungen im Umgang mit der interaktiven Geschichte, wobei ganze Stufen übersprungen wurden. Der Vorschlag will also keinesfalls ein idealtypisches Raster für die Kompetenzentwicklung von Kindern im Umgang mit der erzählenden CD-ROM vorgeben. Das Modell will vielmehr auf Qualitäten der Rezeption hinweisen, die besonders auch in der Begegnung mit dem *Adventures* erworben werden können: die aktive Konstruktion eines Geschichtenschemas und die emotionale und sprachliche Beteiligung an einem fiktionalen Geschehen, das Kinder mit der eigenen Rekapitulation in ihr Geschichtenrepertoire aufnehmen.

Zugegeben: Für Entwicklung literarischer Rezeptionskompetenz haben die gedruckten Kinderbücher und insbesondere die poetisch verdichteten

Texte ein weit grösseres Förderpotenzial, weil sie direkt in ein sprachliches Symbolsystem einführen und narrative Gestaltungen im schriftlichen Text vormachen. Auch hier führen Figuren hinein in fiktionale Welten (Hurrelmann 2003). Wer sie begleitet und an ihrem Geschick teilnimmt, ist seinerseits in den Geschichtenverlauf involviert und findet zu dessen Nachvollzug einen ganzen Fundus an Sprachmaterial, mit dem sich die Figuren, deren Beziehungen und Handlungen beschreiben lassen, also an Kontur gewinnen. Nur, wir wissen es, finden längst nicht alle Kinder einen direkten Zugang zu den umfangreichen Texten und damit zur Buchlektüre.

Dies trifft besonders für viele Jungen zu, die im traditionellen Leseunterricht häufig als Sorgenkinder gelten, weil sie längere Lektüren verweigern und für das Medium Buch meist viel schwerer zu gewinnen sind als die Mädchen. In der multimedialen Förderanlage, in welcher unsere Beobachtungen gewonnen wurden, zeigt sich allerdings deutlich: Wenn Kinder zwischen Buch- und Bildschirmlektüren auswählen können, ist das Aktivitätsgefälle zwischen Jungen und Mädchen weit weniger hoch. Mädchen wählen Interactive Books vor allem als Auflockerung zwischen ihren Buchlektüren, während viele Jungen die CD-ROM häufig als Einstiegslektüre nutzen, längere Zeit dabei bleiben und mit ihr Geschichten erst einmal kennen lernen, bevor sie schliesslich zum gedruckten Buch wechseln. Vor allem in der Grundschule erweisen sich die Multimedia-Versionen von Geschichten als attraktive Lektüren für Jungen, die auf dem Weg sind, Buchleser zu werden. Kinder erarbeiten sich hier – in der multimedialen Spielanlage – eine Geschichtenlogik, sie lernen eine Geschichtengrammatik, die sie überdies auch für die Orientierung im erzählenden Buch gebrauchen können.

Literatur

Bertschi-Kaufmann, Andrea. *Lesen und Schreiben in einer Medienumgebung: die literalen Aktivitäten von Primarschulkindern*. Aarau: Sauerländer, 2000.

Bonfadelli, Heinz. «Leser und Leseverhalten heute – Sozialwissenschaftliche Buchlese(r)forschung.» In: *Handbuch Lesen.* Bodo Franzmann, Klaus Hasemann, Dietrich Löffler und Erich Schön unter Mitarbeit von Georg Jäger, Wolfgang R. Langenbucher und Ferdinand Melichar. München: K. G. Saur, 1999. 86–144.

Boueke, Dietrich; Schülein, Frieder; Büscher, Hartmut; Terhorst, Evamaria; Wolf, Dagmar (Hrsg.). *Wie Kinder erzählen. Untersuchungen zur Erzähltheorie und zur Entwicklung narrativer Fähigkeiten.* München: Wilhelm Fink, 1995.

Dolle-Weinkauff, Bernd. «Computerspiele – Eine neue Form des Erzählens?» In: *Aus Wundertüte und Zauberkasten.* Festschrift für Heinz-Jürgen Kliewer. Henner Barthel, Jürgen Beckmann, Helmut Deck, Gerhard Fieguth, Nikolaus Hofen, Inge Pohl (Hrsg.). Frankfurt am Main u. a.: Lang, 2000. 537–552.

Groeben, Norbert; Hurrelmann, Bettina (Hrsg.). *Lesekompetenz: Bedingungen, Dimensionen, Funktionen.* Weinheim und München: Juventa, 2002.

Hurrelmann, Bettina. «Literarische Figuren. Wirklichkeit und Konstruktivität.» In: *Praxis deutsch* 177/2003. 4–12.

Mathez, Judith. «Was ist Konkreativität?» http://www.dichtung-digital.com/2002/02/25-mathez/index5.htm. 2002.

Quasthoff, Uta. «Sprachliche Formen des alltäglichen Erzählens: Struktur und Entwicklung.» In: *Mündliches Erzählen im Alltag, fingiertes mündliches Erzählen in der Literatur.* Willi Erzgräber, Paul Goetsch (Hrsg.). Tübingen: Gunter Narr, 1987. 54 – 85.

Schön, Erich; Boesken, Gesine. «Sind Bücher out? Zum Lese- und Medienverhalten von Jugendlichen.» In: *JuLit* 3/2002. Informationen des Arbeitskreise für Jugendliteratur. 16–20.

Interactive Books

Pingel, Ralf; Kreitz, Isabel. *Ein Fall für Mütze und Co*. Das Detektivspiel. Berlin: Tivola, 1996.

Ahrens, Meibrit; Hansen, Christian. *Katjas Geheimnis.* Das Detektivspiel. Berlin: Tivola, 1997.

Ahrens, Meibrit; Hansen, Christian. *Tödliche Schokolade.* Das Detektivspiel. Berlin: Tivola, 1998.

Jochmann, Norbert; Schlosser, Christian; Hansen, Christian. *Der Fälscherbande auf der Spur.* Das Detektivspiel. Berlin: Tivola, 2000.

AV- und Bildkompetenz

Visuelle Kompetenz

Christian Doelker

Medienkompetenz hat sich von einem eher eng gefassten zu einem breiten, allgemeinen und zudem arg strapazierten Begriff entwickelt. Er ist dadurch auch so vage geworden, dass darunter die meisten Zielsetzungen der Medienpädagogik überhaupt subsumiert werden können. Aber auch die Bezeichnung Medienpädagogik selbst dient als Flagge für verschiedenste Tätigkeiten, die in irgendeiner Weise mit Medien zu tun haben.

Im Hinblick auf eine anzustrebenden Engführung sowohl des Terminus Medienpädagogik wie Medienkompetenz scheint es mir zweckmässig, zunächst den verwendeten Medienbegriff klar festzulegen, mit Blick zugleich auf damit verbindbare pädagogische Überlegungen und Handlungsfelder.

Ich postuliere einen zweistufigen Medienbegriff: Die erste Stufe ergibt sich mit der Erfindung von Schrift und Bild und damit der Möglichkeit von extrasomatischer Speicherung von Informationen. Damit wird auch gesagt, dass der gesamte sich über Millionen Jahre hinstreckende Zeitraum von nur mündlicher Verständigung und Tradierung als amedial betrachtet werden muss. Die grösste Revolution im Verständigungs- und Tradierungsprozess in der Menschheitsgeschichte war zweifellos die Erfindung der Schrift. Dadurch wurde nämlich zum ersten Mal möglich, die Speicherungskapazität des Gehirns (Gedächtnis) zu überschreiten und so die Konservierung von Information in unbegrenzter Menge zu ermöglichen.

Die zweite Stufe des Medienbegriffs ist mit dem Terminus Massenmedium verbunden: Mit der technischen Neuerung einer Vervielfältigung von Information und damit der Verteilung von Aussagen an ein beliebig grosses Publikum wurde die bis dahin geltende Begrenzung der Empfänger aufgehoben. Diese neue Dimension wurde erstmals erschlossen mit der Erfindung der Druckerpresse und in der Folge mit den elektronischen und später digitalen Medien nochmals massiv erweitert. Selbstredend waren auch die technischen Neuerungen der Interaktivität und der Vernetzung wichtige differenzierende Stationen des Medienbegriffs, was aber an der hier vorgeschlagenen grundsätzlichen Zweistufigkeit des Medienbegriffs nichts ändert.

Die beschriebenen zwei Stufen der medialen Entwicklung haben das Leben der Menschen beträchtlich verändert; ebenso zu betonen ist indessen, dass der breite Fächer menschlicher Beschäftigungen und Verrichtungen in seiner Grundstruktur gleich geblieben ist, aber – und dies ist das entscheidende Kriterium für die Begründung einer medienpädagogischen Theorie – um die Mediendimension erweitert wurde. Medienpädagogik beschäftigt sich also in ihrer Hauptausrichtung mit der Mediendimension von Verhaltens- und Erlebnisweisen, von Tätigkeiten, Handlungen und Erfahrungen. Je nachdem können dabei die beiden beschriebenen Stufen der Mediatisierung ebenfalls gestaffelt betrachtet werden.

Beim Begriff der visuellen Kompetenz nun lässt sich unmittelbar an die erste Stufe des Medienbegriffs anschliessen, wobei allerdings das Zeichensystem Schrift in der massiven Erweiterung um Bild (und Ton) verstanden werden muss, welche die moderne Medientechnik ermöglicht. Sowohl Schrift wie Bilder sind extrasomatische Aufzeichnungen. Im Hinblick auf visuelle Kompetenz gilt es zunächst die Besonderheit von Bild gegenüber verbalen Zeichen zu beschreiben. Wichtigstes Spezifikum des Bildes ist – gegenüber dem Wort – die offene Bedeutung.

Wort:	Bedeutung festgelegt
Bild:	Bedetung offen

Diese bildspezifische offene Bedeutung gilt es zu unterscheiden von der möglichen Mehrdeutigkeit von Wörtern. Denn auch wenn ein Wort mehrere Bedeutungen aufweist, sind diese einzelnen Bedeutungen allesamt ebenfalls durch Konvention geregelt. Wenn man von einem Bild sagt, es könne vieles bedeuten, meint man eben nicht für viele feste Einzelbedeutungen stehen, sondern verschiedenste mögliche Bedeutungen offen lassen. Die semantische Vielschichtigkeit ist auch einer der Gründe, die die Faszination von Bildern ausmachen.

Auch in dieser Hinsicht mag das Diktum gelten: «Ein Bild sagt mehr als tausend Worte». Dieser bekannte Ausspruch visiert zwar eher zwei andere Spezifitäten des Bildes (gegenüber dem Wort), nämlich dessen Konkretheit und dessen Räumlichkeit. Denn besser als jede Gegenstands- und Ortsbeschreibung vermag ein Bild Wirklichkeit «direkt» wiederzugeben. Es sei aber sogleich vermerkt, dass dieser bekannte Spruch durch das Korrelat «Ein Wort sagt mehr als tausend Bilder» ergänzt werden müsste – dann nämlich, wenn von einer Bezeichnung eine generalisierende oder abstrahierende Leistung verlangt wird. Für Begriffe etwa wie «Säugetiere» oder «Freiheit» oder «Subsidiarität» ist das adäquateste Zeichensystem die Wortsprache.

1 Vielschichtige Bedeutung des Bildes

Mit dem zu Beginn geäusserten Hinweis auf die Vielschichtigkeit von Bedeutung von Bildern, ist bereits eine erste Aussage über ihre Bedeutungsstruktur vorgenommen: sie ist in Schichten angelegt.

In meinem Buch *Ein Bild ist mehr als ein Bild* (1997, 1999, 2002) schlage ich acht semantische Schichten vor. Sie seien im Sinne einer Orientierung nachfolgend summarisch aufgezählt:

Spontane Bedeutung	biologischer Kode archaischer Kode
Feste Bedeutung	konventionaler Kode
Latente Bedeutung	kategorialer Kode
Deklarierte Bedeutung Artikulierte Bedeutung Kontextuelle Bedeutung Intertextuelle Bedeutung Transtextuelle Bedetung	flexibler Kode

Eine weitere Bedeutungsebene kann von der *Bildpragmatik* abgeleitet werden: die funktionale Bedeutung; sie ist im Schichtenmodell nicht berücksichtigt, weil es sich beim Bildzweck, bei der Absicht der Bildherstellung, um eine Art Bedeutungsvorspann handelt, der festgelegt ist, bevor überhaupt das Bild existiert.

Soll ein Bild z. B. zur Auflockerung oder zum Auffüllen eines verbalen Textes dienen oder als Beleg für ein Ereignis oder als Veranschaulichung eines abstrakten Sachverhaltes? Aus solchen Funktionen lässt sich eine eigentliche Bildtypologie ableiten. Besonders reizvoll ist es dabei, einzelnen Bildkarrieren nachzugehen, die durch Funktionswechsel entstehen, beispielsweise wenn ein Bild der aktuellen Berichterstattung (Spurbild) später in den Kunststatus aufrückt (Clipbild) oder zur Bewerbung eines Produkts (Pushbild) eingesetzt wird.

2 Bildhistorischer Exkurs

Ein kleiner bildhistorischer Exkurs sei hier zwischengeschoben: Ein semantisches Schichtenmodell existierte bereits im scholastischen Mittelalter. Grundschicht war die wörtliche Bedeutung, der *sensus litteralis*, der dann auf höherer Ebene als spiritueller Sinn gelesen werden konnte.

sensus litteralis	wörtliche Bedeutung
sensus spiritualis	übertragene Bedeutung
sensus tropologicus	moralische Bedeutung
sensus allegoricus	kirchliche Bedeutung
sensus anagogicus	transzendentale Bedeutung

Dieser *sensus spiritualis* liess sich seinerseits auf drei weitere Ebenen aufteilen: die moralische Bedeutung, die allegorische Bedeutung und schliess lich die anagogische (d.h. auf die Transzendenz bezogene) Bedeutung.

Die Vielschichtigkeit der Bedeutung betraf im Mittelalter allerdings bereits die Dinge – nicht erst deren Abbildungen. Die Dinge der sichtbaren Welt selbst konnten als Zeichen gelesen werden, nämlich als Wörter im Buche Gottes, als Handschrift der Schöpfung.

Von der auf das Diesseits ausgerichteten Sicht der Renaissance an werden dann die Dinge um ihrer selbst willen dargestellt. Nach und nach wird aber auch zunehmend deren «Bildlichkeit» (im übertragenen Sinne) in die Darstellungen einbezogen bis hin zum Schwelgen in allegorischen Darstellungen vom 17. Jahrhundert an.

Immer noch aber, ungeachtet dessen, was Bilder repräsentieren, nahmen sie Bezug auf eine bestehende oder als bestehend angenommene Wirklichkeit. Erst Ende des 19. und im 20. Jahrhundert findet mit Impressionismus, Kubismus und insbesondere in der ungegenständlichen Kunst ein einschneidender *iconic turn* von ähnlicher Tragweite statt wie in der Renaissance: Wurden in der Renaissance, wie eben dargelegt, die Dinge um ihrer selbst willen dargestellt, sind es nun die *Bilder* selber, die um ihrer selbst willen geschaffen

werden. Wiesen also die Bilder vor dem 20. Jahrhundert durchwegs eine Referenz Wirklichkeit auf (auch sprachlich weist lat. res = «die Sache» auf «Realität» hin), gibt es bei modernen Bildern den Rückzug und Rückbezug auf sie selber: sie sind selbstreferentiell.

Damit entstehen neue Voraussetzungen für die Bildsemantik. Diese muss auch für eine Bild-«Innenwelt» zuständig sein können und andererseits die Aussenwelt – mit Blick auf die invasiven bis insinuierenden neuen Medien – auch als umfassende Umwelt begreifen lassen können. Von diesem Umweltgedanken her ist für die Bildbetrachtung adäquaterweise sogar als Erstes eine Annäherung aus evolutionspsychologischer Perspektive vorzusehen.

3 Sehen und Semantik: das Schichtenmodell

Konkret umgelegt auf das semantische Schichtenmodell heisst dies zunächst, dass als eine erste Bedeutungsebene optische Muster und Reizkonstellationen in Betracht zu ziehen sind, die in der Informationsverarbeitung und den Verhaltensweisen von Lebewesen bereits vor der Existenz des Menschen «Bedeutung» hatten, – Reizmuster also, die ein spontanes, d.h. unwillkürliches, reflexartiges Reagieren auslösten.

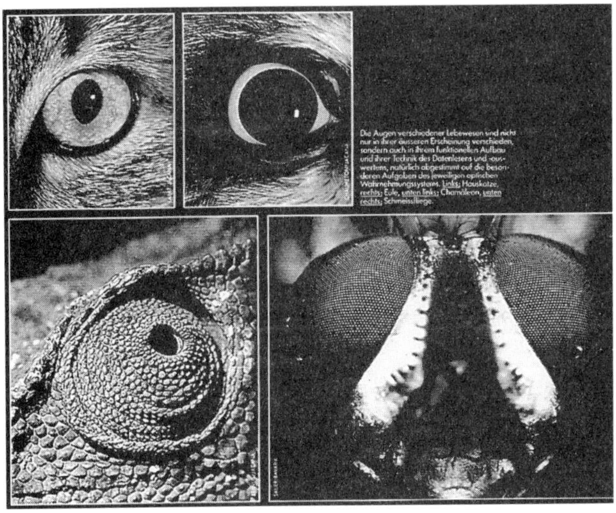

Die erste Bedeutungsebene, auch im Sinne von urtümlichster Bedeutung, ist deshalb diejenige der «spontanen Bedeutung». Ich übernehme diese Bezeichnung vom Begriff der «spontanen Kommunikation», wie ihn Ross Buck (1984) als genauere Alternative zum sonst üblichen Ausdruck «nonverbale Kommunikation» vorgeschlagen hat. Nonverbal könnte zu eingeschränkt als gestische und mimische Begleitung der verbalen Ausdrucksweise verstanden werden oder dann – ebenso missverständlich – als der gesamte Anteil von Kommunikation, der nicht ausschliesslich verbal formatiert ist.

Der Bereich der «spontanen Bedeutung» gründet somit in verhaltensbiologischen Programmen, die ein Alter von Jahrmillionen aufweisen.

Mit der Entstehung der Menschenaffen und der Vorstufen des Menschen kommen weitere spezifische Wahrnehmungsinhalte dazu, nämlich vorkulturelle Signale, Mimik und Gestik. Erst das Vorhandensein von ausdrucksvollen Gesichtszügen erlaubte die Kommunikation über ein Mienenspiel. Aus Studien an Schimpansen-Populationen ist bekannt, dass diese unsere nächsten Verwandten (sie weisen bekanntlich über 98% gleiche Gene auf wie der Mensch)

über ein reiches mimisches Repertoire verfügen, mit dem sie sich verständigen. Ähnlich, wenn auch sicher differenzierter und mit prosodischen Elementen kombiniert, muss man sich die Kommunikation des Neandertalers vorstellen, der, nach Meinung von Experten, noch nicht über eine voll ausgebildete artikulierte Sprache verfügte.

Dies scheint mir nun ein geeigneter Moment, um auf die Grundkonzeption des semantischen Schichtenmodells einzugehen. Es ist einerseits in einer auf Bedeutung ausgerichteten Schiene angelegt, und anderseits von der Erscheinungsweise her, vom Auftritt der Reizmuster aus gedacht. In Anlehnung an de Saussure könnte man zum einen von einer *signifié*-Orientierung und zum andern von einer signifiant-Orientierung sprechen. Und wie es de Saussure für Signifikat und Signifikant formuliert, gehören die beiden Aspekte

signifié-orientiert	Bedeutungsebenen
signifiant-orientiert	Kodes

gleichsam als zwei Seiten einer Münze zusammen. Im semantostratischen Modell hat deshalb die einzelne Bedeutungsebene (der signifié) ein «phänomenologisches» Korrelat (den signifiant), das ich als Kode bezeichne.

3.1 Spontane Bedeutung

Die vorher beschriebene Unterscheidung in zwei weit zurückreichende Phasen in der Phylogenese des Menschen bringt nun mit sich, dass wir für die Ebene «spontane Bedeutung» die Unterteilung in zwei Kodes vornehmen: den *biologischen Kode* für stammesgeschichtliche signifikante Signale – rasante Bewegung, auffällige Details, Formen der Lebensbedrohung und Lebenssicherung – und den *archaischen Kode* für vorkulturelle, nonverbale Reizmuster – Gesichter, Körperhaltungen, also Mimik und Gestik.

Da beim heutigen Menschen als Bilder- und Medienrezipient die phylogenetisch angelegten Programme immer noch wirksam sind, reagieren wir auf hektische mediale Darbietungen, rasche Schnitte und Kamerabewegungen,

kurz auf *action* ebenso unwillkürlich wie frühere Jäger auf unrhythmische Bewegungen und rasche Veränderungen, die für sie entweder *fight* oder *flight*, Beute oder Bedrohung, signalisierten. Ebenso zwingend wie der Selbsterhaltung dienende Signale sind Reizmuster im Dienst der Arterhaltung, also z. B. sexuelle Signale. Quotenorientierte Veranstalter operieren deshalb bekanntlich mit reisserischen Formaten, mit *sex and crime*. Auch die überbordenden Angebote an Talkshows funktionieren vor allem auf Grund der vorkulturellen Konditionierung auf mimische und gestische Signale; sonst würde ja kaum jemand den inhaltlich meistens schalen Sendungen folgen wollen.

Mimik und Gestik führen uns auch zur nächsten Bedeutungsebene: als teilweise konventionalisierte Formen – man denke an Kopfnicken oder Antippen der Stirne – nehmen bestimmte mimische und gestische Muster eine feste Bedeutung an, – wohlverstanden aber nur innerhalb einer bestimmten Kultur.

3.2 Feste Bedeutung

Die feste Bedeutung betrifft Zeichen und Zeichenkonfigurationen des *konventionalen Kodes*. Dazu gehören selbstredend Piktogramme, icons und natürlich Verkehrszeichen. Bei Nichtbeachtung eines Parkverbots liesse sich deshalb nicht mit dem grundsätzlichen Spezifikum der offenen Bedeutung von Bildern argumentieren.

Zu den visuellen Zeichen mit fester Bedeutung gehören auch Firmenlogos, Wappen, Embleme, kennzeichnende Accessoires (zum Beispiel in der bildenden Kunst: Mann mit Schlüssel = Petrus) sowie bestimmte Darstellungsformen, deren Bedeutung man lernen muss, etwa Unschärfe (als Geschwindigkeit zu lesen) oder perspektivische Darstellung.

Beliebtes Vorgehen einer Konventionalisierung: die typisierte Abwandlung bestehender Motive. So müssen Kamel (respektiv Camel), Krokodil und Kuh – letztere in einer Lila-Variante – für einzelne Produkte herhalten. Und wenn ein Apfel für eine Computerfirma steht, so zeigt die angebissene Form wenigstens an, dass mit der Informatisierung auch ein Sündenfall einhergehen kann: insofern nämlich, als Fotografien seit der Möglichkeit der Digitalisierung und damit der beliebigen Veränderbarkeit und Generierbarkeit von Bildern, Foto, Film und Fernsehen nicht mehr als Beweismittel fungieren können.

3.3 Latente Bedeutung

Ein Apfel pur indessen bleibt ein Bild mit offener Bedeutung, zudem erweitert um eine semantische Aura, die auch Apfelsaft, Schlanksein, natürliches Leben, Sinnlichkeit, Fülle, ja generell die ganze Welt meinen kann. Eine weitere Bedeutungsschicht also: die symbolische, respektive latente Bedeutung.

Es sind besonders «bedeutungsträchtige» Dinge wie Baum, Weg, Haus, Mensch, die in einem weit ausholenden semantischen Kraftfeld gelesen wer-

den können. Auch gewisse Strukturen wie «oben» und «unten», «gross» und «klein», «senkrecht», «horizontal» und «diagonal» sind geladen mit semantischer Energie.

So können solche räumliche Strukturen ganze Epochen symbolisieren: die Senkrechte das Mittelalter mit den zum Himmel strebenden Kathedralen, die Horizontale die Renaissance mit den breit ausladenden Palästen, die Diagonale den spannungsreichen Barock. Indem solche einfache formale und inhaltliche Strukturen weit ausgreifende Kategorien von Erscheinungen abdecken können, lassen sie sich in der Bezeichnung *kategorialer Kode* subsumieren.

Die nun folgenden fünf Bedeutungsebenen sollen die Singularität des einzelnen Bildes ausweisen und können in einem Sammelkode zusammengefasst werden, dem *flexiblen Kode*.

3.4 Deklarierte Bedeutung

Sie ist in der Regel ablesbar aus dem Titel eines Bildes oder aus der Legende. Legenda als *gerundivum* des lateinischen Verbs *legere* für lesen heisst nämlich wörtlich nichts anderes als: «(wie) gelesen werden muss». Besonderer Hinweis: nicht alle Bildunterschriften sind Legenden. Sehr oft wird in einer Bildunterschrift eine Information transportiert, die das Bild selber nicht zu leisten vermag und deshalb dieses Zusatzes bedarf. Bildstrang und Wortstrang zusammen bilden dann einen so genannten Gesamttext mit einer Gesamtbedeutung.

Franz Marc, Reh im Klostergarten, *1912. In: Armin Zweite, Der Blaue Reiter im Lenbachhaus München. München, Prestel-Verlag, 1991.*

3.5 Artikulierte Bedeutung

Mit Artikulation ist in diesem Fall die visuelle Artikulation, also die Gestaltung gemeint. Dieses Feld ist der traditionelle Bereich verschiedenster Gestaltungslehren, die vorgeben, wie eine visuelle Konfiguration aus Einzelelementen aufgebaut wird, «gebildet» wird, ähnlich wie man verbale Texte aus Lauten, Wörtern, Sätzen konstruiert. Angesichts der Vielfalt entsprechender Auffassungen und Schulen, habe ich in *Ein Bild ist mehr als ein Bild* versucht, einzelne verbalgrammatikalische Bereiche wie Lexikon, Phonetik, Flexion, Syntax oder Modus, Tempus, Stil metaphorisch hinsichtlich ihrer Leistungsfähigkeit für eine Bild-«Grammatik» zu erschliessen.

Die Bedeutungsebenen sechs bis acht lehnen sich an bestehende kunstwissenschaftliche und kunstgeschichtliche Interpretationsmethoden an.

3.6 Kontextuelle Bedeutung

Bei einem Einzelbild beschränkt sich die Sinnerschliessung auf die textimmanente Betrachtung. Dabei werden gewisse Elemente, Motive, Themen auffal-

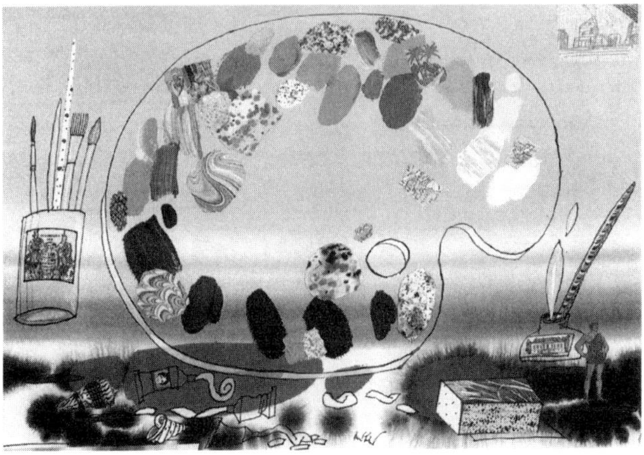

len, die auch in anderen Bildern des betreffenden Machers zu finden sind, – also gerade dadurch eine besondere Bedeutung einnehmen. So etwa die Paar-Figuren bei Chagall, schwebende Steine bei Magritte, die Substanzen Filz und Fett bei Beuys. Es wird somit für die Interpretation aufschlussreich sein, einen solchen «Kontext» des Gesamtwerks eines Künstlers oder Autors mit zu berücksichtigen.

Eine kontextuelle Bedeutung kann auch von unterschiedlichen visuellen Zeugnissen abgeleitet werden, die von verschiedenen Machern vom gleichen Event hergestellt wurden.

3.7 Intertextuelle Bedeutung

In einem Bild lassen sich oft auch Motive entdecken, die in visuellen Texten anderer Künstler und anderer Epochen bereits einen Stellenwert besitzen, auf den möglicherweise bewusst angespielt wird, etwa mit ausdrücklichen Bildzitaten. Der Reiz solcher Konfigurationen besteht dann just in deren Intertextualität.

3.8 Transtextuelle Bedeutung

Viele Bilder sind von den bis dahin genannten semantischen Bezugsmöglichkeiten aus nicht oder nicht hinreichend verständlich. Zu ihrer Erklärung sind zusätzliche Informationen notwendig, Angaben, die jenseits des Bildinhalts gesucht werden müssen: deshalb die Bezeichnung transtextuelle Bedeutung. Solche ergänzende Hinweise müssen aus der Zeitgeschichte oder aber aus der Biographie des Bildmachers beigebracht werden.

Aktuelle Fotos aus Zeitung und Fernsehen sind selten ohne Kenntnis der Hintergründe des Zeitgeschehens verständlich. Zum Beispiel bedarf das nachfolgende Bild (NZZ vom 19.4.2002) einer transtextuellen Erklärung, die dem dazugehörigen Artikel entnommen werden kann, nämlich: Ein 67-jähriger Pilot, Luigi Fasulo, ist mit seiner Privatmaschine in das Pirelli-Hochhaus in Mailand gerast. Eine knappe Bildlegende würde nicht genügen, um die volle Bedeutung des Bildes mitzuteilen.

Die Einschlagstelle im 25. Stock des Pirelli-Hochhauses in Mailand. (Bild Reuters)

Schock – und dann viele Fragen in Mailand

Ermittlungen und Spekulationen über das Flugzeugunglück

tu. Mailand, 19. April

Während knapp einer Stunde hatten sich am Donnerstagabend unzählige Italienerinnen und Italiener in New York gewähnt. Spätestens um acht Uhr abends war der Spuk dann aber vorbei. Region Lombardei, deren Büros sich im Pirellone befinden, rechnete damit, dass bereits am Montag das Gebäude wieder geöffnet werden könne.

Am Donnerstagabend kurz vor sechs Uhr war dort die von Luigi Fasulo gesteuerte Privat-

4 Überlagerung der Bedeutungsschichten und Kodes

Nachdem nun die acht Bedeutungsebenen abgeschritten wurden, darf nicht das Missverständnis entstehen, alle diese semantischen Strata seien in jedem Bild vorhanden. Ähnlich wie bei geologischen Schichten, können einzelne Strata wenig ausgebildet sein, und andere fallen durch besondere Mächtigkeit auf. Im Gegensatz aber zu Gesteinsschichten und Sedimenten sind diese Strata «durchsichtig». Alle in einem Bild vorhandenen Bedeutungsschichten schimmern durch und fügen sich im interpretierenden Auge des Betrachters zu einer Gesamtaussage.

Solche Durchsichtigkeit der Bedeutungsschichten, die Überlagerung des Kodes macht die semantische Tiefe von Bildern aus. So kann das eben gezeigte Bild eines rauchenden Hochhauses auch kontextuell gelesen werden, wenn man andere Tageszeitungen beizieht, die über das gleiche Ereignis berichten. Alle Darstellungen legen indes auch die intertextuelle Lesart nahe: den Bezug auf den 11. September 2002. In der *Berner Zeitung* (S. 147 links) ist nur verbal im Titel (der als Legende fungiert) von einem Flugzeug die Rede. Der *Tages-Anzeiger* (S. 147 rechts) hat sich für das Foto mit einem Flugzeug entschieden (es ist aber ein Rettungsflugzeug und nicht die Unglücksmaschine), was die intertextuelle Annäherung an den 11. September noch intensiviert.

MAILAND

Flugzeug knallte in Hochhaus

ntsetzt schauen die Menschen im Zentrum von Mailand hoch: Ein Flugzeug schoss ins Pirelli-Haus – das höchste Gebäude der Stadt. Wie durch ein Wunder forderte der Crash nur fünf Todesopfer.

ie Maschine, eine Rockwell ommander, die gestern um 7.15 Uhr in Locarno gestartet ar, krachte in den 25. Stock nd riss zwei klaffende Löcher i die Fassade des 30-stöckigen lochhauses. In der Maschine ass laut der Internetzeitung Corriere della Sera» der Pilot uigi Fasulo (75). Passagiere hatder im Tessin lebende Italiener eine an Bord. Sein Flugplan ies eine voraussichtliche Flugeit von 20 Minuten aus. Was in er Luft passierte, ist noch unlar.

Fest steht: Kurz vor dem Aufrall seines Flugzeugs um 17.49 hr hatte Luigi Fasulo noch einen Notruf ausgesendet. Er habe nen Maschinenschaden, soll er en Fluglotsen in Mailand gemeldet haben. Andere Quellen erichten von Problemen mit em Fahrwerk. Jedenfalls schoss eine Maschine Sekunden später s Hochhaus. Beim Aufprall, der die Menschen im Zentrum von Mailand aufschrecken liess, starb Fasulo. Dass nur vier weitere Menschen ums Leben kamen, ist einem glücklichen Umstand zu verdanken: Der Pirelli-Turm wird renoviert – und zwar vom 25. Stock an bis zum Dach.

Zum Zeitpunkt des Unglücks hielten sich 15 Menschen im oberen Teils des 110 Meter hohen Bürogebäudes auf. Zwei der im Hochhaus beschäftigten Personen kamen beim Aufprall des Flugzeugs ums Leben. Und herabstürzende Trümmer erschlugen zwei Passanten auf der Strasse. Das Pirelli-Haus steht in unmittelbarer Nähe des Mailänder Bahnhofs. Dort herrschte um diese Zeit gestern Hochbetrieb.

In den unteren Stockwerken des Pirelli-Hauses befinden sich die Büros etlicher Behörden der Regionalregierung der Lombardei. Nicht zuletzt diesem Umstand ist es zuzuschreiben, dass zunächst viele Menschen an einen Terroranschlag glaubten. Auch der Senatspräsident Marcello Pera in Rom sagte kurz nach dem Unfall: «Wir können einen Terroranschlag nicht ausschliessen.» Diese Aussage relativierte Pera später nach einem Telefongespräch mit Innenminister Claudio Scajola. *ap/dpa*

Seite 48

Nach dem Einschlag des Flugzeuges: *Die obersten Stockwerke des Pirelli-Hochhauses sind zerstört.*

… in Mailands Stadtzentrum

… Die Maschine war, so erfuhr man, um 17.15 in Locarno gestartet und in der Schweiz immatrikuliert. Der Pilot, der sich allein an Bord seiner Piper befand, war Italiener, um die 70 Jahre alt, galt als Experte mit über 5000 Stunden Flugerfahrung und hat lange im Tessin gelebt. Er wollte offenbar später nach Lugano zurückfliegen. Im Tessiner Fernsehen wurde darüber spekuliert, ob er in Mailand günstig tanken wollte.

Kurz vor dem Aufprall, der einen lauten Knall und Feuer im Pirellone verursachte, hatte sich der Pilot mit einem Notruf beim Kontrollturm am Mailänder Stadtflughafen Milano-Linate gemeldet, wo er seine Maschine hatte landen wollen. Er hatte offenbar ein Problem mit dem Fahrwerk, das er nicht ausfahren konnte. Andere Vermutungen gehen von einem plötzlichen Malaise des Piloten aus. Augenzeugen jedenfalls berichteten, das Flugzeug habe bereits gebrannt, als es sich dem Hochhaus näherte.

Das Gebäude war halb leer

Alle ersten Erkenntnisse deuten also auf einen tragischen Unfall hin, bei dem bisher drei Menschen das Leben verloren, den Piloten eingeschlossen, und mindestens 30 Personen verletzt wurden. Die These des Unfalls unterstützten dann auch noch und nach Italiens Innenminister, die Flugsicherungsbehörde und auch der Kommandant des US-Militärstützpunktes Sigonella. Alle schlossen sie mit grösster Wahrscheinlichkeit aus, dass es sich um ein Attentat gehandelt haben könnte. Zum Zeitpunkt des Unfalls, nach Feierabend in den meisten Ämtern, befanden sich rund 300 Menschen im Bürogebäude, das zur Hauptarbeitszeit gegen 2000 beherbergt. In den obersten fünf Stöcken des Hochhauses arbeiteten schon seit längerem keine Beamte mehr, da die dortigen Büros gerade einer Renovation unterzogen wurden. Das ausgebrochene Feuer in den oberen Etagen war bald gelöscht. Es bestehe keine Einsturzgefahr. *Berichte Seite 14*

Drei Stockwerke in Trümmern: Hier endete der Flug aus Locarno.

Nun einige Beispiele aus der Print-Werbung. Die nachfolgenden Anzeigen stammen sämtliche aus einer kürzlich erschienenen Modezeitschrift (annabelle). Es geht nun darum, nicht nur das Vorhandensein und die Überlagerung der verschiedenen Kodes und Bedeutungsebenen zu demonstrieren, sondern es lässt sich mit den folgenden Beispielen auch zeigen, wie die Wirksamkeit von visuellen Botschaften gesteigert werden kann, wenn es gelingt, die semantische Energie des kategorialen Kodes zu mobilisieren, – wenn sich also die visuelle Konfiguration immer auch in einer symbolischen Ausweitung lesen lässt.

1. Beispiel: Giorgio Armani

Konventionaler Kode: die Marke in Schriftform (alleiniger Schriftzug der ganzen Anzeige) ist in Augenhöhe angebracht – unter dem Kinn des Models auch als A und O (gemeint der Mode) zu lesen.

Biologischer Kode: der entblösste Busen, umrankt von auffälligen und auffällig platzierten schwarzgestickten Blumen.

Archaischer Kode: Gesicht, verstärkt durch Blickverbindung zum Betrachter, selbstbewusste Haltung der Arme.

Kategorialer Kode: *die* Frau, wundersame Blumen als Archetyp des Blühens, des Wachsens, der Individuation.

Für alle Anzeigen gilt die Wirksamkeit der kontextuellen und intertextuellen Bedeutung, wenn das Produkt in eine *corporate communication* einbettet ist.

2. Beispiel: Espressomaschine Jura

Markenname in rotem Dreieckfeld links oben = Kick des biologischen Kodes (als auffälliges Detail). Ungewöhnlich und damit auffällig auch die Kombination von Kaffeemaschine und Computer-Tastatur.

Archaischer Kode: Gesicht von der Seite und andächtige Haltung, sozusagen – und damit Überleitung zum kategorialen Kode – Empfangsbereitschaft für Segnung. Die Kaffeemaschine, als magischer Schrein dargestellt, lässt dem Büropersonal Manna zuteil werden und giesst Erleuchtung aus. Schriftzüge als konventionalen Kode werde ich im Folgenden nicht mehr besonders erwähnen.

3. Beispiel: Hugo Boss

Biologischer Kode: Bewegung/*action*, Dynamik, scheinbare Aufhebung der Schwerkraft, durch die Bewegung teilweise Entblössung der Körper.

Archaischer Kode: Gesichter mit gespanntem Ausdruck, angespannte Gestik.

Kategorialer Kode: Motive wie Team, Gemeinsamkeiten, konstruktive Zusammenarbeit; Mann und Frau, Fitness, Körperbewusstsein; Ball: Symbol für Spiel, Wettkampf, von der Anordnung her auch Konnotation mit Sonne oder Mond; Ausgerichtetheit nach oben, Zielgerichtetheit, Höherstreben; all dies betont durch die senkrechte Linie in der Mitte.

4. Beispiel: Chanel

Elemente des archaischen Kodes, ausgeweitet in Richtung biologischer Kode (roter voller Mund) und kategorialer Kode ausgeweitet: Urmund, Visage als Vision: Göttin, Auge als Auge Gottes, Linie der Augen und der Augenbrauen von links nach rechts aufsteigend, um schliesslich beim höchsten Wert, Chanel (konventionaler Kode), anzukommen.

5. Beispiel: Zwei Uhren Hermes

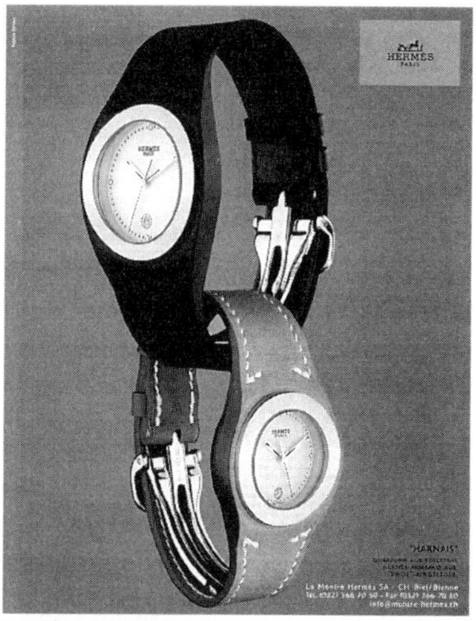

Auffällig die ungewöhnliche Gestaltung der Präsentation (biologischer Kode).

Kategorialer Kode: ineinander verschlungene Ringe als Ausdruck für eine vollkommene (Liebes-)Beziehung. Die Gleichgestimmtheit wird zudem dadurch betont, dass die Uhren die gleiche Zeit anzeigen: perfekte Übereinstimmung des Lebensrhythmus der beiden Partner. Indirekt wird auch die Zahl 8 als Chiffre für Unendlichkeit artikuliert (konventionaler Kode). Uhrzeit als Symbol für Leben in der Gegenwart, die liegende ∞ für Gegenwart als Ewigkeit.

Der archaische Kode ist nur implizit vorhanden. Es mag – intertextuelle betrachtet – auffallen, dass nicht nur die beiden Uhren auf diesem Bild die Uhrzeit 10 nach 10 anzeigen, sondern praktisch alle Uhren in fast sämtlichen Uhreninseraten (vgl. die beiden Beispiele links).

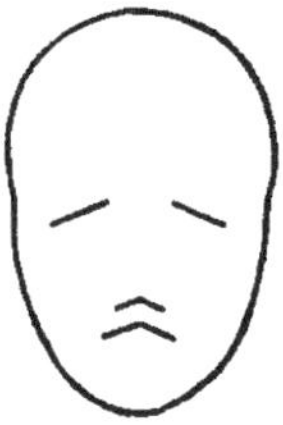

Warum diese verblüffende Einheitlichkeit? Die Antwort ist in einem urtümlichen (ur ohne h!) Gestus des Menschen, eben im archaischen Kode, begründet. Dies in zweifacher Hinsicht: Einerseits Anspielung auf die erhobenen Arme, die nicht nur spontan ein Hochgefühl zum Ausdruck bringen, sondern auch konventionalisiert gelesen werden können, als V für Victory, die siegreiche Geste, die in allen westlichen Kulturen verstanden wird. Überlagerung also des archaischen und des konventionalen Kodes. Nicht nur die Gestik stützt die 10 nach 10 Stellung der Uhren, sondern auch die Mimik. Das Hochziehen der Mundwinkel steht ebenfalls als Zeichen für Hochgestimmtheit. Und ist man mal gerade gegenteiliger Laune, hält die Verbalsprache den am archaischen Kode orientierten Ausdruck «Zwänzg-ab-achti-Schnorre» zur Verfügung. Auf diese Weise intertextuell vorbereitet, wird man denn auch, falls man doch einmal auf ein abweichendes Uhrengesicht stossen sollte, solche Zeigerstellung als «Lätsch» empfinden. Und kaum jemand wird eine depressive Uhr tragen wollen.

Aus den besprochenen Beispielen sollte ersichtlich geworden sein, dass das wichtigste Spezifikum des Bildes, die offene Bedeutung, einhergeht mit Vielschichtigkeit der Bedeutung. Einzelne Bedeutungsschichten sind aufgrund von phänomenologischen Merkmalen spontan erkennbar und relativ leicht identifizierbar, andere wiederum – besonders bei Werken der bildenden Kunst – treten erst zu Tage, wenn man gelernt hat, sich mit kundigem und erkundendem Blick auf die semantische Tiefe von Bildern einzulassen.

Literatur

Buck, Ross. *The Communication of Emotion.* New York: Guilford Press, 1984.

Doelker, Christian. *Ein Bild ist mehr als ein Bild – Visuelle Kompetenz in der Multimedia-Gesellschaft*. Stuttgart: Klett-Cotta, 2002.

Doelker, Christian. *Eine Scheibe Medienbildung. Medienerziehung auf CD-ROM.* Amberg: Druckhaus Oberpfalz, 2002.

Doelker, Christian. *Bilder lesen. Bildpädagogik und Multimedia.* Donauwörth: Auer Verlag, 1998.

Nöth, Winfried. *Handbuch der Semiotik.* Stuttgart und Weimar: J. B. Metzler, 2000.

Bildnachweise

S. 137 Harmen Steenwyck, *Still Life of Fruit and Dead Fowl,* ca. 1650. In: Vermeer and the Delft School. Walter Liedtke. New York, The Metropolitan Museum of Art, 2001.

S. 138 Georges Braque, *Stilleben mit Mandoline*, 1920/21. In: Christoph Vitali und Hubertus Gassner (Hg.): *Kunst über Grenzen*. München, Prestel-Verlag, 1999. – Piet Mondrian, *Komposition in Rot, Schwarz, Blau, Gelb und Grau*, 1920. In: *Die Geschichte der Kunst.* E. H. Gombrich. Frankfurt a. M., S. Fischer Verlag, 1996.

S. 139 Das Auge. In: *Werbefernsehen – das aktive Medium.* Ab für das Werbefernsehen, Bern, o.J.

S. 140 Die Sippschaft des Sapiens. In: *Geo Wissen* 10/2001, Gruner+Jahr, Hamburg.

S. 143 Alex Sadkowsky, *Gelbe Strasse*. Privatsammlung Zürich.

S. 145 René Fehr, *Form und Farbe.* Galerie Trittligasse, Zürich. – *Rétrospective Magritte*, Le Musée de Mitsukoshi, 1994/95, Catalogue.

s. 146 Fred Engelbert Knecht, *Doppelzitat: Hokusai, Magritte.* Privatsammlung Zürich.

S. 151 unten: Humbert de Superville, *Varieties of the human face.*

Symbolkompetenz im Kontext interkultureller Kommunikation mit Video

Peter Holzwarth

Im folgenden Beitrag werden am Beispiel von zwei internationalen Forschungsprojekten die Möglichkeiten interkultureller Kommunikation mit visuellen und audio-visuellen Symbolen skizziert. Weiter wird gezeigt, dass sich eine theoretisch-konzeptionelle Reflexion und die praktische Vermittlung spezieller Medienkompetenzen in diesem Kontext als wichtig erweisen.

In einer Zeit, in der die Bedeutung audio-visueller Medien für Kommunikations- und Identitätskonstruktionsprozesse tendenziell zunimmt, stellt sich die Frage, welchen Stellenwert audio-visuelle Kompetenzen (vgl. ‹visual literacy›, ‹image education›, Bildpädagogik) neben kulturellen Kompetenzen wie Lesen und Schreiben einnehmen.[1] Die Orientierungs- und Aneignungsanforderungen, die unsere heutige globalisierte und individualisierte Mediengesellschaft an das Subjekt richtet, differenzieren sich aus und werden komplexer.[2] Insbesondere im Kontext interkultureller Kommunikation, bei der sich die verbalen Symbolsysteme der Kommunikationspartner oft nur zu einem geringen Teil oder gar nicht überschneiden, erscheint die Frage nach den Möglichkeiten visueller und audio-visueller Verständigung brisant. Medienpädagogische Forschung und Praxis haben sich diesen veränderten Konstellationen zu stellen.

1 Empirische Kontexte: die internationalen Forschungsprojekte «VideoCulture» und «CHICAM»

Das medienethnographische interkulturelle Praxisforschungsprojekt VideoCulture[3], das von 1997 bis 2001 an der Pädagogischen Hochschule Ludwigsburg durchgeführt wurde, erforschte die Möglichkeiten interkultureller

1 Bering benutzt in diesem Kontext den Ausdruck «Bilderflut», er weist auf die damit verbundenen Chancen und Gefahren hin und leitet die Notwendigkeit der Vermittlung von visueller Kompetenz ab (Bering 2002, S. 89f.). Auch Doelker (1997) hat im Bereich visuelle Kompetenz grundlegende und wichtige Beiträge geleistet.

2 Vgl. in diesem Zusammenhang Becks Konzepte Individualisierung, Pluralisierung und Fragmentierung (Beck 1986), die sich für unseren Zusammenhang sinnvoll auf neue Wahrnehmungs- und Orientierungsweisen beziehen lassen.

3 Im Rahmen des Projekts wurden eine praxisbezogene (Ministerium für Kultus, Jugend und Sport Baden-Württemberg 2001) und eine wissenschaftliche Publikation (Niesyto 2003a) veröffentlicht.

Kommunikation und Verständigung zwischen Jugendlichen aus verschiedenen Ländern und Sprachgemeinschaften. Projektmitarbeiter aus fünf Ländern (Grossbritannien, Ungarn, Tschechien, USA und Deutschland) untersuchten die Entstehung und Interpretation von Video-Eigenproduktionen Jugendlicher. Kurze, nonverbale Videos aus den fünf Ländern wurden (unter medienpädagogischer Begleitung) produziert, ausgetauscht und von den Partnerjugendgruppen interpretiert. Es wurde untersucht, inwieweit durch das Zusammenspiel von Bildern und Musik Kommunikation über Länder- und Sprachgrenzen hinweg ermöglicht werden kann.

Die Projekterfahrungen haben gezeigt, dass das Konzept «Interkulturelle Kommunikation mit Video» Jugendlichen ermöglicht, Gefühle, Erfahrungen und zum Teil auch kurze Geschichten mitzuteilen (Holzwarth/Maurer 2003; Niesyto 2003b). Bei den interkulturellen Aneignungsprozessen spielte die Mehrdeutigkeit audio-visueller Kommunikation eine grosse Rolle. Offenere Produkte liessen im Vergleich zu eher geschlossenen ein breiteres Spektrum an Lesarten zu. Vor allem bei offenen und mehrdeutigen Produktionen waren der emotionale Zugang, der spielerische Umgang mit Bedeutungen und der Anschluss des Produkts an die Subjektivität des «Lesers» von besonderer Bedeutung. Des Weiteren spielten unterschiedliche Arten von Symbolen eine Rolle. Zentral waren diejenigen Symbole, für die sich aufgrund gemeinsamer Medienerfahrungen in den verschiedenen Ländern eine ähnliche Bedeutung etabliert hat (kulturelle Globalisierung). Auch bestimmte Medienformen, die länderübergreifend bekannt sind, spielten im Prozess der Aneignung eine Rolle (Videoclip, Spielfilm, Kunstfilm).

Das Konzept «Interkulturelle Kommunikation mit Video» wird im Rahmen des internationalen EU-Forschungsprojekts «CHICAM – Children in Communication about Migration»[4] mit der Zielgruppe Kinder mit Migrationskontext in London, Stockholm, Utrecht, Athen, Rom und Ludwigsburg weiterentwickelt (Holzwarth/Maurer/Niesyto 2002). CHICAM (Laufzeit 2001 bis 2004) möchte 10- bis 14-jährigen Kindern, die im Kontext von Migration oder Flucht in verschiedenen Ländern Europas leben, die Möglichkeit geben, sich mittels Fotografie, Video und Internet mit der eigenen Lebenssituation auseinander zu setzen (Peergroup-Beziehungen, Familienbeziehungen, Schule) und Erfahrungen über Ländergrenzen hinweg auszutauschen. Das Projekt verfolgt das Ziel, das Potenzial neuer Medien für interkulturelle Kommunikation, Reflexion und Integration zu untersuchen. Mit der Vermittlung von Me-

4 Weitere Information zu CHICAM bieten folgenden Internetseiten: *http://www.ph-ludwigsburg.de/medien1/chicam.htm* und *http://www.chicam.net*. In der Projektgruppe in Deutschland an der Pädagogischen Hochschule Ludwigsburg arbeiten Prof. Dr. Horst Niesyto (Director), Björn Maurer (Media-educator) und Dipl.-Päd. Peter Holzwarth (Researcher).

dienkompetenz und Ausdrucks- und Reflexionsfähigkeit sollen die Kinder zudem zu gesellschaftlicher Teilhabe befähigt werden. Es ist geplant, die Produktionen der Kinder unterschiedlichen Öffentlichkeiten zugänglich zu machen, um im sozialen Umfeld der Kinder, in lokalen Institutionen (z. B. Schulen) und in politischen Institutionen ein stärkeres Bewusstsein für die Lage von Kindern aus Migrations- und Fluchtkontexten zu schaffen. In den beteiligten Ländern (Grossbritannien/London, Italien/Rom, Niederlande/Utrecht, Schweden/Stockholm, Griechenland/Athen und Deutschland/Ludwigsburg) haben sich Gruppen von Kindern, die sogenannten «CHICAM Clubs» gebildet. Diese ethnisch und geschlechtlich gemischten Gruppen (ca. 8–12 Kinder mit relativ aktueller Migrationserfahrung) arbeiten mit digitaler und analoger Fotografie sowie mit Video und kommunizieren mit ihren Partnergruppen über eine speziell eingerichtete passwortgeschützte Intranetplattform. Begleitet werden die Gruppen von einer Medienpädagogin/einem Medienpädagogen. Eine weitere Person arbeitet in den Clubs, um die Produktions- und Kommunikationsprozesse wissenschaftlich zu begleiten und zu dokumentieren sowie die Lebenswelten der Kinder zu erforschen.

2 Theoretische Bezüge: Polysemie- und Aneignungskonzepte

Im Folgenden werden Polysemie- und Aneignungskonzepte dargestellt, die im Kontext interkultureller Kommunikation mit Video relevant sind. Sie werden später im Rahmen eines Kompetenzmodells aufgegriffen werden.

Umberto Eco, der mit den literarischen Werken *Der Name der Rose* und *Das Foucaultsche Pendel* bekannt geworden ist, hat sich als Semiotiker u. a. mit Struktur und Interpretation von Texten beschäftigt. Von besonderer Bedeutung ist seine Differenzierung zwischen offenen und geschlossenen Texten (Eco 1981). Am Beispiel bestimmter Musikstücke veranschaulicht Eco den Unterschied von Offenheit und Geschlossenheit:

> «...diese neuen Musikwerke hingegen bestehen nicht aus einer abgeschlossenen und definiten Botschaft, nicht aus einer eindeutig organisierten Form, sondern bieten die Möglichkeit für mehrere, der Initiative des Interpreten anvertraute Organisationsformen; sie präsentieren sich folglich nicht als geschlossene Kunstwerke, die nur in einer einzigen gegebenen Richtung ausgeführt und aufgefasst werden wollen, sondern als ‹offene› Kunstwerke, die vom Interpreten im gleichen Augenblick, in dem er sie vermittelt, erst vollendet werden.» (Eco 1977:28ff.)

Geschlossene Texte legen dem Rezipienten eine bestimmte Lesart nahe («preferred reading» (O'Sullivan et al. 1994:238)) und sind in ihrem Sinn eindeutiger, während offene Texte in ihrer Bedeutung weniger festgelegt und determiniert sind. Diese Unterscheidung von eher offenen und eher geschlossenen Texten lässt sich auf verschiedene ästhetische Bereiche (Musik, Epik, Lyrik, darstellende Kunst, Theater, Fotografie und Film/Video) beziehen und eröffnet Analysemöglichkeiten für die Interaktion von Subjekt und Text im Rezeptionsprozess.

Auch für viele Bereiche der Cultural Studies spielen Konzepte von Polysemie und Offenheit eine zentrale Rolle.[5] Die Rezeption von Medienprodukten wird nicht als Reproduktion von produktimmanenten Bedeutungen verstanden, sondern als ein aktiver Prozess der Aneignung und Aushandlung (‹negotiation›).

> «The term negotiation then, implies that the text does not ‹have› a meaning, but rather delimits a range of potential meanings: which meaning is realized in a particular reading is determined as much by the reader as by the text.» (O'Sullivan et al. 1994:200).

Neben der im Text strukturell angelegten Mehrdeutigkeit werden die unterschiedlichen soziokulturellen Kontexte der Leser betont. Der Terminus «aberrant decoding» geht auf Eco zurück und bezeichnet die Bedeutungsabweichungen, die oft festgestellt werden können, wenn sich die Bedeutungswelten von Produktionskontext und Rezeptionskontext unterscheiden. In diesem Zusammenhang ist das Encoding/Decoding-Modell von Stuart Hall von Bedeutung (Hall 1999; Hepp 1999:110–118; Winter 1999).

> «Die Grade der Symmetrie/Asymmetrie – d.h. die Grade von ‹Verstehen› und ‹Missverstehen› im kommunikativen Austausch oder in technizistischer Terminologie die Grade der 'Störung' des Kommunikationsprozesses – hängen vom Umfang der ‹Codes› ab, den Rezipierende und Produzierende teilen. Differenzen können hier nach Hall darauf zurückzuführen sein, dass Rezipierende einem anderen soziokulturellen Umfeld entstammen als Produzierende und entsprechend Unterschiede in den kulturellen Wissensvorräten bestehen.» (Hepp 1999:113)

Anzumerken ist, dass im Grunde jede Kommunikation Asymmetrien aufweist. Eine gelungene Kommunikation im Sinne völliger Symmetrie ist nur als Gedankenexperiment oder Idealtypus vorstellbar. Trotzdem macht es Sinn,

5 Betrachtet man Kultur als mehrdeutigen Text, den es zu interpretieren und zu verstehen gilt (vgl. Winter 2000, S. 23 und Geertz 1987), so wird deutlich, dass Konzepte von Polysemie auch im sozialwissenschaftlichen Prozess der interpretativen hermeneutischen Erkenntnisgewinnung von grosser Bedeutung sind. Verbunden mit dieser Vorstellung (Kultur als mehrdeutiger Text) ist die Frage nach Gültigkeit, Plausibilität und Belegbarkeit von Deutungen, sowie den Möglichkeiten (und Grenzen) des wissenschaftlichen Verstehens.

von Symmetrie und Asymmetrie in einem relationalen Verhältnis zu sprechen.

Stuart Halls Lesartentypologie bezieht sich auf Auslegungsspielräume von Texten. Sie reflektiert insbesondere Macht- und Hegemonieverhältnisse im Kommunikationsprozess. Hall unterscheidet drei Lesarten bzw. Aneignungsdimensionen: die dominant-hegemoniale Position, die ausgehandelte Position und die oppositionelle Position (vgl. ebenda:114ff.; Jurga 1999:132).

Es wird betont, dass die Offenheit und Mehrdeutigkeit von Texten nicht mit Beliebigkeit gleichzusetzen ist, denn auch ein Text, der mehrere Lesarten zulässt und keine eindeutige Vorzugslesart nahe legt, ist in seiner Deutungsvielfalt begrenzt durch eine Struktur.

Ein weiteres Konzept entstammt der Rezeptionsästhetik: Iser bezeichnet bestimmte Stellen im Werk, die von interpretatorischer Offenheit gekennzeichnet sind, als Leerstellen (Iser 1975). Durch diese Unbestimmtheitsstellen entstehen Auslegespielräume: «Der Leser wird die Leerstellen dauernd ausfüllen oder beseitigen.» (ebenda:235). Über diese Leerstellen kann der Grad der aktiven und konstruktiven Beteiligung des Rezipienten reguliert werden. Bestimmte Hinweise führen dazu, dass die Leerstellen nicht beliebig ausgefüllt werden. Es können Möglichkeiten der Bewertung im Sinne einer «Leserlenkung» vorgegeben werden (ebenda:240). Damit kann der Spielraum der Reaktionen kontrolliert werden. Dadurch, dass die Intention vom Autor nicht explizit formuliert, sondern vom Rezipienten konstruiert wird, erhöht sich die Wirkung (ebenda:243). Es liegt nahe, dass Produzenten Leerstellen mit ihrer aktivitätsfördernden und wirkungsverstärkenden Funktion bewusst und gezielt zum Einsatz bringen. Es wäre aber auch vorstellbar, dass bei bestimmten Produktionen Leerstellen unbewusst entstehen, die dann ebenso die beschriebenen Funktionen erfüllen. Besonders bei Video-Eigenproduktionen (von Kindern und Jugendlichen ohne Vorerfahrungen) stellt sich die Frage, inwieweit von einem absichtsvollen Gebrauch von Leerstellen ausgegangen werden kann.[6]

Das Interpretationskonzept «Kreative Rezeption» von Schröter und Wangerin (1993) knüpft an das Leerstellenkonzept von Iser an und betont die aktiven, kreativen und Bedeutung konstruierenden Aspekte der Aneignung. Der Schwerpunkt liegt nicht auf Objektivität, Autonomie und Überzeitlichkeit von Kunstwerken und kulturellen Produktionen, sondern vielmehr auf der Interaktion von Rezipient und Produkt. Im Prozess der Aneignung spielen die Erfahrungen, Erinnerungen, Wünsche und Hoffnungen des deutenden Subjekts eine zentrale Rolle. Es geht bei der Interpretation eines Textes nicht

6 In diesem Kontext stellt sich auch die Frage, welche Rolle der Faktor Zufall in der ästhetischen Produktion spielt.

um die Reproduktion konventionalisierter Sinnmuster, sondern um die lebensweltbezogene subjektive Aneignung des Rezipienten.

> «Kreative Rezeption ermöglicht jedem die lebensgeschichtliche Anbindung des Kunstwerks. Jeder kann Spuren eigener Erfahrung entdecken und entfalten» (Schröter/Wangerin 1993:230).

Schröter und Wangerin verstehen die kreative Auseinandersetzung mit einem Werk, das Ergänzen von Offenheiten und das Füllen von Leerstellen als Möglichkeit der Selbstspiegelung, Selbstorientierung und Selbsterfahrung: Das rezipierende Subjekt kann zu einem Zugang zu sich selbst gelangen und eine Erweiterung der eigenen Lebenswirklichkeit erfahren. Die Autoren beziehen ihr Konzept auf Bildende Kunst, Film und Literatur und schildern Möglichkeiten praktischen Arbeitens. Es ist davon auszugehen, dass insbesondere auch Jugendliche im Rahmen ihrer Mediennutzungspraktiken von Selbstorientierungsmöglichkeiten Gebrauch machen.[7]

Bezieht man die dargestellten Polysemie- und Aneignungskonzepte auf Eigenproduktionen, so lässt sich eine Produktion nicht nur als entweder geschlossener oder offener Text beschreiben (Eco 1981), sondern als ein Bedeutungsgebilde, das in verschiedenen Bereichen eher offene und eher geschlossene Stellen aufweist oder anders ausgedrückt: ein Bedeutungsgebilde, das von interpretierenden Subjekten an verschiedenen Stellen als eher offen und eher geschlossen wahrgenommen wird. Ob nun ein bestimmter Bereich eines Produktes als offen oder geschlossen wahrgenommen wird, kann von sozialen und kulturellen Kontexten abhängig sein. Was in Kontext A als offene Stelle oder Leerstelle wahrgenommen wird, kann in Kontext B als relativ eindeutiges Sinnangebot verstanden werden. Wenn die Bedeutung eines Symbols nicht kulturübergreifend geteilt wird, kann aus einer ansonsten geschlossenen Stelle eine offene Stelle werden. Ebenso kann innerhalb des Kontextes A eine Person X eine Stelle als offen wahrnehmen, während eine Person Y, die demselben Kontext entstammt, den Bereich als eher stark bestimmt wahrnimmt. Es ist davon auszugehen dass der Umgang mit Mehrdeutigkeit und Offenheit auch von milieuspezifischen kulturellen Kompetenzen (Bourdieu 1987) und Wahrnehmungsgewohnheiten abhängt. Der souveräne Umgang mit offenen Texten ist bis zu einem gewissen Grad Bestandteil angeeigneten kulturellen Kapitals.

7 Gillespies (1999) Untersuchung zum sozial-kommunikativen Umgang Migrantenjugendlicher mit der Soap-opera «Neighbours» soll hier stellvertretend genannt werden.

3 Konzeptionelle und praktische Überlegungen zu Symbolkompetenz

Die Erfahrungen aus den Projekten haben verdeutlicht, dass im Kontext interkultureller Kommunikation mit Medien eine theoretisch-konzeptionelle Reflexion und die praktische Vermittlung verschiedener Kompetenzbereiche (im Schnittfeld von Medienkompetenz und interkultureller Kompetenz) besonders wichtig sind:

Im Rahmen des folgenden Modells werden Leserlenkungskompetenz und Ambiguitätskompetenz als Teilaspekte von Symbolkompetenz[8] dargestellt. Allgemeine Medienkompetenz[9] stellt gleichsam den Rahmen oder die Basis dieses Modells dar.

Symbolkompetenz

Leserlenkungskompetenz

Die Fähigkeit, Aneignungsweisen im potentiellen Rezipienten zu antizipieren («imagining the audience» bzw. Publikumsbewusstheit) und gemäß diesen Vorstellungen die Lesartenvielfalt auf einen gewünschten Bereich einzuschränken.

Ambiguitätskompetenz

Das Wissen um die unterschiedlichen Grade von Offenheit und Geschlossenheit in Medientexten, die Kontextabhängigkeit von Bedeutungen und die Fähigkeit Eindeutigkeit und Mehrdeutigkeit (Leerstellen) bei Produktion und Interpretation zu nutzen.

Medienkompetenz

Die Fähigkeit, Möglichkeiten der Medien auf ästhetischer und technischer Ebene für Produktion und Rezeption effektiv, kritisch-reflexiv, eigenständig und lustvoll zu nutzen.

8 Unter einem Symbol wird in diesem Kontext ein sinnlich wahrnehmbarer Wirklichkeitsaspekt verstanden, der von Subjekten (Produzenten und Rezipienten) mit Bedeutung verbunden werden kann; z. B. ein Musikstück (z. B. Titanic-Musik von Celine Dion), ein Geräusch, ein sprachlicher Laut, ein Einzelbild (z. B. ein Auge mit Tränen), eine Abfolge von Bildern (z. B. eine Handlung), ein Übergangseffekt, eine Zoom oder ein Szeneneffekt (z. B. Verfärbung).

9 Im Kontext der Diskussion um Medienkompetenz erscheint interessant, wie die verschiedenen Konzepte das Verhältnis von bereits vorhandenen und noch zu entwickelnden Fähigkeiten und Fertigkeiten fassen. Buckingham et al. haben darauf hingewiesen, dass Jugendliche über ein beachtliches passives Medienwissen aus Rezeptionserfahrungen verfügen (vgl. Buckingham/Grahame/Sefton-Green 1995). Medienpädagogische Arbeit, die Kompetenzen vermitteln will, sollte sich daher auf die vorhandenen Fähigkeiten der Lernenden einlassen und an diesen anknüpfen. Damit stellt sich auch die Frage, in welchen Kontexten Medienkompetenzen angeeignet werden und in welchem Verhältnis pädagogisch begleitete Lernräume (Jugendarbeit, Jugendkulturarbeit, Schulische Medienpädagogik) zu informellen Lernfeldern stehen. Einen Beitrag zu dieser Frage leistet auch die Diskussion um Selbstsozialisation (vgl. Fromme et al. 1999).

Leserlenkungskompetenz als die Fähigkeit, Aneignungsweisen im potentiellen Rezipienten zu antizipieren (‹imagining the audience› bzw. Publikumsbewusstheit) und gemäss diesen Vorstellungen die Lesartenvielfalt auf einen gewünschten Bereich einzuschränken, beinhaltet auch die Fähigkeit, sich bis zu einem gewissen Masse von eigenen Perspektiven zu lösen (Dezentrierung) und sich in Perspektiven des anderen hineinzuversetzen (Empathie).

Ambiguitätskompetenz als das Wissen um die unterschiedlichen Grade von Offenheit und Geschlossenheit in Medientexten, die Kontextabhängigkeit von Bedeutungen und die Fähigkeit Eindeutigkeit und Mehrdeutigkeit (Leerstellen) bei Produktion und Interpretation zu nutzen bezieht sich auf einen *bewussten* Umgang mit Mehrdeutigkeit. Es soll jedoch nicht darum gehen, den Produktionsprozess auf Kosten von Spontaneität und Intuition kognitiv und rational zu überfrachten.[10]

Folgende Fragen stehen im Zusammenhang mit Symbolkompetenz:
- «Welche Symbole kann ich benutzen, wenn ich auch von meinen Partnern in anderen Ländern verstanden werden will?»
- «Welche Symbole kennen die anderen auch? Welche Symbole sind nur mir und den Menschen in meinem Kulturraum bekannt?»
- «Wie viel Mehrdeutigkeit kann und will ich den anderen zumuten?»
- «Will ich eindeutig verstanden werden oder will ich den anderen bewusst die Möglichkeit geben, mit mehrdeutigen Symbolen zu spielen und sie eigene Bedeutungen erschliessen lassen?»

Die beiden folgenden Beispiele aus Videoeigenproduktionen Jugendlicher veranschaulichen den Gebrauch kulturübergreifender und kulturspezifischer Symbole und zeigen Implikationen für interkulturelle Verstehensprozesse auf.

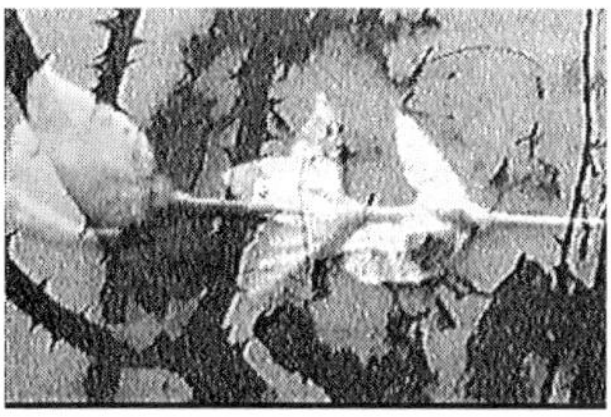

Beispiel für kulturübergreifende Symbolik: Rose und Dornen aus dem VideoCulture-Film *Die Liebe* (Ludwigsburg):[11]

Folgende Beispiele aus den Interpretationen von Partnergruppen veranschaulichen die relativ starke Bedeutungsverknüpfung von Rose/

10 Es ist ja gerade auch eine Stärke des ästhetischen Ausdrucks (vor allem bei visuellen und audio-visuellen Darstellungsformen), dass immer auch nicht bewusste und nicht reflektierte Aspekte mitschwingen und mit ausgedrückt werden können.

11 Die Videos können anhand der Begleit CD-ROM zur wissenschaftlichen Abschlusspublikation von VideoCulture angeschaut werden (Niesyto 2003a).

Dornen und Liebe/Schmerz. Durch die Nutzung relativ stark konventionalisierter, kulturübergreifender Symbole konnte eine relativ grosse Ähnlichkeit zwischen Ausdrucksabsicht der Produzierenden und Deutung der Rezipierenden entstehen.

- «*What came to mind was the rose to symbolise love.*» und «*The rose meant love...*» (15-jähriges Mädchen aus Los Angeles)
- «*Rose= Liebe*» (14-jähriges Mädchen aus der Bundesrepublik Deutschland)
- «*Dornen = Hass z. B. Trennung*» (14-jähriges Mädchen aus der Bundesrepublik Deutschland)
- «*Die Dornen der Rose – Bedeutung: Die Rose ist die Liebe, die Rose hat aber auch Dornen d.h. Liebe hat auch schlechte/verletzliche Seiten*» (14-jähriges Mädchen aus der Bundesrepublik Deutschland)

I: «*and what do you think the rose symbolises?*» — ?: «*Love*» (Jugendliche aus London im Interpretationsgespräch)
«Many of the participants noticed the rose and were aware of its symbolism. For Ronnie, the white rose symbolized death. Frances and Damont associated the rose with love.» (Fisherkeller/Butler/Zaslow 2000, S. 18) (Jugendliche aus New York im Interpretationsgespräch)

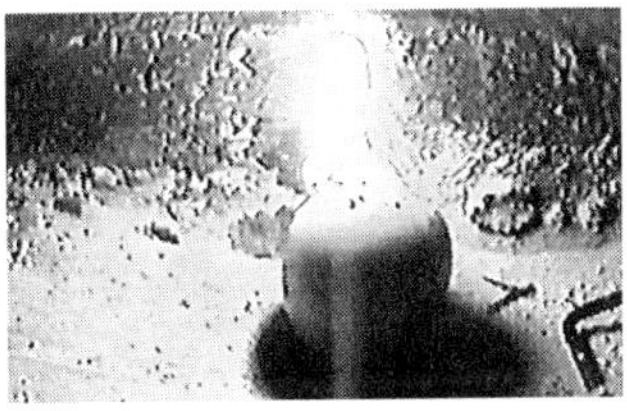

Beispiel für kulturspezifische Symbolik: brennender Apfel aus dem VideoCulture-Film *Self-Destruct* (Los Angeles):
Die beiden Produzenten des Films kommentieren das Symbol «brennender Apfel» folgendermassen: «Our project is a comment on the effects of gun violence in the world today. [...] Since it was traditional in old times for kids to bring an apple for their teacher as a gift, we show one of fire to signify that violence leads to the end of the old, peaceful things.» (Lamb 2000, S. 5)

Das Beispiel macht deutlich, wie ein bestimmtes kulturspezifisches Deutungs- und Kontextwissen die Grundlage für eine mit der Intention übereinstimmende Deutung darstellen kann. Wenn Produzierende und Rezipierende dieses Deutungswissen nicht teilen, können abweichende Lesarten oder auch Zugangs- und Verständnisschwierigkeiten entstehen.

Die Erfahrungen aus den Projekten VideoCulture und CHICAM haben gezeigt, dass Symbolkompetenz und Publikumsbewusstheit (imagining the audience) in der medienpädagogischen Praxis gefördert werden kann. Die eigene Produktion im Lichte fremder Produktionen wahrzunehmen stellt wohl die wichtigste Erfahrung von Publikumsbewusstheit dar. Buckingham kommt im Rahmen der Analyse eines VideoCulture Workshops in London zu folgender Einschätzung: «Nevertheless, it is reasonable to conclude that the experience of watching the other productions has influenced how they think about their own – or at least what they are prepared to say about it. There is a kind of ‹decentering› here: thinking about their own interpretations of other people's productions encourages them to think about how other people would think about theirs. In particular, it leads them to consider the relationship between intentions and results: to recognise that some of their intentions were not clear, or changed as the work progressed; and that some of the outcomes did not correspond to their initial intentions, and may even have led to them being misinterpreted» (Buckingham/Harvey 2003:135).

An diesem Beispiel lässt sich zeigen, dass durch das Vorhandensein eines Publikums, das Rückmeldungen gibt und durch das Anschauen und Interpretieren anderer Produktionen Reflexionsprozesse angestossen werden, die für die Beurteilung bereits vorhandener Eigenproduktionen wichtig sind, aber auch für die Entwicklung weiterer.[12] In diesem Sinne stellt der Austausch und das gegenseitige Beurteilen und Deuten von Produktionen eine Bereicherung des Produktionsprozesses dar. Auch andere pädagogische Arrangements und Anregungen können den Publikumsaspekt konkreter erscheinen lassen:

Indem eine grosse Weltkarte im Produktionsraum aufgehängt wird (möglicherweise auch mit Markierungen der Partnerländer oder angedeuteten Verbindungslinien zwischen den Ländern), kann der interkulturelle Aspekt der Kommunikationssituation immer wieder bewusst werden bzw. bewusst gemacht werden. Dem gleichen Ziel dienen Gruppenfotos der Partner, die am Produktionsort aufgehängt werden können. Wichtig ist in diesem Zusammenhang, dass die anderen quasi mit einem konkreten Gesicht und einer konkreten Gestalt repräsentiert werden können.

Zusätzlich zum Austausch von Botschaften im passwortgeschützten Intranet wurde bei CHICAM versucht, die mediale Kommunikation durch den Austausch von Päckchen mit Süssigkeiten, kleinen Geschenken und Bildern zu erweitern.

Bereits während des Produktionsprozesses andere Menschen als Publikum mithineinzunehmen, kann wichtige Reflexionsprozesse ermöglichen, die auch in die weitere produktive Arbeit einfliessen können. Im Projekt VideoCulture konnte beispielsweise eine Sozialpädagogin, die nicht am Projekt beteiligt war ein wichtiges Zwischenfeedback geben (Holzwarth/Maurer 2003).

12 Im Rahmen des Forschungsprojekts CHICAM wurde an einem Fall deutlich, wie die Beurteilung von Videos aus anderen Ländern die Einschätzung des eigenen Films im Sinne einer grösseren selbstkritischen Distanz bereichert hat.

4 Forderungen an medienpädagogische Praxis und Forschung

Aus den Erfahrungen mit VideoCulture und CHICAM lassen sich Forderungen an die Medienpädagogik bzw. an die Förderpolitik medienpädagogischer Projekte ableiten. Neben kurzzeitpädagogischen Projekten die aufgrund ihrer Niedrigschwelligkeit fraglos eine grosse Bedeutung haben, sollten auch Projekte gefördert und durchgeführt werden, die längerfristiges Arbeiten und systematischere Entwicklung von Kompetenzen ermöglichen. Im Hinblick auf die Entwicklung von Symbolkompetenz und Publikumsbewusstheit sind längerfristig angelegte Projekte, die längere Kommunikations- und Feedbackketten ermöglichen wichtig.

Es gilt weiter – bei allen Arten von medienpädagogischen Projekten – den Aspekt Öffentlichkeit stärker in den Mittelpunkt zu rücken bzw. Öffentlichkeit und Veröffentlichung als integralen Bestandteil von Medienarbeit zu etablieren. Insbesondere die Themen von sozial benachteiligten Gruppen, die in den etablierten Medien oft unterrepräsentiert sind, sollten durch die Herstellung von Öffentlichkeit die Chance bekommen, gehört und gesehen zu werden. Öffentlichkeit herstellen kann Verschiedenes bedeuten: Produktionsgruppen an verschiedenen Orten tauschen ihre Medientexte aus und geben sich gegenseitig Rückmeldungen. Oder: Nach Beendigung der Produktion wird der fertige Medientext präsentiert oder ausgestellt (z. B. Präsentation eines Videos an der Schule vor Eltern, Lehrern und Mitschülern, Präsentation eines Videos im Jugendhaus vor Freunden, Eltern und Bekannten, Präsentationen von Videos im Rahmen verschiedener Veranstaltungen im sozialen Nahraum der Produktionsgruppe). Das Internet und verschiedene Bürgermedien stellen ebenfalls wichtige Plattformen dar.[13]

Medienkompetenz muss immer auch im Kontext von sozialer Benachteiligung diskutiert werden. In diesem Sinne verweist Medienkompetenz auch immer auf die Ressourcen (Keupp 2002), Kapitalsorten (Bourdieu) und Bildungschancen, die in verschiedenen sozialen Milieus in ungleicher Verteilung zur Verfügung stehen. Die Vermittlung von Medienkompetenz für Subjekte aus sozial benachteiligenden Milieus bedarf auch subjektadäquater Vermittlungsmethoden und Konzepte.[14] Auch in diesem Zusammenhang will CHICAM einen Beitrag leisten.

13 Das Projekt CHICAM zielt auch darauf ab, Eigenproduktionen Entscheidungsträgern in verschiedenen politischen Feldern (u. a. Migrationspolitik) zugänglich zu machen, um deren Erfahrungsspektrum zu erweitern.

14 Das Netzwerk «CrossCulture» (*http://www.crossculture.de*) hat 10 Thesen zur interkulturellen Jugendmedienarbeit formuliert (Gesellschaft für Medienpädagogik und Kommunikationskultur e.V. 2000, S. 11).

Literatur

Beck, Ulrich. *Risikogesellschaft. Auf dem Weg in eine andere Moderne.* Frankfurt am Main: Suhrkamp, 1986.

Bering, Kunibert. «Bezugsfelder der Vermittlung visueller Kompetenz.» In: *Bild – Medien – Wissen. Visuelle Kompetenz im Medienzeitalter.* Hans Dieter Huber, Bettina Lockemann, Michael Scheibel (Hrsg.). München: kopaed, 2002. 89–96.

Bourdieu, Pierre: *Die feinen Unterschiede. Kritik der gesellschaftlichen Urteilskraft.* Frankfurt am Main: Suhrkamp, 1987.

Buckingham, David; Harvey, Issy. «Imagining the audience – Reflections on the pilot phase of VideoCulture.» In: *VideoCulture. Video und interkulturelle Kommunikation.* Niesyto, Horst (Hrsg.). München: kopaed, 2003. 111–138.

Buckingham, David; Graham, Jenny; Sefton-Green, Julian. *Making Media. Practical Production in Media Education.* London: Gulbenkian, 1995. 145–165.

Doelker, Christian. *Ein Bild ist mehr als ein Bild. Visuelle Kompetenz in der Multimedia-Gesellschaft.* Stuttgart: Klett-Cotta, 1997.

Eco, Umberto. *Das offene Kunstwerk.* Frankfurt am Main: Suhrkamp, 1977.

Eco, Umberto. *The Role of the Reader.* London: Hutchinson, 1981.

Fisherkeller, JoEllen; Butler, Allison; Zaslow Emile. *Videocultures: Youth Media Production and Symbolic Communication Across Cultures.* Report on New York Site activity. Unveröffentlichtes Projektdokument. New York University, 2000.

Fromme, Johannes; Kommer, Sven; Mansel, Jürgen; Treumann, Klaus Peter (Hrsg.). *Selbstsozialisation, Kinderkultur und Mediennutzung.* Opladen: Leske + Budrich, 1999.

Geertz, Clifford. *Dichte Beschreibung. Beiträge zum Verstehen kultureller Systeme.* Frankfurt am Main: Suhrkamp, 1987.

Gesellschaft für Medienpädagogik und Kommunikationskultur e.V. *.nexum das Netzwerk.* Heft 8/2002.

Gillespie, Marie. «Fernsehen im multiethischen Kontext.» In: *Widerspenstige Kulturen. Cultural Studies als Herausforderung.* Karl H. Hörnig, Rainer Winter (Hrsg.). Frankfurt am Main: Suhrkamp, 1999. 292–338.

Hall, Stuart. «Kodieren/Decodieren.» In: *Cultural Studies. Grundlagentexte zur Einführung.* Bromley Roger, Udo Göttlich, Carsten Winter (Hrsg.). Lüneburg: zu Klampen, 1999. 92–110.

Hepp, Andreas. *Cultural Studies und Medienanalyse.* Wiesbaden: Westdeutscher Verlag, 1999.

Holzwarth, Peter; Maurer, Björn. «Kreative Bedeutungskonstruktion und ästhetische Reflexivität im Spannungsfeld von Symbolproduktion und Symbolverstehen. Eine fallbezogenen Analyse.» In: *VideoCulture. Video und interkulturelle Kommunikation.* Horst Niesyto (Hrsg.). München: kopaed, 2003. 139–168.

Holzwarth, Peter; Maurer, Björn; Niesyto, Horst. «CHICAM – Children in Communication About Migration.» In: *.nexum das Netzwerk.* Heft 8/2002. Gesellschaft für Medienpädagogik und Kommunikationskultur e.V. 19–21.

Iser, Wolfgang. «Die Appelstruktur der Texte.» In: *Rezeptionsästhetik. Theorie und Praxis.* Rainer Warning (Hrsg.). München: Fink (UTB für Wissenschaft), 1975. 228–252.

Jurga, Martin. «Texte als (mehrdeutige) Manifestationen von Kultur: Konzepte von Polysemie und Offenheit in den Cultural Studies.» In: *Kultur – Medien – Macht. Cultural Studies und Medienanalyse.* Andreas Hepp, Reiner Winter (Hrsg.). Wiesbaden: Westdeutscher Verlag, 2. überarbeitete Auflage, 1999. 129–144.

Keupp, Heiner; Thomas Ahbe, Wolfgang Gmür (Hrsg.). *Identitätskonstruktionen. Das Patchwork der Identitäten in der Spätmoderne.* Reinbek bei Hamburg: Rowohlt, 2. Auflage, 2002.

Lamb, Gina. *The Video Culture Project in Los Angeles, California.* Unveröffentlichtes Projektdokument. 2000.

Ministerium für Kultus, Jugend und Sport Baden-Württemberg (Hrsg.). VideoCulture. Interkulturelle Kommunikation, Schule, Videoarbeit. Donauwörth: Auer-Verlag, 2001.

Niesyto, Horst (Hrsg.). *VideoCulture. Video und interkulturelle Kommunikation.* München: kopaed, 2003a.

Niesyto, Horst. «VideoCulture. Projektentwicklung und Projektergebnisse.» In: *VideoCulture. Video und interkulturelle Kommunikation.* Horst Niesyto (Hrsg.). München: kopaed, 2003b. 15–110.

O'Sullivan, Tim; Hartley, John; Saunders, Danny; Montgomery, Martin; Fiske, John (Hrsg.). *Key Concepts in Communication and Cultural Studies.* London und New York: Routledge, 1994.

Schröter, Erhard; Wangerin, Wolfgang. «Kreative Rezeption als Gruppenprozess. Über Möglichkeiten, Kunstwerke als Erfahrungsräume zu entdecken.» In: *FreizeitLernen. Intentionen und Dimensionen pädagogischer Kulturarbeit.* Dietrich Hoffmann, Gernot Strey, Klaus P. Wallraven (Hrsg.). Weinheim: Deutscher Studien Verlag, 1993. 227–247.

Winter, Carsten. «Kulturwandel und Globalisierung. Eine Einführung in die Diskussion.» In: *Kulturwandel und Globalisierung.* Caroline Y. Robertson, Carsten Winter (Hrsg.). Baden-Baden: Nomos, 2000. 13–73.

Winter, Rainer. «Cultural Studies als kritische Medienanalyse: Vom «encoding/decoding»-Modell zur Diskursanalyse.» In: *Kultur – Medien – Macht. Cultural Studies und Medienanalyse.* Andreas Hepp, Reiner Winter (Hrsg.). Wiesbaden: Westdeutscher Verlag, 2. überarbeitete Auflage, 1999. 49–65.

Die Fernsehnutzung von Paaren

Medienkompetenz und soziales Handeln

Renate Luca

Das Hauptinteresse des vorliegenden Beitrags richtet sich auf die Frage, was Kinder und Jugendliche in der Familie über den Umgang mit dem Fernsehen lernen. Ich möchte ergänzend zu vorliegenden empirischen Arbeiten zum Thema Medien und Familie (z. B. Hurrelmann et al. 1996; Barthelmes/Sander 1997), die vor allem die Eltern-Kind-Beziehung thematisieren, mein Augenmerk auf das Subsystem Eltern, also auf das Elternpaar legen.

> «Grundsätzlich orientieren sich die Kinder an den TV-Vorlieben ihrer Eltern»
> (Hamburger Abendblatt vom 17.2.03 als Kommentar zu den neuesten GfK-Daten)

Im Vordergrund steht die Frage nach dem Stellenwert des Fernsehens im Alltag eines Paares. Die Fokussierung auf das Fernsehen ergibt sich aus der Annahme, dass es sich speziell bei der Fernsehnutzung um ein stark habitualisiertes Verhalten handelt. Fernsehen strukturiert zeitlich den Familienalltag und hat eher den Charakter einer affektiven Sozialisationsagentur denn einer kognitiven. Wenn es richtig ist, dass Zuschauer/innen generell Rituale der Fernsehnutzung herausbilden, um die sie ihren Alltag organisieren (Hasebrink 2001:41), können wir davon ausgehen, dass Kinder in der Familie solche Rituale erlernen. Medienerziehung in der Familie kann entsprechend nur z.T. als bewusster Vorgang beschrieben werden, denn Rituale sind wenig bewusst, das macht ihren Charakter aus. Vielmehr – das ist meine These – legen die Eltern mit ihren Vorlieben, Gewohnheiten und Bedeutungszuschreibungen dem Medium Fernsehen gegenüber die Basis dafür, wie Kinder dieses Medium nutzen.

Ich beziehe mich im Folgenden auf eine qualitative empirische Studie, die im Rahmen eines Projektseminars am Fachbereich Erziehungswissenschaft der Universität Hamburg durchgeführt wurde. In der Studie wurden 40 Paare im Alter zwischen 21 und 60 Jahren zu ihrem Fernsehnutzungsverhalten befragt (Erste Ergebnisse dazu: Luca 2002). Im Zusammenhang mit der hier interessierenden Fragestellung soll das umfangreiche Material aus den qualitativen Interviews unter drei Aspekten beleuchtet werden:

1) Beschreibung und Funktion der Fernsehgewohnheiten
2) Hierarchien entlang der Geschlechtergrenze
3) Fernsehnutzung als soziales Handeln

ad 1) Entsprechend der strukturanalytischen Theorie der Medienrezeption (Charlton 1997) können wir uns das Medienhandeln als komplexen Wechselprozess zwischen subjektiver Bedürfnislage und dem Medienangebot vorstellen. Das Interviewmaterial gibt Aufschluss darüber, wie Paare in Abhängigkeit von Lebensalter, der Dauer ihrer Beziehung und dem Familienstand (mit oder ohne Kinder) die Fernsehnutzungsgewohnheiten steuern. Fernsehnutzung kann Konfliktanlass, Konfliktvermeidung, aber auch Kommunikationsanlass für das Paar sein.

ad 2) Für die Mediennutzung gelten allgemein das Alter, der Bildungsstand und die Geschlechterzuordnung als entscheidende Faktoren. Die hier geführten Interviews mit heterosexuellen Paaren aus ausnahmslos eher überdurchschnittlich hohem Bildungsniveau wurden u. a. mit der Fragestellung nach geschlechtsgebundenen Genrepräferenzen (z. B. Klaus/Röser 1996) und daraus möglicherweise erwachsenen Konflikten geführt. Eine Analyse der Interviews zeigt Zusammenhänge zwischen Fernsehnutzungsgewohnheiten und Geschlechtszugehörigkeit.

ad 3) Ich verstehe Medienkompetenz im Kern als die Fähigkeit zu einem sachgerechten, selbstbestimmten, kreativen und sozialverantwortlichen Handeln im Umgang mit Medien. Wenn Erwachsene als Eltern diese Kompetenz vermitteln sollen, stellt sich als erstes die Frage, inwieweit verfügen sie selbst darüber. So wie Medienkompetenz oben beschrieben ist, versteht sich kompetentes Medienhandeln im Sinne Baackes (1980) als Teilmenge einer «kommunikativen» Kompetenz. Dieses Verständnis ist mit einer normativen Perspektive, die der idealen Sprechsituation, verbunden. Damit ist gemeint, dass sinnvolles kommunikatives Handeln an Voraussetzungen gebunden ist. Als solche gilt primär die Anerkennung des Anderen als gleichberechtigten Partner. Als ein solcher Partner kann entsprechend nur ein Sozialpartner, d.h. eine reale Person fungieren. Wenn Medienhandeln im sozialen Kontext von Partnerschaft und Familie geschieht, stellt sich nicht nur die Frage nach der Medienkompetenz von Person A und B, sondern die danach, in welchem Wechselverhältnis die mediale Kompetenz mit der kommunikativen steht. Schauen wir auf die Karikatur (nächste Seite), so ist deutlich, dass es sich bei der Fernsehnutzung von Paaren um eine Dreiecksbeziehung handelt. Es geht nicht nur darum zu fragen, wie nutzt A bzw. B. das Medium, sondern danach zu fragen, wie kommunizieren die Partner A und B so miteinander, dass sie die Nutzung in Anerkennung der Interessen, Vorlieben und Gewohnheiten für die Beteiligten zufriedenstellend gestalten. Die Interviews geben Auskunft darüber, ob und wie dies geschieht.

1 Alltagsorganisation und Beziehungsgestaltung

In diesem Abschnitt steht die Frage im Vordergrund, welche Funktion die Fernsehnutzung im Sinne einer funktionierenden Partnerschaft zukommt. Der Schwerpunkt liegt dabei auf dem Wort «funktionieren». Es handelt sich also eher um einen systemorientierten als einen personenbezogenen Blick. James Lull (1980) ordnet den Massenmedien im Kontext der sozialen Interaktion zwei Funktionen zu, die der Alltagsorganisation und die der Beziehungsgestaltung (Lull in: Hurrelmann 1996:111). Diese Funktionen und ihre individuellen Ausformungen lassen sich anhand der Interviews mit Paaren ausmachen. Zur Veranschaulichung werden die Ergebnisse der Interviewstudie zunächst typisierend zusammengefasst.

Typ A: Das passiv-distanzierte Paar

Das passiv-distanzierte Paar erscheint in zwei Varianten. Entscheidend für die Variation ist die Dauer des Zusammenlebens.

Da ist zunächst das «junge» Paar. Das gemeinsame Fernsehen nimmt im

Alltag dieses Paares einen grossen Stellenwert ein. Es beginnt in der Regel abends, nachdem die Kinder ins Bett gebracht wurden. Die Partner schreiben sich zwar unterschiedliche Gewohnheiten und Präferenzen zu. Sie leben damit aber in der jetzigen Lebensphase ohne Konflikte. Ihr Verhältnis zum Fernsehen ist als ambivalent zu bezeichnen: Sie bekennen sich zum Fernsehen, ohne die Frage nach dem «Was» zu stellen, auch lehnen sie einen Grossteil von Sendungen ab, gucken sie aber trotzdem. Nach der Motivation befragt, geben sie an, ihre Fernsehgewohnheiten entsprächen dem Bedürfnis nach Entspannung. Der eine gucke das mit, was den anderen interessiere. Für dieses Paar geht es beim Fernsehgucken nach eigenen Aussagen um das Erleben körperlicher Nähe zum Partner.

Die zweite Variante diesen Typs lebt schon seit längeren Jahren als Paar zusammen und hat ältere Kinder. Im Alltag des Paares haben sich Gewohnheiten herausgebildet, die durch die Anforderungen von Beruf und Familie geprägt sind. Für das Fernsehen gibt es dabei einen Fixpunkt: das ist täglich entweder die Tagesschau um 20 Uhr oder die Tagesthemen um 22.30, die sie beide sehen. Für die weibliche Partnerin ist Fernsehen entweder Arbeit, z. B. die Vorbereitung für den Beruf oder Hausarbeit – das sogenannte «Bügelfernsehen». Sie langweilt sich, z.T. schläft sie abends nach den Tagesthemen beim Fernsehen ein. Es gibt kaum Sendungen, die sie gezielt sieht. Das gemeinsame Fernsehen wiederholt sich jeden Abend. Die Nachrichten teilen das Tagesgeschehen ein, die weiteren Sendungen überlassen sie dem Zufall. Beruf und Familie bestimmen den Tagesablauf. Erst, wenn nichts anderes zu tun ist, wird ferngesehen. Dies stimmt für die Partner in unterschiedlicher Weise. Da die Frau meistens für die Hausarbeit zuständig ist, verknüpft sie das Fernsehen mit Arbeit, z. B. mit dem Bügeln. Das Fernsehen wird nicht als gemeinsame Zeit angesehen. Sie sagen beide, dass sie nicht gemeinsam sehen, obwohl sie gemeinsam vor einem Gerät sitzen. Sie betonen explizit, dass sie nicht über das Gesehene kommunizieren.

Fernsehen stellt für dieses Paar zwar ein Alltagsmedium dar, bezogen auf den partnerschaftlichen Dialog könnte man hier von dem Fernsehen als «Nullmedium» sprechen: es evoziert weder Gespräche noch Konflikte.

Typ B: Das differenzorientierte Paar

Auch dieses Paar lebt seit längeren Jahren zusammen. Ihre Kinder sind mindestens im schulpflichtigen Alter. Auch dieser Paartyp hat zwei Varianten. Für beide gilt, dass das Fernsehen einen klaren Stellenwert im Alltagsleben einnimmt.

In der ersten Variante bestimmt der männliche Partner, was und wann ferngesehen wird. Er bevorzugt Nachrichten, Spielshows, Krimis und Talkshows. Obwohl sich die Vorlieben der Partnerin davon nur tendenziell unterscheiden, sagt sie von sich, dass sie sich oft ihrem Partner anpasse. Die Differenz der Fernsehgewohnheiten liegt nicht in den Genre-Vorlieben, sondern in der Funktion, die das Fernsehen für jede(n) einzelne(n) von ihnen hat: Er gebraucht das Fernsehen für unterschiedliche Zwecke: Information, Anteilnahme an der Welt, Entspannung, Erinnerung. Für sie ist das Fernsehen eher diffuser Zeitfüller. Es gibt kaum inhaltliche Präferenzen. Für sie ist es wichtig, einmal am Tag eine gemeinsame Zeit mit ihrem Partner zu verbringen, das kann notfalls auch die gemeinsame Fernsehzeit sein. Sie äussert zwar ihre Unzufriedenheit mit den Fernsehgewohnheiten und bezeichnet sich aber gleichzeitig als Anpasserin.

Die zweite Variante des differenzorientierten Typs benutzt das Fernsehen zur Abgrenzung. Die Fernsehnutzung dieses Paares ist zwar ebenso wie bei dem erstgenannten durch Differenz gekennzeichnet, allerdings führt diese hier nicht zur Anpassung der Partnerin an den Partner, sondern zur Abgrenzung bis hin zur Abwertung von Seiten des Mannes. Hinzu kommt hier eine familiendynamische Besonderheit im Vergleich zu den bislang vorgestellten Paaren. Fernsehen, speziell einige Sendungen, dienen partiell als gemeinsamkeitsstiftendes Medium für die Mutter und ihre Töchter.

Beide Partner sagen von sich, dass sie unterschiedliche Fernsehinteressen haben und entsprechend dieses Medium überwiegend getrennt nutzen. Da sie über zwei Fernsehgeräte verfügen, führt das nach eigenen Aussagen nicht zu Konflikten.

Bislang wurden anhand von 2 Typen vier unterschiedliche Facetten der Habitualisierung der Fernsehnutzung von Paaren herausgearbeitet:

1. Das Fernsehen dient der Herstellung von *körperlicher Nähe.*
2. Das Fernsehen als *Nullmedium.* Es ist vorhanden, es wird genutzt, von beiden Partnern unterschiedlich und trotzdem gemeinsam. Es dient nicht der Kommunikation, was beide wissen und im Prinzip akzeptieren, wenn auch von Seiten der Frau mit leichtem Bedauern. Fernsehzeit dient hier explizit nicht als Paarzeit.
3. Fernsehen wird zur gemeinsamen Zeit durch die *Anpassung* der Partnerin an Gewohnheiten und Vorlieben des Mannes. Gemeinsamkeit beim Fernsehen wird hier von der Partnerin unabhängig vom Programm höher eingeschätzt als der Verzicht auf Fernsehen bzw. das Durchsetzen eigener Vorlieben.
4. Getrennte Fernsehzeiten überwiegen. Es gibt auf Seiten der Frau innerfamiliäre Koalitionen mit den Töchtern. Fernsehen dient der *Abgrenzung.* Die «weiblichen» Fernsehvorlieben werden auf Seiten des Mannes explizit abgelehnt bzw. abgewertet.

Im Kontrast zu diesen vier Paaren, steht der folgende Typ C: das «aktiv-engagierte» Paar, das ich insofern als kompetent bezeichnen möchte, weil die Fernsehrezeption sich hier auf mehreren Ebenen als gemeinsame soziale Handlung darstellt.

Typ C: Das aktiv-engagierte Paar

Nach dem jetzigen Stand der Darstellung sieht es so aus, als sei das Fernsehen kein Medium zur Bereicherung der Beziehung. Im Kontrast dazu, kann in diesem Abschnitt ein Paar vorgestellt werden, bei dem das Medium Fernsehen zwar nicht als Glücksbringer fungiert, aber als Bereicherung und Kommunikationsanreiz für die Beziehung. Mit anderen Worten, wir könnten sagen, das Paar sei medienkompetent. Die Darstellung erfolgt als Einzelfallbeschreibung. Die Studie wies keine vergleichbaren Paare auf.

Medienalltag – der Stellenwert des Fernsehens

Paul und Steffi leben seit sechs Jahren in einer norddeutschen Grossstadt zusammen mit ihrem 1-jährigen Sohn. Sie sind beide 40 Jahre alt.

Die Funktion des Fernsehens beschreiben sie – jede(r) für sich – ähnlich. An erster Stelle steht ein Informationsbedürfnis. An zweiter Stelle steht der Unterhaltungsaspekt des Fernsehens. Schliesslich sehen beide den Aspekt der Entspannung durch Fernsehen als gegeben an. Sie beurteilen ihn allerdings selbstkritisch: Paul sagt von sich selber, er könne erst wirklich entspannen, wenn er den Fernseher ausmache. Ansonsten könne er eher von Ablenkung sprechen. Steffi nennt den Begriff «Entspannung» im Zusammenhang mit «Stress».

Im folgenden soll herausgestellt werden, wie Fernsehen als soziales Handeln in die Beziehung dieses Paares integriert ist.

Differenzen leben, ohne das Fernsehen zum Blitzableiter für Konflikte zu missbrauchen

Paul und Steffi wissen um ihre unterschiedlichen Fernsehvorlieben und vor allem um die unterschiedlichen Nutzungsmodalitäten: sie guckt gezielt, er eher zufällig. Beide betonen die Differenzen und betrachten gemeinsame Vorlieben als Ausnahmen. Auch wissen sie darum, dass die Nutzung für beide im Prinzip eine andere ist. Steffi kritisiert Paul, weil er ihrer Meinung nach zu viel fernsieht. Paul kann die Kritik seiner Partnerin akzeptieren, weil er seine Gewohnheiten selbst kritisch sieht. So kommt es nicht zu einem Kampf über das Fernsehprogramm zwischen den Partnern. Da beide ihre Differenzen kennen und ihre Gewohnheiten zudem selbstkritisch einschätzen, wehren sie fremde Kritik nicht ab. Die Offenheit gegenüber Kritik auf Seiten von Paul hat zudem bislang dazu geführt, dass das Fernsehen nicht die Rolle des Blitzableiters für Konflikte übernehmen musste. Beide sind in der Lage, ihre Interessen durchzusetzen. Dass dieses Paar die Differenz in der Fernsehnutzung auf produktive Weise leben kann, hat sicherlich auch damit zu tun, dass beide eine überaus freudvolle gemeinschaftliche Form der Fernsehnutzung kennen.

Gemeinsames Fernsehen als Spiel

Steffi hat sich von Paul für die Fernsehserie «Girlfriends» begeistern lassen. Paul begründet sein Interesse an der Serie mit der Freude, bekannte Schauspieler zu sehen und an der Privatatmosphäre von Menschen Anteil nehmen zu können. Als Beispiel nennt er die Höhen und Tiefen einer Frauenfreundschaft oder die Darstellung einer Heldin mit ihren Stärken und Schwächen.

Das gemeinsam Sehen der Serie wird für beide zum Spiel, weil sie sich in ihrem Erleben der Sendung ergänzen und sich dieses wechselseitig mitteilen. Steffi benutzt selbst das Wort «Spiel» für diese Form der Fernsehnutzung: «Für uns ist es ein Spiel. Wir spielen das Spiel: ‹Paul findet die Sendung ganz toll und ich entlarve sie›. Paul muss die Sendung verteidigen, ich pflücke sie auseinander». Die Rezeption der Fernsehserie «Girlfriends» ist für sie zu einem «freudvollen Ritual» geworden, wie sie sich selber ausdrückt.

Das gemeinsame Spiel entsteht durch den Wechsel von Distanz und Nähe der Sendung gegenüber. Der Reiz des Fernsehens wird durch den beruflichen Hintergrund der Partner erhöht: Beide arbeiten am Theater. Generell kommt bei diesem Paar m.E. am Beispiel des Umgangs mit der Serie «Girlfriends» das zum Ausdruck, was die Partner selbst mit «Genuss» bezeichnen: Fernsehen als Wechselspiel. Es handelt sich um ein vielschichtiges Wechselspiel zwischen persönlicher Anteilnahme, ästhetischem Reiz an Übertreibungen und lustvollem Distanzieren von allzu tragischem Privaten. Die Partner bereiten sich in ihrer Differenz eine Form der Zugangsweise, die als genussvolles Miteinander erlebt werden kann: eben als Spiel.

Balance zwischen Geben und Nehmen

Am Beispiel des gemeinsamen Fernsehgenusses der Serie «Girlfriend» machen die Partner eine spezielle Form der Balance zwischen Geben und Nehmen deutlich. Die Balance wird dadurch aufrecht erhalten, dass Steffi die Lieblingsserie von Paul, nämlich «Girlfriend», nicht abwertet. Sie bringt in die gemeinsame Fernsehnutzung der Serie nur soviel distanzierende Elemente ein, dass Paul die emotionale Anteilnahme am Geschehen noch erhalten bleiben kann. Gleichzeitig lässt er den distanzierenden Blick von Steffi zu, ja kann ihn als Bereicherung ansehen, ohne das könnte es nicht zur gemeinsamen Nutzung und damit zum genussvollen Fernseherleben kommen. Es gibt bei diesem Paar eine ganz andere Ebene der ausbalancierten Differenz in der Mediennutzung, die auf den ersten Blick nicht ersichtlich erscheint, aber m.E. durchaus als solche bezeichnet werden kann. Steffi übernimmt generell eine Art kritische Instanz, was die Quantität der Fernsehnutzung von Paul betrifft. Paul akzeptiert diese, ja begrüsst sie im Prinzip. Paula übernimmt sozusagen einen Hilfsdienst für seine von ihm selbst nicht akzeptierten Gewohnheiten. Paul erweist ihr im Gegenzug einen anderen Dienst. Er ist durch seine Gewohnheiten des Zappens auf die Serie «Girlfriend» gestossen. Durch sein Zappen hat er der Partnerin zum gemeinsamen Fernsehgenuss verholfen. Hier profitiert Steffi von seinen Gewohnheiten.

«Cross-watching»

Schliesslich wird bei Paul und Steffi etwas deutlich, was ich als «Cross-watching» (analog zu «Cross-dressing») bezeichnen möchte. Im Sinne der gesellschaftlich vorfindlichen Genrepräferenzen und Kommunikationsstile haben wir es bei Paul und Steffi mit Gewohnheiten zu tun, die z.T. quer zu diesen stehen: bei Paul die emotionale Anteilnahme und die Vorliebe für «Soaps», bei Steffi eher das distanzierte Fernsehen, die Aufmerksamkeit für Dramaturgie und Filmsprache. Paul äussert nicht nur explizit seine Begeisterung für Serien, in denen Alltägliches und Zwischenmenschliches verhandelt wird, sondern drückt auch sonst eher emotionale Anteilnahme als Motivation für Fernsehen generell aus: die Wetterkarte bezeichnet er als «Wetterbilder aus den Bergen», als Medienvorliebe käme das Fernsehen wegen der «schönen, bunten Bilder» für ihn in Frage. Dieses «Cross-watching» trägt möglicherweise auch dazu bei, dass Fernsehen für dieses Paar eher Anregung bedeutet, als z. B. bei stark geschlechtertypisierenden Gewohnheiten. Steffi kennt aus ihrer eigenen Lebensgeschichte das «Dallas»-Ritual, das sie jahrelang mit einer Freundin erlebt und gelebt hat. Paul gibt ihr die Chance, ähnliches zu erleben, bzw. dieses Vergnügen auf eine andere Stufe zu heben, distanziert und trotzdem mit emotionaler Anteilnahme. Das Fernsehverhalten kann durch das «Cross-watching» weniger als Geschlechtstypisierung generalisiert, Abwertungen können dadurch weniger pauschalisiert werden. Zudem würden bezogen auf die Familienkonstellation, bei Paaren mit Kindern vielfältige bzw. andere Konstellationen möglich: z. B. Vater und Tochter bei «Girlfriends» und das Modell weiter gedacht hiesse: Mutter und Sohn bei «ran». Dafür hat sich in der Forschungspraxis dieses Projekts kein Beispiel gefunden.

2 Hierarchien entlang der Geschlechtergrenze

In der geschlechterorientierten Medienforschung finden sich Anknüpfungspunkte, die die Konflikthaftigkeit der Fernsehnutzung von Paaren vermuten lassen (z. B. Röser/Kroll 1995). In einer Repräsentativerhebung an 1000 Personen im Alter von 14 bis 60 Jahren zeigten sich folgende geschlechtsgebundene Genrepräferenzen. Die Favoriten von Frauen sind Spielfilme und Serien, die zwischenmenschliche Beziehungen und Gefühle thematisieren und sich auf Alltagsprobleme beziehen (z. B. Liebesfilme, Familien-Alltagsserien). Dazu gehören ebenfalls Talkshows zu allgemein-menschlichen Problemen, die ebenfalls an Alltagsproblemen und Zwischenmenschlichem anknüpfen. Männer bevorzugen vor allem actionorientierte Spielfilme und Serien, in denen der Kampf zwischen Gut und Böse im Mittelpunkt steht (z. B. Science Fiction, Action, Western), ausserdem politische Magazine und Sportübertragungen.

Der Umgang mit differenten Vorlieben erwies sich als unterschiedlich: Während Frauen bei für sie unerträglichen Genres eher den Raum verlassen als mitzusehen, wählt ein Teil der Männer oftmals eine andere Strategie. Sie bleiben und kommentieren die Sendung mit abfälligen Bemerkungen. Insgesamt zeige sich eine männliche Dominanz in der Entscheidung für bestimmte Sendungen, weil jeder zweite Mann, aber nur jede fünfte Frau allein über die Fernbedienung bestimme.

Die Ergebnisse von Röser/Kroll bestätigten sich tendenziell in unserer Fallstudie. Bei den hier angeführten Beispielpaaren war ein solches Dominanzverhältnis anhand der Geschlechtergrenze sichtbar. Die Abwertung zeigte sich besonders ausgeprägt bei der zweiten Variante des differenzorientierten Paares.

Ein Grossteil der Äusserungen des Mannes zum Fernsehen enthielt offene oder verdeckte Abwertungen den Fernsehgewohnheiten seiner Frau gegenüber. Zunächst wurde das Nachmittagsprogramm mit «diesen Serien, Soaps und flachen Talkshows» als «Bügelfernsehen» tituliert. Serien, die seine Frau vorziehe, bezeichnete er abwertend mit «Psycho-Sozio-Kram». Bei der Ablehnung des Mannes gegenüber der von seiner Frau und seiner Tochter bevorzugten Sendung «Emergency Room» kommt eine starke Abgrenzung von der Sendung und von denen, die sie sich anschauen, zum Ausdruck. Er unterstellt diesen gleichzeitig «Defizite», die er nicht habe. Der Begriff «Defizite» ergibt hier deshalb Sinn, weil er als einziges Motiv für die Fernsehnutzung das der «Information» ansehen will und zwar Informationen über das, was er nicht täglich erlebt. Andere Motive erkennt er nicht an. Mehr noch, er schreibt denen, die «Emergency Room» sehen, Defizite zu.

Die Partnerin weiss um die Ablehnung ihrer beliebtesten Serie durch ihren Mann. Sie nennt es aber nicht Ablehnung, sondern Desinteresse. Während er von «primitiv», «flach» und «unteres Niveau» spricht, sagt sie lediglich, er interessiere sich dafür nicht. Es erscheint so, als ignoriere sie die abwertende Haltung ihres Mannes. Sie kennt zwar seine Haltung, stellt auch fest, dass er «nicht unbedingt anerkennende Kommentare» gibt, lässt sich in ihrer Begeisterung davon aber nicht beeinträchtigen.

Zur Einschätzung und Bewertung des Zappens möchte ich das Beispiel eines Paares zitieren, das hier noch nicht erwähnt wurde. Ich zitiere eine Textpassage, die die Funktion des Besitzes der Fernbedienung unmissverständlich veranschaulicht. Auf die Frage, wer über die Fernbedienung verfüge, bzw. wer zappe, antwortete zunächst der männliche Partner:

> Er: Da sind wir im Streit, da sind wir uns uneins.
> Sie: Das finde ich zum Beispiel nicht so. Ich muss darum *bitten* die Fernbedienung überhaupt zu haben, weil sie gehört in die Hand *des Meisters*. Ich kriege sie nur, wenn ich frage...

Auf die Frage, was es bei ihm auslöse, wenn er die Fernbedienung abgäbe sagt er:

> Er: Ja, das ist ja, *Machtverlust*. Beide, empfinden wir so, nicht mehr die Kontrolle darüber haben, was gerade jetzt flimmert.
> Sie: Also, ich will mal ehrlich sagen, ich bin das ja gewohnt. Ich halte das manchmal dann aus. Aber manchmal will ich das. Also, das ist schon so, ich muss darum fragen.

Am Beispiel des Zappens, also der Programmwahl, zeigt sich eine Asymmetrie der Kommunikation von Paaren entlang der Geschlechtergrenze.

3 Fernsehnutzung als soziales Handeln

Ich komme auf mein Eingangszitat zurück, in dem es hiess, Kinder orientierten sich in ihrem Fernsehverhalten und ihren Sendevorlieben an denen ihrer Eltern. In der Zeitungsnotiz ist dies am Beispiel der Sendevorlieben belegt. Wie sieht es aus mit dem Fernsehverhalten? Wir können davon ausgehen, dass Erwachsene, speziell die Eltern, in viel umfassenderer Weise als Vorbilder gelten als es sich in der Vorliebe für eine bestimmte Sendung ausdrücken könnte. Die Fernsehnutzung ist als soziales Handeln in den Kontext des alltäglichen sozialen Handelns eingebettet und übernimmt wesentliche Funktionen für die Alltags- und Beziehungsgestaltung, wie gezeigt wurde. Die Erwachsenen bewerteten ihre Fernsehgewohnheiten im Interview selbst.

Vergegenwärtigen wir uns abschliessend anhand des Stufenmodells der Medienrezeption von Charlton (1997) die Einschätzung des Fernsehverhaltens der hier zitierten Paare, so ergibt sich folgendes Bild:

Stufe 1 – Die Zuwendung zum Medium: der Wahlvorgang

Für das passiv-distanzierte Nutzerpaar gilt das Fernsehen explizit als Paarzeit, unabhängig von der Programmwahl. Die Zuwendung zum Medium wird gleichgesetzt mit der Zuwendung zum Partner. Es erfolgt keine Entscheidung für einen Inhalt. Ähnliches gilt auch für das seit zwanzig Jahren verheiratete Paar. Auch hier bedeutet Fernsehen Paarzeit; der männliche Partner wählt allerdings gezielt aus. Da er sehr viele Interessen hat, schaut er vieles, seine Partnerin schaut mit, weil sie gemeinsame Zeit mit ihm verbringen möchte.

Hier zeigt sich bereits, dass der Wahlvorgang, die Zuwendung zu einem Medium, für ein Paar immer bereits eine soziale Handlung auf zwei Ebenen darstellt, die durchaus konflikthaft sein kann. Wer wählt aus, wer entscheidet und wie findet das Paar eine Lösung? Eltern sind also nicht nur Vorbild für das, was sie sehen, sondern auch für die soziale Handlung des Wahlvorgangs. Die Fernsehnutzung der Eltern ist damit auch Vorbild für soziales Handeln generell. Das hier sogenannte «kompetente» Paar kennt zwei Umgangsweisen, was die Zuwendung zum Medium Fernsehen anbelangt: die Partnerin verlässt den Raum, wenn sie eine Sendung ihres Mannes nicht interessiert. Es erfolgt also eine klare Abgrenzung. Der männliche Partner lässt sich in seiner Zuwendung zum Fernsehen von seiner Partnerin eingrenzen, weil er selbst der Meinung ist, dass er zuviel sieht. Er verzichtet zugunsten anderer gemeinsamer Aktivitäten.

Stufe 2 – Die Zuschauer-Fernsehinteraktion kann von sozialer Kommunikation begleitet sein

Am auffälligsten über alle 40 Interviews ist die Tatsache, dass nur wenige Paare die Fernsehnutzung zum kommunikativen Austausch über das Gesehene nutzen. In der Tendenz kommt es zwar schon mal vor, dass z. B. Nachrichten Anlass für Gespräche sind. Viel auffälliger ist allerdings die Aussage: die Inhalte der Sendungen gäben gar keinen Anlass für Gespräche zwischen den Partnern. Der Wunsch danach kann sogar konflikthaft sein, weil nur ein Partner den Wunsch hat, ohne auf Resonanz zu stossen. Sendungen, die in der Familie Gemeinsamkeit herstellen, tun dies eher zwischen einem Elternteil und den Töchtern oder Söhnen, z. B. Serien wie «Emergency Room» zwischen Mutter und Töchtern und die Sportschau zwischen Vätern und Söhnen. Die geschlechtergebundene Koalition zwischen den Familienmitgliedern kann

Dominanzstrukturen transportieren. Ein Beispiel für eine gelungene Kombination von medialer und personaler Kommunikation stellt wiederum das letztgenannte Paar dar. Für dieses Paar gibt die Serie «Girlfriends» vielfältigen Anlass, wie sie es selbst ausdrücken, zum genussvollen Spiel.

Stufe 3 – Rezeptionspausen und -abbrüche, speziell Umschalt-Vorgänge (Zappen)
Zum Zappen wurde das Zitat eines Paares vorgestellt. Dieses Paar, das sich zur Zeit des Interviews seit einem Jahr in einer Paarberatung befand, betont abschliessend und zwar unabhängig voneinander: «Wir lernen den Umgang mit der Fernbedienung». Ohne Zweifel zeigen sich besonders in den Umschaltvorgängen der Fernsehnutzung Dominanzstrukturen unterschiedlichster Ausprägung. Sozial- und selbstverantwortliches Handeln ergibt sich dabei nicht von selbst, sondern will gelernt sein.
Stufe 4 – Die Medienerfahrungen werden zur eigenen Lebenswelt in Beziehung gesetzt; häufig im Gespräch mit anderen Personen
Wir sprechen bezogen auf die Medienerziehung von Kindern davon, dass das Fernsehen in Gesprächen mit Eltern eingebettet sein sollte, weil Fernsehen per se noch nicht entwicklungsfördernd sei. Um die Erfahrungen mit dem Fernsehen zu verarbeiten, zu deuten oder zu verstehen, bedarf es der entwicklungsfördernden Kommunikation von Seiten der Erwachsenen (Charlton 2001:66). Die Kommunikation über das Fernsehen innerhalb einer erwachsenen Partnerschaft könnten wir analog dazu dann als beziehungsfördernd ansehen, wenn die Partner wechselseitig ihre Erfahrungen, Gedanken, Wünsche und Ängste angesichts medialer Inhalte austauschten. In den Interviews kommt eher zum Ausdruck, dass dies selten geschieht. Explizit formuliert eine Interviewpartnerin das Alleinsein vor dem Fernseher so: «Da sprech ich mit dem Fernseher, sonst müsste ich mit meinem Mann darüber reden.»

4 Fazit

Die Auswertung der Interviews mit Paaren zu ihren Fernsehgewohnheiten geben wenig Auskunft darüber, wie das Medium im Sinne der Förderung der sozialen Interaktion genutzt wird. Die Selbstaussagen der Befragten deuten eher auf Kommunikationsdefizite quantitativer und qualitativer Art hin. Das Fernsehen kann als Konfliktverstärker und Konfliktvermeider fungieren. Diese Ergebnisse decken sich mit denen aus der familienorientierten Fernsehforschung. Dort wird dem Fernsehen gleichzeitig eine gemeinschaftsfördernde Funktion zugewiesen. Diese ist angesichts der hier vorliegenden Daten bezogen auf die Partnerschaft zu bezweifeln. Fernsehen fördert per se nicht die Kommunikation, es dient tendenziell der Konfliktvermeidung. Konfliktvermeidung heisst in psychologischer Perspektive immer auch Kontaktvermeidung. Es kommt weder zur Konfrontation noch zur Herstellung von Beziehung. Die vorliegende Interviewstudie kann insofern darauf aufmerksam machen, dass und wie Medienkompetenz als selbstbestimmter, kreativer und sozialverantwortlicher Umgang mit dem Medium Fernsehen eng verwoben ist mit einer kommunikativen Kompetenz in realen sozialen Beziehungen. Dies gilt es zu fördern bei Erwachsenen und bei Kindern.

Literatur

Baacke, Dieter. *Kommunikation und Kompetenz. Grundlegung einer Didaktik der Kommunikation und ihrer Medien.* 3. Auflage. Weinheim und München: Juventa, 1980.

Barthelmes, Jürgen; Sander, Ekkehard. *Medien in Familie und Peergroup: Vom Nutzen der Medien für 13–14-Jährige.* München: DJI-Verlag, 1997.

Charlton, Michael. «Rezeptionsforschung als Aufgabe einer interdisziplinären Medienwissenschaft.» In: Michael Charlton, Silvia Schneider (Hrsg.). *Rezeptionsforschung. Theorien und Untersuchungen zum Umgang mit Massenmedien.* Wiesbaden: Westdeutscher Verlag, 1997.

Hasebrink, Uwe. *Fernsehen in neuen Medienumgebungen. Befunde und Prognose zur Zukunft der Fernsehnutzung.* Berlin: Vistas, 2001.

Hurrelmann, Bettina; Hammer, Michael; Stelberg, Klaus. *Familienmitglied Fernsehen. Fernsehgebrauch und Probleme der Fernseherziehung in verschiedenen Familienformen.* Opladen: Leske + Budrich, 1996.

Klaus, Elisabeth; Röser, Jutta. «Fernsehen und Geschlecht. Geschlechtsgebundene Kommunikationsstile in der Medienrezeption und -produktion.» In: *Blickrichtung Frauen. Theorien und Methoden geschlechtsspezifischer Rezeptionsforschung.* Gudrun Marci-Boencke, Petra Werner, Ulla Wischermann, (Hrsg.). Weinheim; Deutscher Studien Verlag, 1996. 37–60.

Luca, Renate. «Paare vorm Fernsehgerät. Geschlechtsgebundene Genrepräferenzen, Konflikte und Kommunikationsstörungen.» In: *medien praktisch*, 3/2002. 18–23.

Röser, Jutta; Kroll, Claudia. *Was Frauen und Männer vor dem Bildschirm erleben. Rezeption von Sexismus und Gewalt im Fernsehen.* Studie im Auftrag des Ministeriums für die Gleichstellung von Frau und Mann des Landes Nordrhein-Westfalen. Düsseldorf: 1995.

Sehen ist lernbar

Beiträge zu einer visuellen Alphabetisierung

Ruth Gschwendtner-Wölfle

Unser westliches Bildungssystem ist primär auf die Vermittlung verbaler Sprachen ausgerichtet. Hier werden Lese- und Schreibkompetenzen vermittelt. Die Zahl der Bild- Impulse, die es zu verarbeiten gilt, sind jedoch weit vielfältiger und subversiverver in ihrer Wirkung als das Wort. Die Fähigkeit, diese Bilderflut auszuwerten, ist nur unsystematisch, und, wenn überhaupt, lediglich fachspezifisch ausgebildet. Trotzdem hinterlassen Bilder wirkungsvolle Eindrücke im Bewusstsein, die das Fühlen und Handeln wesentlich mitbestimmen. Ziel des Erwachsenenbildungsprojekts «Sehen ist lernbar» der Kunstschule Liechtenstein ist es, eine breitangelegte «visuelle Alphabetisierung» zu erreichen, die ein fehlendes Glied in der Ausbildung und im interkulturellen Kommunikationsfeld Europa darstellt.

1 ... blind oder nicht blind? – zum Thema

Differenzierte Wahrnehmung als Grundqualifikation wird bis heute hier und da zwar postuliert, aber in seiner fundamentalen Bedeutung viel zu wenig erkannt. Bestenfalls als Besucher eines zeitgenössischen Kunstmuseums tritt gelegentlich das unwohle Gefühl auf, als Nichtschwimmer in einem 3 Meter tiefen Pool abgesetzt worden zu sein: die Augen im Kopf sehen zwar Farben und Objekte, aber auf der Suche nach Bedeutungen versinkt der Blick und das Auge sucht vergebens nach einer rettenden Schwimmhilfe – wir verstehen nichts. Aber nicht nur die mangelnde Lesefähigkeit bezüglich gemalter und gemachter Bilderwelten fehlt. Auch eine bewusste Wahrnehmung und Auswertung trivialer Felder: etwa unserer Städte, Arbeitsplätze, Gebrauchsobjekte... werden als visuelle Texte nicht oder nur selten erkannt oder gar «gelesen» (also auf ihre Aussage hin untersucht). Im Gegensatz zur Schrift, die – vom Analphabeten nicht verstanden – spurlos bleibt, hinterlässt das Bild, auch ohne Lesefähigkeit, tiefe Eindrücke im Bewusstsein. Uns allen ist klar, wie profund Werbepsychologen unsere Wahrnehmungs- und Konsumgewohnheiten erforschen und wie erfolgreich sie uns dorthin bringen, wo sie uns haben wollen. Das Schlimmste dabei ist, einem visuellen Analphabeten wird das nicht einmal auffallen – er wird weiterkonsumieren in der Überzeugung, frei gewählt zu haben. Dabei weisen Design und Inszenierung der

Ware bereits rituellen Charakter auf und die Entscheidung für eine Marke ist zur Religion geworden. Diese eng mit einem spezifisch visuellen Formenkanon verknüpften Konstrukte durchsichtig und erkennbar zu machen und damit im Erwachsenen wie bereits im Kind visuelle Kompetenz zu schaffen, ist eine äusserst dringliche Aufgabe. Mangelndes Problembewusstsein führt zur Illusion, wenn nur die Sehschärfe stimmt, dann könne es mit der Wahrnehmung wohl keine Schwierigkeiten geben!

Die mangelnde Rezeptionsfähigkeit von Kunst mag ein vergleichsweise kleines und unbedeutendes Gebrechen sein. Vermeidet man die Museen, so fällt die fehlende Visuelle Alphabetisierung gar nicht auf. Auch Konsumfallen, in die man getappt ist, kann man immer noch als freie Wahl oder Geschmackssache kachieren. Aber wie sehr Räume, Proportionen, Licht etc. unser Verhalten bei der Arbeit, in der Freizeit, bei Gesprächen etc. beeinflussen, diese Beobachtungen könnten oft sehr nützlich sein! Und genau dies sind die unbenannten – und deshalb nicht wahrgenommenen – optischen Zwischenräume.

2 «... erst in der Umrundung zeigt sich der Berg!» – zu den Partnerschaften

Im Rahmen der europäischen Erwachsenenbildungsreihe der «Grundtvig»-Projekte hat sich eine Partnerschaft zusammengefunden, die sich aus unterschiedlichsten Perspektiven mit der Thematik einer Visuellen Alphabetisierung auseinandersetzt. Sehen und Gesehenes auswerten meint nicht nur den visuell-organischen Prozess des Sehen-Könnens, sondern vielmehr auch den geistig – sozialen, psychologischen, soziokulturellen des Auswertens, eben des «Lesens» visueller Eindrücke. Aus diesem Grund lag der Gedanke nahe, die Annäherungen an den Themenkomplex ebenso vielfältig zu gestalten. Während 2 Jahren treffen sich die 9 Partner aus 8 Ländern in 6 Meetings, um über inhaltliche, methodische und länderspezifische Besonderheiten und Vorgehensweisen visueller Wahrnehmung und Bedeutungsauswertung zu beraten. Und nicht nur das. Ziel der Zusammenarbeit ist es, ein Trainingspaket zu schnüren, in dem Übungen und konkreten Wege zu einer Visuellen Alphabetisierung gezeigt werden. Mit diesem Trainingspaket können Anwender/innen sich visuelle Wahrnehmungskompetenzen aneignen. Verwendet werden dazu wissenschaftliche Methoden des Bilderlesens – wie sie Christian Doelker erarbeitet hat – zusammen mit Vermittlungsmethoden von Werner Wolf vom Grazer «Museum der Wahrnehmung», Aspekte des Architektur – Lesens von David Powell werden ausgetauscht mit informellen Lernformen durch Angebote künstlerischer Rauminstallationen, den sog. ViewBoxes, und deren Nutzung im öffentlichen Raum ebenso wie in Lehr- und Lernumgebungen. Rein visuelle Sprachen und die damit verbundenen Einschränkungen für Gehörlose wurden verglichen mit Gebärden im Alltag sowie im religiösen Kontext.

Jeder einzelne Partner und jede einzelne beteiligte Institution beschäftigt sich hauptsächlich oder in Teilbereichen mit visueller Wahrnehmung. Dabei zeigen sich sowohl länderspezifische wie themenspezifische Eigenheiten. Entdeckt wurden im Europäischen Kontext etwa gleiche Gesten mit unterschiedlicher Bedeutung, oder unterschiedliche Gesten mit gleicher Bedeutung (analog zu verbalsprachlichen Homophonen und Synonymen). Dabei geht es nicht um das Prädikat «Neuentdeckung», sondern vielmehr darum, wie die «Entdeckungen» methodisch genutzt und in unserem Zusammenhang dienlich werden können. Die Qualität einer derart unterschiedlichen und vielfältigen Partnerschaft liegt eben in der Synergie, die sich aus der Bearbeitung eines gemeinsamen Themas ergibt. Aus unterschiedlichen Richtungen betrachtet, zeigt sich ein und dasselbe Thema wesentlich facettenreicher und kann deshalb auch ebenso vielgestaltig vermittelt werden.

3 «16 Augen sehen mehr ...» – zur Institutionen-Vielfalt

Auswählende und einladende Institution war die Kunstschule Liechtenstein mit mir als Initiatorin und Koordinatorin. Mein persönlicher Ansatz für diese Arbeit waren zwei Beobachtungen: zum einen die Blindheit und Unsicherheit der meisten Erwachsenen im Umgang mit Kunst. Und zum anderen: eine Art «erlernte Blindheit», die erschreckenderweise die Folge unserer Schulausbildungsgänge zu sein scheint! Für die Liechtensteinische Kunstschule trägt Christian Doelker, wie bereits erwähnt, seine Grammatik des Bilder«lesens» bei, die mit umfangreichem Bildmaterial belegt, äusserst anschaulich wird. Der schwedische Partner, David Powell, vertritt das Architekturmuseum Stockholm. Seine Methode des Sehen lernens heisst «Sieh selbst»! Analog zu Do it Yourself! Er geht von der Idee aus, dass unsere Wahrnehmungskompetenzen durchaus vorhanden sind, aber schlummern, und dass sie durch gezielte Fragetechnik geweckt und aktiviert werden können. Wie Bilder Identität beinflussen und falsche Wirklichkeiten erzeugen können, veranschaulichen Margareta Gynning und Werner Matt unter anderem anhand von Gemälden aus dem Nationalmuseum Stockholm bzw. durch Fotografien aus dem Dornbirner Stadtarchiv. Die finnischen Partner tragen den Aspekt der Gehörlosen bei, die ausschliesslich mit visuellen Kommunikationssystemen arbeiten und völlig auf eine visuelle Alphabetisierung angewiesen sind. Das «Department of Culture» auf der Insel Montserrat steuert mit seinen Autoren

Nerissa Golden und Chadd Cumberbatch den Aspekt bei, wie ein tätiger Vulkan wahrgenommene Wirklichkeiten ständig verändern kann. Aus Irland, Österreich und Liechtenstein kommen 3 künstlerische Beiträge. Erfunden wurde die ViewBox und ihre vielfältige Erscheinungsform als Angebote für informelles Lernen. Die Kunstinstallationen von Aine Philipps, Georg Vith und Ruth Gschwendtner bieten ein sehr affektives Entrée ins Themenfeld.

4 «... Wissen zwischen zwei Deckeln» – zum Endprodukt

Aus diesen teils sehr unterschiedlichen Bausteinen setzt sich das Trainingspaket «Sehen ist lernbar – Beiträge zu einer Visuellen Alphabetisierung» zusammen. Um sichtbar zu machen, dass Sehkompetenz nicht notwendigerweise über das Wort vermittelt und erlernt werden muss, sind die «Textsorten» getrennt angeboten: es gibt einen Bildband (mit «visuellen» Texten), die allein durch die Bildauswahl und Zusammenstellung bereits einen anschaulichen Einblick in die Thematik gewährt. Im Textband (mit «wortgebundenen» Texten) sind ausführliche Erläuterungen, systematische Beschreibungen und Beispiele zu finden. Auf 2 CD-Roms kommt das bewegte Bild zum Zug: Datenträger 1 zeigt Filmausschnitte, die während der Meetings entstanden sind, wie etwas die ViewBoxes im Entstehen und in Verwendung, visuelle begriffe wie Spiegelung, etc. und unterschiedliche Wahrnehmungs-Thesen zur Diskussion anbieten. Dazu ist ein zweiter Filmblock gestellt, der in Zusammenarbeit mit dem «internationalen video/kunst/preis» (von SWR und ZKM) entstand. Anhand ausgezeichneter Kunst-Videos zeigen wir filmsprachliche «Grammatik-Teile» wie Form, Farbe, Schnitt, Tempo, etc.

Der zweite Datenträger beherbergt ein Feuerwerk an praktischen Experimenten, Übungen, Bildern und Experimenten. Bildvergleiche mit und ohne

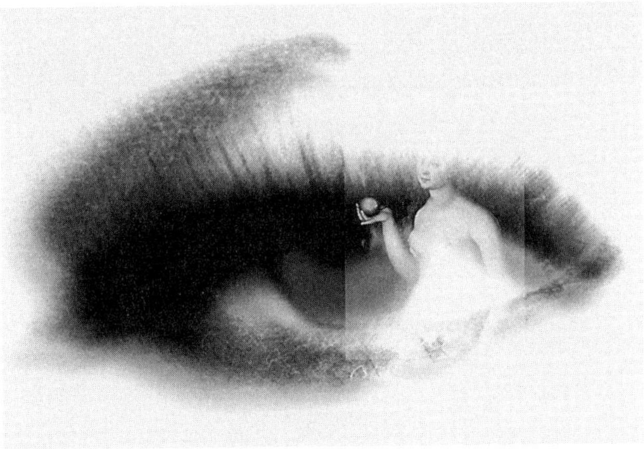

Hintergrundinformationen, Bauanweisungen, Ausschneidebögen. Fragen zur Disussion und vieles mehr erleichtern den Ausstieg aus dem herkömmlichen Lehrer-Schüler-Muster. Ermutigende Beispiele spornen an, das eigene Sehen wieder neu wahrzunehmen – oder überhaupt erstmals bewusst zu betrachten. Diesem komplexen Lernpaket eine transparente Struktur zu verleihen ist nicht nur eine grafische Herausforderung. Sie erfordert eine genaue Kenntnis der Materie, ohne die kein Verständnis beim Studierenden erzielt werden kann.

Klaus Lürzer – verantwortlich für die schwierige Aufgabe der grafischen Konzeption und Gestaltung von «Sehen ist lernbar» – gelang es, Anschaulichkeit mit Transparenz zu verbinden, sodass die Benutzer leicht von einer Textsorte zur anderen wechseln können, ohne «ungefragt» durch einen schnellen Seitenblick aufs Wort im eigenen Bilderlesen beeinflusst zu werden. Die Trennung der Textsorten vereinfacht überdies eine spätere Mehrsprachigkeit des Werkes (die französische Sprachmutation ist bereits in Vorbereitung).

5 Trainingspaket oder Survival-Kit? – zur Zielgruppe

Wer ist es nun, der dieses dichte Werk gebrauchen kann, will, oder gar MUSS! Zunächst werden es Lehrer/innen und Schüler/innen bzw. Student/innen verwenden. In Pädagogischen Akademien sollte es eingesetzt werden. In Lehrerbibliotheken sollte es nie fehlen. Berufsausübende, aber auch Lernende in grafischen Berufen sollten dieses Grundlagenwerk besitzen. Aber auch für Museen und ihre Museums-Shops sollte es ein Standartwerk sein. Berufsneu- und Wiedereinsteiger/innen, etwa als Museumspädagog/innen und Personal für Führungen ist es das geeignete Lehrbuch, sich im Selbststudium Qualitäten und Qualifikationen anzueignen.

Digital Literacy

Digitale Spaltung

Die Schule als Nivellierungsinstanz?

Thomas Döbler und Birgit Stark

1 Theoretische Ausgangsüberlegungen – die Wissenskluft-Hypothese

Die schon Anfang der 70er-Jahre aufgestellte These einer medial verursachten gesellschaftlichen Ungleichheit[1] gewann mit der beschleunigten digitalen Medienentwicklung – wieder – erheblich an Popularität: So werde der vor allem durch Computerisierung und Internet bedingte wachsende Informationsfluss von status- und bildungshöheren Bevölkerungssegmenten ungleich «besser», «schneller» und «kompetenter» bewältigt als von Personen mit niedrigerem sozioökonomischen Status oder Bildung – hierdurch werde aber die gesellschaftliche Ungleichheit nicht nur perpetuiert, sondern sogar noch ausgebaut (Bonfadelli 2002:66ff.; Schenk 2002:568ff.).

Auch wenn diese These von einer «digitalen Spaltung» der Gesellschaft mittlerweile weit differenzierter zu bewerten ist, sich etwa belegen lässt, dass technische Kompetenz im Umgang mit den neuen Kommunikationstechnologien allein noch lange nicht auch eine inhaltliche Kompetenz bedingt und insbesondere «Lesen» als unverzichtbare Basiskompetenz für einen kompetenten Umgang mit den Neuen Medien erkannt wurde[2], so scheint doch weitgehend zweifelsfrei, dass ungleiche Möglichkeiten des Zugangs zu und der Nutzung von Neuen Medien ein Faktor für die Produktion gesellschaftlicher Ungleichheit sind und sein werden. Mit Initiativen wie etwa «Schulen ans Netz»[3] wird deshalb versucht, nicht nur ein Zurückfallen Deutschlands im internationalen Vergleich, sondern gerade auch eine mögliche nationale digitale Spaltung zu vermeiden (Roters/Turecek/Klingler 2002).

1 Mit der von Tichenor, Donohue und Olien 1970 formulierten Wissenskluft-Hypothese wurde die bis dahin vorherrschende Auffassung in Frage gestellt, nach der Massenmedien zu einer Nivellierung sozialer Ungleichheit innerhalb einer Gesellschaft beitragen, sondern dass diese durch Massenmedien u.U. sogar eher erhöht wird.

2 Vgl. etwa eine aktuelle Studie der OECD «Education Policy Analysis 2002», der Organisation für wirtschaftliche Zusammenarbeit und Entwicklung (OECD).

3 Die Sinnhaftigkeit dieser, vor allem auf Drängen der Industrie gestarteten Initiative wird jedoch durchaus grundlegend in Frage gestellt. Josef Weizenbaum, Informatikpionier und kritischer Begleiter der Computerentwicklung beklagt etwa: «Kinder müssen erst eine gewisse Reife haben, sonst lernen sie allenfalls Oberflächlichkeit. Computer sind ohne Vorwissen nutzlos. [...] Etwas in eine Suchmaschine einzugeben und das Ergebnis auszudrucken, das ist das Gegenteil von Bildung.»

Ausgangspunkt einer an der Universität Hohenheim durchgeführten Befragung von Stuttgarter Schülern und Schülerinnen war die These, dass die Schule derzeit nicht in der Lage ist, sozioökonomisch bedingte ungleiche Zugangs- und Nutzungsmöglichkeiten zu den Neuen Medien auszugleichen: Als wesentlicher Bestimmungsfaktor eines Zugangs zu und einer Nutzung von Neuen Medien durch Kinder und Jugendliche wurde das Elternhaus gesehen; neben der notwendigen technischen Ausstattung mit Neuen Medien wurde hier vor allem das elterliche Vorbild, also eine spezifische Nutzung bzw. Nicht-Nutzung Neuer Medien angenommen. Die Schule vermag die unterschiedlichen Zugangsmöglichkeiten zu Neuen Medien im Elternhaus, etwa aufgrund von Bildungs- und materiellen Ungleichgewichten gegenwärtig nicht zu nivellieren.

Zur Überprüfung dieser These wurden im Sommer 2002 Schüler/innen in verschiedenen Jahrgangsstufen in mehreren zufällig ausgewählten Stuttgarter Haupt- und Realschulen sowie Gymnasien klassenweise mit einem standardisierten Erhebungsinstrument befragt. Zusätzlich zu den knapp 1000 Befragungen von Schülerinnen und Schülern – von diesen konnten 917 Fragebögen ausgewertet werden – wurden mit allen Schulleitern und Rektoren der Schulen noch Leitfadeninterviews zur EDV-Ausstattung, zum Einsatz von Computer und Internet im Unterricht und zu Nutzungsmöglichkeiten der Geräte durch die Schüler/innen geführt.

2 Empirische Ergebnisse

Die Stichprobe, die jeweils drei Haupt- und Realschulen sowie Gymnasien umfasste[4], entspricht hinsichtlich ausgewählter soziodemografischer Merkmale (z. B. Geschlechtsverteilung, Ausländeranteile) weitgehend der Grundgesamtheit der Stuttgarter Schüler/innen, so dass eine Verallgemeinerung der Ergebnisse zumindest für Stadt und Region Stuttgart möglich ist. Auch hinsichtlich der EDV-Ausstattung spiegeln die ausgewählten Schulen die Bandbreite in der Grundgesamtheit gut wider: Alle Schulen verfügen über einen PC-Raum und bieten Internetzugang an, die Ausstattung, auch mit Peripheriegeräten (Drucker, Scanner, Beamer, Brenner und DigiCam), variiert dabei ähnlich wie in der Grundgesamtheit. Die Schulleiter und Rektoren gaben an, zumindest zu versuchen, die Ausstattung einigermassen aktuell zu halten, allerdings erweist sich dies insgesamt als nur begrenzt möglich und so werden teils auch grundlegendere Erneuerungen der EDV-technischen Infra-

4 In allen Schulen wurden jeweils zwei Klassen der Unterstufe (5. und 6. Klasse), zwei Klassen der Mittelstufe (8. und 9. Klasse), in den Gymnasien zusätzlich je zwei Klassen der Oberstufe (11. und 12. Klasse) befragt.

struktur durchgängig als notwendig erachtet. Im Schnitt müssen sich knapp 30 Schüler/innen einen PC teilen, wobei die Gymnasien tendenziell besser abschneiden als Haupt- und Realschulen; die beste Relation betrug bei einem Gymnasium 12:1, die schlechteste in einer Hauptschule 48:1.[5] Der Zugang zu den PC-Räumen und zum Internet ist bei allen Schulen zeitlich reglementiert, allerdings ist er bei den Gymnasien im Gegensatz zu Haupt- und Realschulen zumindest partiell auch ohne Aufsicht möglich. Alle Schulen setzen Filtersoftware ein, um den Internetzugang zu unerwünschten Inhalten (Gewalt, Pornografie) zu verhindern.

Wendet man den Blick von den Schulen zu den Haushalten der befragten Schüler/innen, zeigt sich zunächst eine insgesamt sehr gute Ausstattung mit unterschiedlichsten Medien (TV- und Videogeräte, Stereoanlagen, Handys, etc.). Mehr als 90% der Haushalte verfügen über einen PC und jeder zweite der Befragten hat sogar seinen eigenen. Kontrolliert man das Alter bzw. die Klassenstufen der Befragten ergeben sich hier nur graduelle Unterschiede hinsichtlich Schultyp und sozioökonomischem Status.[6] Deutlichere Unterschiede zeigen sich allerdings bei der Anzahl der PCs im Haushalt oder auch beim Internetanschluss: So sind mit steigendem sozioökonomischen Status und Schultyp im Schnitt auch mehr PCs im Haushalt verfügbar; für Haushalte mit mehreren PCs[7] kann aber nun auf eine insgesamt breitere und intensivere Nutzung durch mehrere Haushaltsmitglieder gefolgert werden, was zudem auch vermuten lässt, dass die Hard- und Softwareausstattung ebenfalls einigermassen aktuell ist. Über einen Internetanschluss verfügen knapp 70% aller Haushalte, da allerdings nur jeder zweite Hauptschulhaushalt, dagegen mehr als drei Viertel der Gymnasiastenhaushalte Internetanschluss haben, lässt sich dies ebenso wie die Anzahl der PCs als Beleg für nachweisbar unterschiedliche Zugangsmöglichkeiten zu den Neuen Medien im Elternhaus aufgrund von Bildungs- und materiellen Ungleichgewichten interpretieren.

Bei einer Analyse der Nutzung der im Haushalt verfügbaren Medien durch die befragten Jugendlichen dominieren eindeutig die elektronischen Medien: Gut zwei Drittel hören in ihrer Freizeit täglich Musik oder schauen fern. Über die Hälfte der Befragten hört auch täglich Radio. Im Vergleich hierzu fällt die Nutzungsfrequenz des PCs deutlich ab; nur ein knappes Drittel gibt an, den PC täglich zu nutzen, die überwiegende Mehrheit nutzt den PC

5 Im bundesdeutschen Mittel betrug die Relation im Jahr 2001: 40:1.

6 Der sozioökonomische Status wurde als Index aus verschiedenen Variablen (z. B. Wohnungsgrösse, eigenes Zimmer, Höhe des Taschengeldes) gebildet; dieser Index korreliert hoch mit dem Schultyp. Wenn im Folgenden Differenzierungen verstärkt entlang des Schultyps vorgenommen werden, gilt die Argumentation grundsätzlich analog für den sozioökonomischen Status.

7 Haushalte mit drei und mehr PCs sind zu mehr als der Hälfte Gymnasiastenhaushalte.

mehrmals die Woche. Ein Blick auf die Nutzung der Printmedien zeigt jedoch einen erheblichen Vorsprung der PC-Nutzung. Die Anteile der Schüler, die Bücher bzw. Zeitungen täglich nutzen, sinken hier auf 23% bzw. 13% und gleichzeitig steigen die Anteile der Nichtnutzer erheblich: 42% der Schüler lesen selten oder nie ein Buch; bei der Tageszeitung ist der Anteil der Nichtnutzer – mit knapp zwei Drittel der Befragten – noch höher.

Bemerkenswert ist, dass, entgegen der Nutzungshäufigkeit, in der subjektiven Einschätzung, welches Medium für die Jugendlichen selbst am wichtigsten ist, der Computer knapp auf Platz 1 landet, dicht gefolgt vom Fernsehen und den Tonträgern. Eine Unterscheidung nach Schultyp zeigt dabei, dass insbesondere für Hauptschüler, obwohl sie nicht zu den intensiven Computernutzern zählen, der PC einen überdurchschnittlich hohen Stellenwert einnimmt. Auch für Gymnasiasten nimmt der PC knapp die wichtigste Rolle ein, gleichzeitig hat für sie allerdings auch das Buch eine signifikant höhere Bedeutung; Realschüler präferieren dagegen das Medium Fernsehen.[8]

Ein Blick auf die Sozialisationsinstanzen unterstützt den eingangs postulierten Zusammenhang eines bildungsabhängigen Zugangs zu Internet und PC. Insgesamt ist der Haushalt der Eltern mit über 60% aller Befragten der wichtigste Ort, an dem erste PC-Erfahrungen gesammelt werden; mit deutlichem Abstand folgen an zweiter Stelle «bei Freunden» und erst an dritter Stelle – gleichauf mit «Verwandten» – findet sich die Schule. Für Hauptschüler, für die die Sozialisationsinstanz Elternhaus weit weniger als für Realschüler und Gymnasiasten gegeben ist, sind dagegen Freunde, aber auch die Schule von deutlich höherer Bedeutung als für Schüler/innen der beiden anderen Schultypen.

Dieses Ergebnis bestätigt sich auch bei der Frage nach der Person, die die Jugendlichen zum ersten Mal an das Medium herangeführt hat: Während insgesamt ein Drittel der Befragten vom Vater unterwiesen wurde, er nimmt somit bezüglich des Erwerbs der PC-Medienkompetenz die entscheidende Rolle ein, sind gerade einmal 7% der Befragten von einem Lehrer zum ersten Mal im Umgang mit dem Computer unterwiesen worden. Doch während bei den Gymnasiasten die Relation von Vater zu Lehrer 40 zu 4 beträgt, nivelliert sich das bei den Hauptschülern weitgehend, nämlich auf 18 zu 13. Für ein erstes Zwischenergebnis heisst das, für Jugendliche, für die zu Hause Zugangsbarrieren bestehen (z. B. aufgrund materieller Restriktionen, mehr noch aber weil das Computer-Know-how im Elternhaushalt nicht verfügbar ist) gewinnen Schule und Lehrer als sozialisierende Instanzen an Bedeutung. Das be-

8 Repräsentative Vergleichsdaten finden sich beispielsweise in der JIM-Studie, die seit 1998 das Thema Jugendliche und Medien untersucht. Vgl. hierzu Feierabend/Klingler 2002, S. 153ff.

deutet auch, dass die Schule zumindest eine gewisse ausgleichende Funktion übernimmt.[9]

Aber nicht nur erste PC-Erfahrungen werden überwiegend im Elternhaus gesammelt, sondern grundsätzlich findet die PC-Nutzung überwiegend im Elternhaus statt. 94% aller Nennungen entfallen auf das Elternhaus, 40% der Nennungen auf «bei Freunden» und 38% der Nennungen auf die Schule. Eine Differenzierung nach Schultyp zeigt, dass die Zugangspotentiale am Gymnasium besser sind als an den andern Schultypen – was sich inhaltlich mit den Aussagen der Schulleiter und Rektoren deckt: Während 48% der Gymnasiasten auch an der Schule den PC nutzen, ist dies bei den Hauptschülern nur ein Drittel, am geringsten ist hier jedoch der Nutzungsanteil bei den ansonsten immer zwischen Hauptschülern und Gymnasiasten stehenden Realschülern (27%). Auch hinsichtlich des Einsatzgebietes, der konkreten Nutzungsart des Computers in der Schule, lassen sich Unterschiede nachweisen: Während in der Hauptschule ein anwendungs- bzw. berufsbezogener Einsatz überwiegt (Lernsoftware, Fremdsprachenprogramme, Textverarbeitung, Tabellenkalkulation), findet sich am Gymnasium eine etwas andere Schwerpunktsetzung. Anwendungen, die über Grundkenntnisse oder stark operative Kenntnisse hinausgehen, wie beispielsweise Programmieren oder Bildbearbeitung, stehen hier viel stärker im Vordergrund.

Zu Hause dagegen überwiegen die spielerischen Nutzungen: Lieblingsbeschäftigungen mit dem PC hier sind Spielen und Musik hören. Darüber hinaus fungiert der PC zu Hause aber auch als Arbeitsgerät für schulbezogene Aufgaben und Tätigkeiten, also etwa Texte für die Schule schreiben oder Mathematikaufgaben erledigen; stellenweise wird auch spezielle Lernsoftware verwendet. Insbesondere bei dieser spezifischen Nutzungsart, aber auch bei der schulbezogenen Computernutzung generell, kann wieder sehr klar ein Schultypzusammenhang nachgewiesen werden: häufige Nutzung durch Gymnasiasten, eher seltene Nutzung durch Hauptschüler, dazwischen die Realschüler.

Ein Blick auf die reine Internetnutzung zeigt ein der allgemeinen Computernutzung weitestgehend entsprechendes Bild, etwa hinsichtlich «erste Interneterfahrungen», «überwiegender Ort der Nutzung» oder auch der konkreten Nutzungsart. Auch bei der Internetnutzung gelingt es der Hauptschule, besser als der Realschule, in gewissem Masse fehlende Nutzungsoptionen im Elternhaus auszugleichen. Allerdings ist die Nutzungsintensität in der Schule – allein schon bedingt durch die begrenzten Zugangsmöglichkeiten – sehr gering. Selbst die Schüler/innen, die zu Hause keinen Internetzugang ha-

9 Darüber hinaus machen Hauptschüler ihre ersten Computererfahrungen vergleichsweise häufig ohne konkrete Anleitung.

ben (rund ein Drittel der Befragten) und für die die Schule eine Ausweichmöglichkeit anbietet, geben relativ übereinstimmend an, den schulischen Zugang nur einmal in der Woche bzw. noch seltener zu nutzen.

3 Zusammenfassung – die Schule als Ausgleichsinstanz?

Zusammenfassend lässt sich festhalten, dass die Ergebnisse der Studie die Ausgangsthese partiell bestätigen. Die Jugendlichen weisen zwar insgesamt einen hohen Zugang zu PC und Internet auf, gleichwohl lassen sich u. a. sozioökonomische Unterschiede – allerdings weniger stark als erwartet – nachweisen, die nur teilweise und in begrenztem Masse durch die Schule ausgeglichen werden. Zwar verfügen alle befragten Schulen zumindest über einen PC-Raum und versuchen auch, diesen mehr oder weniger «up-to-date» zu halten, angesichts des formulierten Erneuerungsbedarfs in allen Schulen gelingt dies offensichtlich jedoch nur teilweise zufriedenstellend.

Die Möglichkeit, das Internet an der Schule zu nutzen, besteht ebenfalls an allen befragten Schulen, jedoch ist dieser Zugang zeitlich und inhaltlich eingeschränkt. Spezielle Filter sollen vor unerwünschten Inhalten schützen, darüber hinaus werden vor allem bei den Haupt- und Realschulen Aufsichtspersonen eingesetzt und damit auch enge zeitliche Grenzen der Nutzung gesetzt. Zudem müssen sich im Mittel 30 Schüler einen PC teilen. Dass der Einsatz von PC und Internet im Unterricht bislang nicht stattfindet, liegt neben der ungünstigen Schüler-PC-Relation vor allem auch an fehlender didaktisch und pädagogisch aufbereiteter Software und Know-how Defiziten des Lehrpersonals.

Angesichts dieser Bedingungen verwundert es nicht, dass PC- und Internetnutzung in der Schule eher rudimentär erfolgt und die Nutzung zu Hause dominiert – damit aber werden häuslich bedingte sozioökonomische Ungleichheiten tendenziell verfestigt. Ein Ergebnis, was Bestätigung findet durch die Dominanz familiärer Bezugspersonen, insbesondere des Vaters, etwa bei der Einführung in PC und Internet. Selbst die Peers rangieren hier vor Schule und Lehrkörper. Bei den Hauptschülerninnen und -schülern vermag die Schule bzw. der Lehrkörper allerdings in begrenztem Masse eine gewisse ausgleichende Funktion hinsichtlich des Zugangs und teilweise auch hinsichtlich der Nutzung einzunehmen. Schüler/innen des Gymnasiums allerdings können insgesamt weit mehr als Haupt- oder Realschüler auf verfügbares Wissen im Umgang mit Neuen Medien in der Familie zurückgreifen. Sie werden überwiegend unter Anleitung von Eltern (oder auch älteren Geschwistern) zu Hause in die PC- und Internetnutzung eingeführt. Abschliessend und pointiert resümierend haben Schüler/innen höherer Schulen zu Hause also nicht nur Zugriff auf eine gute technische EDV-Ausstattung, sondern können auch auf vielfältiges Computer Know-how in der Familie zurückgreifen; dieses ist bei Hauptschülern weit weniger gegeben. Hier vermag die Schule insofern einen partiellen Ausgleich zu schaffen als sie zumindest einige Computer- und Internetgrundkenntnisse vermittelt.

Literatur

Bonfadelli, Heinz. «The Internet and Knowledge Gaps. A Theoretical and Empirical Investigation.» In: *European Journal of Communication* 17/2002 (1). 65–84.

Feierabend, Sabine; Klingler, Walter. «Medienzugänge von Heranwachsenden unter dem Schwerpunkt Medienverbund.» In: *Medienkonvergenz: Angebot und Nutzung.* Helga Theunert, Ulrike Wagner (Hrsg.). München: BLM-Schriftenreihe Band 70, 2002. 153–170.

Organisation für wirtschaftliche Zusammenarbeit und Entwicklung (OECD). *Education Policy Analysis 2002.*

Roters, Gunnar; Turecek, Oliver; Klingler, Walter (Hrsg.). *Digitale Spaltung. Informationsgesellschaft 2002 – Trends und Entwicklungen.* Berlin: Schriftenreihe Baden-Badener Sommerakademie Band 3, 2002.

Schenk, Michael (Hrsg.). *Medienwirkungsforschung.* 2. Auflage. Tübingen: Mohr Siebeck, 2002.

Hochschulartenübergreifendes Kompetenzzentrum

Zum Thema «Genderforschung und Bildungsfragen in der Informationsgesellschaft»

Sylvia Buchen

In Baden-Württemberg hat das «Hochschulartenübergreifende Kompetenzzentrum» zum Thema «Genderforschung und Bildungsfragen in der Informationsgesellschaft», das durch das MWK gefördert wird, seine Arbeit aufgenommen. Das Gender-Kompetenzzentrum ist ein Grossprojekt und versteht sich als Strukturmassnahme des Landes, um zur «Institutionalisierung der Frauen- und Geschlechterforschung an baden-württembergischen Hochschulen» beizutragen. Diese hochschulartenübergreifende Kooperation im Bereich Gender/Bildung/Neue Medien bindet Nachwuchswissenschaftler/innen und Studierende in Forschungsprojekte ein, fördert deren Eigenqualifikation und stellt Qualifikationsmassnahmen in Form eines modularen Curriculums für die Lehrerbildung, -fortbildung, und -weiterbildung bereit.

1 Ziele des Kompetenzzentrums

Zentrales Ziel des Zentrums ist die Konzeptualisierung forschungsgestützter Bildungskonzepte, um zur Entwicklung einer gender- und ethniensensitiven Medienkompetenz im Umgang mit den Neuen Medien beizutragen. Die interdisziplinär/transdisziplinäre Zusammenarbeit von Wissenschaftlerinnen und Wissenschaftlern aus unterschiedlichen Fachdisziplinen und deren spezifische thematische Forschungsfragen und methodische Herangehensweisen sind durch unterschiedliche Projekte sichergestellt. Das Kompetenzzentrum zielt darauf, mit Institutionen und Wissenschaftlerinnen und Wissenschaftlern, die an ähnlichen Forschungsfragen arbeiten, zu kooperieren.

2 Projekte des Kompetenzzentrums

Prof.in Dr. Sylvia Buchen, Pädagogische Hochschule Freiburg (Leiterin des Kompetenzzentrums)
Arbeitsschwerpunkte: erziehungswissenschaftliche Frauen- und Geschlechterforschung, Schulentwicklungsforschung und hermeneutische Sozialforschung
Forschungsprojekt: «Interneterfahrungen und Habitusformen von weiblichen und männlichen Jugendlichen im Haupt- und Realschulbereich»

Die Untersuchung zielt mit qualitativen Methoden darauf, Netzerfahrungen männlicher und weiblicher Jugendlicher im Haupt- und Realschulbereich *schulform-* und *geschlechtsspezifisch* zu rekonstruieren. Die Rekonstruktion jugendlicher Orientierungsmuster zielt auf Typenbildung (Generierung von Habitusformen: Bohnsack et al. 2001). Die gender- und medienbezogene Untersuchung ist an der Schnittstelle von Jugend- und Schulforschung zu verorten und soll Erkenntnisse liefern, die es gestatten, allgemeindidaktische Konzepte zur Förderung einer gendersensitiven Medienkompetenz für den Haupt- und Realschulbereich zu entwickeln. Im Zentrum des Projekts steht die bildungstheoretische und -politische Frage, wie sich Lernen, Aneignungsformen von Wissen und die Handlungspraxis Jugendlicher im Umgang mit den neuen Medien verändern und wie Schule konzeptionell auf diese Veränderungsprozesse reagieren kann. Das Forschungsvorhaben stellt ein Bindeglied zwischen Lehre und Forschung dar: Lehramtsstudierende des Grund-, Haupt- und Realschulbereichs sollen im Rahmen von Projektseminaren in die Untersuchung integriert werden. Damit versteht sich das Forschungsvorhaben als anwendungsorientiert und zielt darauf, zur Professionalisierung in der Lehrerbildung, (später) der Lehrerfort- und -weiterbildung beizutragen.

HD Dr. Sven Kommer, Pädagogische Hochschule Freiburg
Arbeitsschwerpunkte: Mediennutzung von Kindern und Jugendlichen; Entwicklung der Medienlandschaft; Medieneinsatz in der Schule; Kindheits- und Jugendforschung
Forschungsprojekt: «Medienbiographien und Kompetenzgewinn»

Mehr oder weniger aktuelle quantitative Daten zur Mediennutzung von Jugendlichen liegen für die meisten der zur Zeit wichtigen Medien vor (z. B. die GfK-Daten für das Fernsehen). Diese Daten geben zwar eine breite Übersicht über die Medienwelten von Jugendlichen, lassen aber keine vertiefenden Einblicke in deren Medienbiographien, das Medienhandeln und insbesondere in die jeweilige Ausprägung von Medienkompetenz zu. Ohne die Verknüpfung von subjektiver Selbstaussage und Beobachtung der realen Handlungskompetenz im Umgang mit den Medien kann es zu massiven Fehleinschätzungen durch die Forscher kommen. Mit Blick auf die Entwicklung von Konzepten einer gendersensitiven Medien-Bildung ist zu fragen, inwieweit die medienbezogenen Selbstbilder von Jungen und Mädchen sich auch im alltäglichen Handeln wiederfinden. Anhand von qualitativen Interviews mit Schülerinnen, Schülern und Studierenden werden vertiefende Einblicke in diese Bereiche erarbeitet. Ein an Computerkurse geknüpftes *experimentelles Design* ermöglicht es darüber hinaus, die handlungswirksam werdende Medienkompetenz zu erheben und zugleich multimediale Selbstzeugnisse der Proband/innen zu gewinnen. Diese werden in einem weiteren Schritt ausgewertet und ergänzen die verbalen Daten insbesondere um die ästhetische Dimension. Erste Erfahrungen mit einer solchen Vorgehensweise liegen z. B. bei Niesyto (2001) und anderen vor. Dieser Ansatz soll in dem Projekt einer handlungsorientierten, gendersensitiven Medienpädagogik weiterentwickelt werden.

Prof.in Dr. Cornelia Helfferich, Ev. Fachhochschule Freiburg
Arbeitsschwerpunkte: Gender- und Entwicklungstheorien in der Jugend; Risikoverhalten, Sucht, Gesundheit und Körperkonzepte nach Geschlecht; reproduktive Gesundheit und Gestaltung der Geschlechterbeziehungen/privater Lebensformen im Lebenslauf
Forschungsprojekt: «Neue Medien in der sexualpädagogischen Arbeit in der Schule – Mediennutzung und Geschlechterinteraktionen im Entwicklungsbezug»

Formen von Mediennutzung können wie andere Verhaltensbereiche im Jugendalter auch, nicht nur als Sozialisationsprodukt, sondern auch als Teilaspekt der aktiven Gestaltung von weiblicher oder männlicher Entwicklung betrachtet werden. Damit kann das Nutzungsverhalten direkt oder indirekt – z. B. als Sprechen über Nutzung – einen «Sinn» oder eine «Funktion» für Mädchen und Jungen im Entwicklungskontext haben. Das Projekt soll solche Zusammenhänge in einem speziellen Bereich prüfen: In Gruppen von Schülerinnen und Schülern, die im sexualpädagogischen Unterricht eine gemeinsam zu lösende, das Internet einbeziehende Lernaufgabe bekommen, soll der Umgang untereinander und mit sexuellen Netzinhalten und das Sprechen über diese Nutzung erhoben werden (Gruppendiskussionen, teilnehmende Beobachtung bei der Lösung der vorgegebenen Aufgabe). Die Interpretation fokussiert die Rolle neuer Medien im Zusammenhang mit der Gestaltung der Entwicklung als Mädchen oder Junge. Es wird dabei angenommen, dass der ausserschulischen Selbstsozialisation in diesem speziellen Nutzungsbereich ein hoher Stellenwert zukommt.

Die Ergebnisse zur Bedeutung von neuen Medien im Zusammenhang mit der individuellen und kollektiven Bewältigung von Geschlechterentwicklung sollen in einem Workshop (sexual-)pädagogischen Fachkräften an die Hand gegeben werden, um den sexualpädagogischen Unterricht im Sinne einer Vermittlung von Medien- und Geschlechterkompetenz besser auf die Entwicklungslagen und subkulturellen Vorstellungswelten von Mädchen und Jungen zuschneiden zu können.

Prof.in Dr. Annette Treibel, Pädagogische Hochschule Karlsruhe
Arbeitsschwerpunkte: Migrationsforschung; Soziologische Theorien; Geschlechterforschung und Zivilisationstheorie
Forschungsprojekt: «Medienkompetenz unter der Perspektive ethnischer und geschlechtlicher Differenz»

Wie medienkompetent sind weibliche und männliche Jugendliche, die bzw. deren Eltern aus Italien, der Türkei und Kasachstan stammen? Diese Frage wird unter einem soziologischen Blickwinkel analysiert, der von der multiplen Zugehörigkeit der Jugendlichen ausgeht. Die Jugendlichen mit Migrationshintergrund sind nicht nur Mitglieder der heutigen Informationsgesellschaft, sondern auch Mitglieder ihrer ethnischen community. Die Studie soll Aufschluss über die Zusammenhänge zwischen ethnischer Herkunft, Geschlecht, community und Peergroup geben. Die Nähe bzw. Distanz zu den Neuen Medien im Falle der Jugendlichen aus Migrantenfamilien resultiert, so die zugrunde liegende These, nicht linear aus der Geschlechts- und der ethnischen Zugehörigkeit, sondern ist im Kontext der Aufnahmegesellschaft, der lokalen Zugehörigkeit und der globalen Vernetzung zu sehen.

Parallel zur Durchführung des Projekts werden deshalb inhaltliche und didaktische Konzeptionen für die Pädagogischen Hochschulen erarbeitet, die am Beispiel der Medienkompetenz von weiblichen und männlichen Migrantenjugendlichen die soziologische Perspektive auf die Einwanderungsgesellschaft einüben und mit der medial-technischen Kompetenz verknüpfen helfen.

Prof.in Dr. Manuela Welzel, Pädagogische Hochschule Heidelberg
Arbeitsschwerpunkte: Untersuchung von Lehr-Lernprozessen; Erstellung, Bearbeitung und Evaluation von didaktischen Konzepten für die Physikausbildung an Schulen und Hochschulen
Forschungsprojekt: «Lernen mit neuen Medien – Chancen für Mädchen und Jungen in der naturwissenschaftlichen Ausbildung»

Mädchen und Jungen der Sekundarstufe interessieren sich unterschiedlich stark für die naturwissenschaftlichen Unterrichtsfächer. Insbesondere der Physikunterricht ist für viele Mädchen unattraktiv. Kann der gendersensitive Einsatz Neuer Medien im Physikunterricht hier Abhilfe schaffen? Dieser Frage soll in diesem Projekt nachgegangen werden. Auf der Grundlage einer Felduntersuchung mit quantitativen und qualitativen Forschungsmethoden in der Realschule soll zunächst der Einsatz Neuer Medien im normalen naturwissenschaftlichen Unterricht untersucht werden. Im Mittelpunkt werden hier die mit Neuen Medien zu lernenden Inhalte, Fragen nach dem didaktisch-methodischen Einsatz und der Genderspezifik stehen. Daran anschliessend wird auf der Grundlage des Modells der Didaktischen Rekonstruktion ein gendersensitives Unterrichtsdesign entwickelt und in mehreren mono- und koedukativen Realschulklassen unterrichtet und über qualitative Verfahren der Videoanalyse evaluiert. In die Untersuchung werden Studierende des Lehramts für Realschulen einbezogen. Die Ergebnisse werden direkt in die Ausbildung von Lehrerinnen und Lehrern einfliessen.

Alle Projekte verbindet, zusammenfassend gesagt, dass sie Interneterfahrungen männlicher und weiblicher Jugendlicher (unterschiedlicher Schulformen) in Schule/Unterricht sowie ausserhalb der Schule unter dem Genderaspekt analysieren und auf dieser Reflexionsgrundlage darauf zielen, gender- und ethniensensitive Bildungskonzepte zu entwickeln.

3 Neue Medien und Geschlecht

Weshalb ist für das «hochschulartenübergreifende Kompetenzzentrum» die Kategorie Gender bei der Entwicklung von Bildungskonzepten zur Förderung von Medienkompetenz von zentraler Bedeutung? In den letzten 10 Jahren ist die Bedeutung der Informationstechnologien für Heranwachsende stetig angewachsen. Produkte der Medientechnik (Fernsehen, Radio, Computer – aber auch das Handy) sind für Jugendliche längst alltäglich geworden. Soweit entsprechende Daten vorliegen, zeigt ein zweiter Blick allerdings, dass hier Chancen und Möglichkeiten keineswegs gleich verteilt sind.

So belegen zahlreiche Jugendstudien, dass sich das Nutzungsverhalten männlicher und weiblicher Jugendlicher quantitativ (prozentualer Anteil der Nutzung; Nutzungsdauer), aber auch qualitativ (Aneignungs- u. Nutzungsprofile) deutlich unterscheidet (Feierabend/Klingler 1998; Eimeren v./Maier-Lesch 1999; Deutsche Shell 2000 u. a.). Obwohl die Verbreitung der Internetnutzung die Geschlechterdifferenz verringert und diese im Gymnasialbereich am geringsten ausgeprägt ist, lässt sich nach wie vor feststellen, dass sowohl der prozentuale Anteil von Jungen bei der Internetnutzung als auch deren wöchentliche Nutzungsdauer im Durchschnitt deutlich über derjenigen der Mädchen liegt. Computer, Internet (und natürlich auch die jeweils aktuellen Spielkonsolen) stellen den neuesten Zugang in den Medienensembles von Kindern und Jugendlichen dar. Gemäss der rasanten Entwicklung auf technischer und inhaltlicher Ebene folgen dann auch die verschiedenen «Mediengenerationen» in immer kürzeren Abständen aufeinander, wie auch die einzelnen «Jugendkulturen». Viele Produkte (vor allem inhaltlicher Art) haben dabei eine sehr kurze Lebensdauer und verschwinden schon nach kurzer Zeit wieder vom breiten Markt. Trotzdem ist in diesem Sektor insgesamt im Jahresvergleich noch immer eine deutliche Ausweitung der Ausstattung zu beobachten (Feierabend/Klingler 2001). Die Zusammenstellung bei Eckehardt/Mohr/Windgasse (2002:88ff.) macht deutlich, dass bei älteren Kindern bzw. Jugendlichen bereits deutliche Unterschiede nach Gender und kulturellem Milieu zu beobachten sind: So verfügen im Durchschnitt mehr als doppelt so viele Jungen als Mädchen über einen eigenen Computer. Im Jahr 2001 sind es dann auch die 14- bis 19-Jährigen, unter denen sich der prozentual grösste Anteil von Online-Nutzerinnen und -Nutzern findet (67.4%), wobei auch hier die männlichen Nutzer trotz aller Tendenzen einer Angleichung noch deutlich in der Mehrzahl sind. Weiterhin finden sich hier ebenfalls starke, ressourcengebundene Unterschiede: Besserverdienende mit höherem Bildungsabschluss sind wesentlich häufiger im WWW zu finden. Die reinen Nutzungsdaten erlauben jedoch nur in sehr beschränktem Umfang auch Aussagen über die Medienkompetenz der Nutzer/innen. Die Studie «Kinder und Medien 1999» zeigt auf, dass Jungen neben Fernsehen und Gameboy den Computer zeitlich intensiver nutzen als Mädchen, die sich stärker den auditiven Medien und Büchern zuwenden. Auch die *Computernutzungsprofile* weisen deutliche Unterschiede auf. Mal-, Zeichen-, Textverarbeitungs- oder Lernprogramme werden intensiver von Mädchen genutzt. Jungen wenden sich bevorzugt Computerspielen zu, rechnen oder nutzen CD-ROMs (Feierabend/Klingler 1999). Diese Differenzen zwischen den Geschlechtern sind allerdings wesentlich bildungsabhängig; am geringsten sind diese bei bestimmten Nutzungsbereichen im Gymnasium.

Generell ist zum Thema «Gender und Neue Medien» zu konstatieren, dass nach wie vor junge Frauen im deutschsprachigen Raum zu Informationstechnologien einen eindeutig geringeren Zugang haben als junge Männer. So sind in allen Zweigen der Informationstechnologien – an Hochschulen wie in der Industrie – Frauen dramatisch unterrepräsentiert, ein Sachverhalt, der nicht nur in der «FIFF-Kommunikation» (Herausgeber: Forum Informatikerinnen für Frieden und gesellschaftliche Verantwortung e.V., Bremen) immer wieder hervorgehoben wird (hierzu auch Bundesanstalt für Arbeit 2000). Schinzel/Ruiz Ben (2002) führen die deutlichen Unterschiede zwischen den Geschlechtern mit Blick auf Nutzungshäufigkeit und Nutzungsprofile u. a. darauf zurück, dass im Medium selbst Frauen ausschliessende Geschlechterdifferenzen reproduziert werden, und zwar sowohl auf inhaltlicher als auch kommunikativer Ebene. Die Autorinnen charakterisieren die Medien als Schnittstellen zwischen Inhalten, sozialen Interaktionen und Techniken, durch die der Prozess der Geschlechterordnung reproduziert werde (S.26ff). Gabriele Winker (2002) ist in ihren Untersuchungen insbesondere der Frage nachgegangen, inwieweit die inhaltlichen Informationsangebote im Internet

(z. B. Stadtinformationssysteme) Informationen für die Arbeits- und Lebensbedingungen von Frauen benutzer- und benutzerinnenfreundlich bereit halten. Die Autorin kommt zum Ergebnis, dass weibliche Lebensrealitäten entweder nicht umfassend wahrgenommen werden oder sogar überwunden geglaubte Weiblichkeitsstereotype (z. B. Familie, Lifestyle etc.) aufs Neue konstruiert werden (S. 73ff.).

Durch das Projekt «Schulen ans Netz» (SaN), das durch das Bundesministerium für Bildung, Wissenschaft, Forschung und die Deutsche Telekom (1996) initiiert wurde, haben die Informations- und Kommunikationstechnologien (IKT) bundesweit in allen weiterführenden Schulformen Eingang in das Schulleben gefunden. Obwohl unterschiedliche Studien ergaben, dass das Projekt «SaN» prinzipiell in den Schulen von den Beteiligten – Schülerschaft, Lehrpersonen, Schulleitung – positiv bewertet wird (Schulz-Zander 2001; Hinsch/Schneider 2001; Scholl/Prasse 2001 u. a.), wird jedoch nach wie vor auf die mangelnde Ausstattung hingewiesen: zu wenig «internetfähige» Rechner; ungünstige Zugangsbedingungen für die Lehrer- und Schülerschaft; ständig wechselnde Passwörter; für die Schülerschaft Zugang nur unter Aufsicht und kaum ausserhalb des Unterrichts etc. In einer Pilotstudie, die wir selbst im Gymnasialbereich durchgeführt haben (Buchen/Philipper 2002), weisen wir darauf hin, dass Informatiklehrer in der Regel als Sachverwalter der Technologiekompetenz fungieren. Nicht zuletzt aufgrund mangelnden Interesses der Kollegenschaft beanspruchen sie den Alleinvertretungsanspruch über den Ressourcenschatz (und Maschinenpark) der Technologie an den Schulen und gewinnen damit *die Macht der Unentbehrlichkei*t (Passwort etc.). Machtstrukturen, die auf technologischem Expertenwissen basieren, weisen eine eindeutige Gender Kluft auf und reproduzieren diese (S.10).

So ergab auch die breit angelegte quantitative Untersuchung des Instituts für Schulentwicklungsforschung (IFS) der Universität Dortmund in Kooperation mit der FU Berlin und der HU Berlin u. a. Befunde von Geschlechterdifferenzen beim Einsatz von IKT: Nur 14% der Computerkoordinatoren sind weiblich; doppelt so viele männliche als weibliche Lehrpersonen sind an den schulischen Projektteams für die Computer-/Internetarbeit beteiligt; männliche Schüler und Lehrer geben an, das Internet häufiger und länger zu nutzen als weibliche Schüler und Lehrer. Aus den Befragungen geht ebenfalls hervor, dass Schüler und Lehrer über ein *grösseres Selbstvertrauen* (Hervh.: S.B.) in Bezug auf den Umgang mit den IKT verfügen als das weibliche Geschlecht (Schulz-Zander 2001:191). «Es ist feststellbar», so resümiert Schulz-Zander hierzu, «dass ein Bewusstsein über Geschlechterdifferenzen im IKT-Bereich in den Schulen im Allgemeinen nicht vorhanden ist» (ebenda). Eben Desiderata dieser und ähnlicher Art versucht unser gemeinsames Forschungsvorhaben im Kompetenzzentrum durch die Entwicklung von Bildungskonzepten zur Förderung einer gendersensitiven Medienkompetenz zu entsprechen.

Aus allen Evaluationen zu «SaN» geht hervor, dass die Integration von PC/Internet in den Schulalltag nach wie vor nur sehr unterschiedlich von den Lehrpersonen genutzt wird: weit mehr von männlichen Lehrpersonen, v.a. aus dem informationstechnischen Bereich, mit Abstand gefolgt vom naturwissenschaftlichen Bereich, in dem – wie im IT-Bereich – der prozentuale Anteil männlicher Lehrpersonen überwertig ist. Demgegenüber werden die Neuen Medien bedeutend weniger in anderen, z. B. geistes- und sprachwissenschaftlichen Fachkulturen genutzt, in denen der Anteil weiblicher Lehrpersonen bekanntermassen hoch ist. Zurecht verweisen Hinsch/Schneider (2001) auf den Sachverhalt, dass neben fehlender PC/Internetkompetenz folgende Beweggründe zur Abstinenz der Lehrpersonen führen: «Furcht sich zu blamieren oder die Kontrolle über das Geschehen zu verlieren; Scheu vor dem grösseren Aufwand; keine Idee, was man im Unterricht mit der neuen Technik machen könnte» (S. 33). Bereits aus den wenigen vorliegenden Evaluationen zum Thema «Multimedia in der Schule» geht hervor, dass die Medienintegration in den schulischen Alltag als Schulentwicklungsprozess zu begreifen ist, der nur dann zu Qualitätsverbesserung schulischen Lehrens und Lernens beiträgt, wenn bei der Entwicklung von Bildungskonzepten zur Förderung medienpädagogischer Kompetenz Genderisierungsprozessen, wie sie innerhalb und ausserhalb der Schule stattfinden, Rechnung getragen wird.

Methodisch geht es uns darum, bei Fragen jugendlicher Internetnutzung – und den damit verbundenen Ausschlussverfahren – die Geschlechterdifferenz nicht zu reifizieren; denn das würde bedeuten, bekannten quantitativen Daten nichts Neues hinzuzufügen. Vielmehr zielt unser Forschungsvorhaben u. a. darauf, mit qualitativen Methoden die Sinnstrukturen jugendlicher Interneterfahrungen, (sub)kultureller Präferenzen, spezifischer Wissensaneignungsprozesse und Exklusion zu eruieren, um insbesondere auch Erkenntnisse über die Frage von Gleichheit und Differenz der Geschlechter – und deren Wandel – mit Blick auf die Neuen Medien zu gewinnen.

Literatur

Bohnsack, Ralf; Nentwig-Gesemann, Iris; Arnd-Nohl, Michael (Hrsg.). *Die dokumentarische Methode und ihre Forschungspraxis.* Opladen: Leske + Budrich, 2001.

Buchen, Silvia; Philipper, Ingeborg. «Die Bedeutung neuer Medien im Leben männlicher und weiblicher Jugendlicher unterschiedlicher Schulformen.» In: *Medien Pädagogik, Online-Zeitschrift für Theorie und Praxis der Medienbildung.* Annemarie Hauf-Tulodziecki et al. (Hrsg.).

Deutsche Shell (Hrsg.). *Jugend 2000. 13. Shell-Jugendstudie*. Opladen: Leske + Budrich, 2000.

Eckehardt, Josef; Mohr, Inge; Windgasse, Thomas (Hrsg.). Mediennutzung bei Kindern: Radio im Abseits? In: *Media Perspektiven*, 2/2002. 88–102.

Eimeren van, Birgit; Maier-Lesch, Brigitte. «Internetnutzung Jugendlicher. Surfen statt Fernsehen? Sonderauswertung aus der ARD/ZDF-Online-Studie 1999.» In: *Media-Perspektiven*, 11/1999. 591–598.

Feierabend, Sabine; Klingler, Walter. «Voll digital – Jugendwelten im Umbruch? JIM 98: Eine bundesweite Repräsentativbefragung von Jugendlichen.» In: *Zeitenwende? Zukunftsperspektiven der Informationsgesellschaft*. Medienpädagogischer Forschungsverbund Südwest (Hrsg.) Baden-Baden: Nomos Verlagsgesellschaft, 1998. 35–48.

Feierabend, Sabine; Klingler, Walter. «Kinder und Medien 1999. Ergebnisse der Studie KIM 99 zur Mediennutzung von Kindern.» In: *Media Perspektiven*, 12/1999. 610–625.

Feierabend, Sabine; Klingler, Walter. «Kinder und Medien 2000. PC/Internet gewinnen an Bedeutung.» In: *Media Perspektiven*, 7/2001. 345–357.

Hinsch, Rüdiger; Schneider, Carola. «Verändern neue Medien Unterricht und Schule? Ergebnisse aus der Evaluation des Projekts ‹Schulen ans Netz›». In: *Computer und Unterricht*, Heft 41, 2001. 33–35.

Niesyto, Horst (Hrsg.) *Selbstausdruck mit Medien. Eigenproduktion mit Medien als Gegenstand der Kindheits- und Jugendforschung*. München: kopaed, 2001.

Schinzel, Britta; Ruiz Ben, Esther. «Gendersensitive Gestaltung von Lernmedien und Mediendidaktik: Von den Ursachen für ihre Notwendigkeit zu konkreten Checklisten.» In: *Gender Mainstreaming in der beruflichen Bildung: Anforderungen an Medienpädagogik und Medienentwicklung*. Birgitt Wählisch, Heidemarie Kollatz (Hrsg.). Dokumentation des Workshops vom 29. Mai 2002 in Berlin. 15–53.

Scholl, Wolfgang; Prasse, Doreen. «Schulen ans Netz – Probleme und Lösungsmöglichkeiten. Ergebnisse einer organisationsbezogenen Evaluation der Initiative ‹SaN›». Berlin: 2002. www.psychologie.hu-berlin.de/orgpsy/forschung/texte/SaN_Ergebnisse_HUB.pdf.

Schulz-Zander, Renate. «Lernen mit neuen Medien in der Schule.» In: Zukunftsfragen der Bildung. Jürgen Oelkers (Hrsg.). *Zeitschrift für Pädagogik*, 43. Beiheft. Weinheim/Basel: 2001. 181–195.

Winker, Gabriele. «Informationstechnik und Geschlechterhierarchie – eine bewegende Beziehung.» In: *Technikfolgenabschätzung – Theorie und Praxis*, Heft 2/2000. 70–78.

Die Förderung von Internetkompetenz in der offenen Jugendarbeit

Ziele, Möglichkeiten und Probleme

Stephan Buchloh

Internetkompetenz kann nicht nur in der Schule, sondern auch in der offenen Jugendarbeit entwickelt und gefördert werden. Der Beitrag enthält den Vorschlag für ein Modell der Internetkompetenz, das zwischen mehreren Dimensionen von Internetkompetenz als besonderer Form der Medienkompetenz unterscheidet. Ausgehend von der empirisch erhobenen Internetnutzung Jugendlicher und von den Medienleistungen, die diese vom Internet erwarten, werden mehrere Fragen untersucht: Welche Dimensionen von Internetkompetenz sollten in der offenen Jugendarbeit vernünftigerweise gefördert werden? Welche besonderen Möglichkeiten hat die soziale Arbeit mit Jugendlichen? Welchen Problemen sieht sie sich gegenüber?

1 Einleitung

Nicht nur traditionelle Bildungsinstitutionen wie Schulen, Volkshochschulen und Universitäten vermitteln Medienkompetenz, sondern auch Einrichtungen der offenen Jugendarbeit wie Jugendfreizeitstätten. Die Bedingungen, unter denen hier Medienkompetenz gefördert und entwickelt werden kann, weichen ganz erheblich von denen ab, die für die Schule gelten. In den Vordergrund des Interesses sind in den letzten Jahren das Internet und die Computerwelt gerückt. Es lassen sich mehrere Dimensionen von «Internetkompetenz» auseinander halten, die für die Besucher von Jugendzentren eine unterschiedliche Wichtigkeit haben und die auf verschiedene Weise gefördert werden können.

Im Folgenden gehe ich zunächst auf die Besonderheiten der offenen Jugendarbeit ein. Danach möchte ich ein Modell der Internetkompetenz vorschlagen, das zwischen mehreren Formen und Ausprägungen von Medienkompetenz mit Blick auf das Internet unterscheidet. Anschliessend diskutiere ich mögliche Ziele bei der Förderung von Internetkompetenz in der offenen Jugendarbeit. In den nächsten beiden Abschnitten geht es um Chancen und Schwierigkeiten der offenen Jugendarbeit bei der Steigerung oder Entwicklung von Internetkompetenz. An zwei Beispielen von Internetprojekten möchte ich meine Überlegungen verdeutlichen.

2 Charakteristika der offenen Jugendarbeit

Anders als zur Schule gehen Jugendliche in ein Jugendzentrum freiwillig; sie möchten dort ihre Freizeit verbringen, mit anderen Jungen und Mädchen zusammen sein und Spass haben. Kaum jemand besucht eine Freizeitstätte mit der ausdrücklichen Absicht, dort etwas zu lernen. Diese Grundvoraussetzungen bestimmen die pädagogische Arbeit in einer Freizeiteinrichtung für Jugendliche. Man könnte hier von einer «indirekten Pädagogik» sprechen: Die Mitarbeiter eines Jugendzentrums versuchen, Rahmenbedingungen zu schaffen, die es den Jugendlichen erlauben, Erfahrungen zu sammeln und Neues zu lernen (Bader 2001:361). Dagegen ist es schwierig, festgelegte Lerninhalte zu vermitteln oder bestimmte Lernziele anzustreben. Anregungen zum Lernen werden aus Situationen heraus entfaltet und nicht als abstraktes Programm vorgegeben.

Damit hängt ein anderes Merkmal der offenen Jugendarbeit zusammen, das sich als «Prozessorientierung» bezeichnen lässt. Die Pädagogen können Entwicklungen anstossen und begleiten, aber es ist in einer Jugendfreizeitstätte kaum möglich, auf klar definierte Resultate hinzuarbeiten und Lernen direkt zu steuern. Darin hebt sich die offene Arbeit mit Jugendlichen von «ergebnisorientierten» Bildungsbemühungen in der Schule ab. Erkenntnisse gewinnen die Jugendlichen eher durch Aktionen in der Gruppe als durch individuelle Lernanstrengungen. In der Jugendarbeit wird deshalb oft von «sozialem Lernen» geredet (Bader 2001:361/365).

Die Freiwilligkeit der Aktionen in einem Jugendzentrum bringt es mit sich, dass pädagogische Bemühungen an die Wünsche und Bedürfnisse der Jugendlichen anknüpfen müssen (Schindler 2001:16). Stichwort ist die so genannte «Lebensweltorientierung». Die Mitarbeiter nehmen Bezug auf die Lebensverhältnisse der Jugendlichen, «sie holen sie dort ab, wo sie stehen». Im Sinne einer «Hilfe zur Selbsthilfe» bieten die Pädagogen den Jugendlichen Unterstützung beim Bewältigen von Lebens- und Alltagsproblemen. Die offene Jugendarbeit will dazu beitragen, dass sich die Mädchen und Jungen ihrer Fähigkeiten und Talente bewusst werden (Thiersch 2000:5/23; Galuske 2002:33). Viele der Jugendlichen, die Freizeitstätten besuchen, stammen aus unteren sozialen Schichten oder kommen aus ausländischen Familien. Zu Hause können sie nicht unbedingt mit einer intensiven Förderung rechnen.

Charakterisieren lässt sich die offene Jugendarbeit schliesslich noch auf eine weitere Weise, und zwar indem man die Unterscheidung zwischen «Sozialisation» und «Erziehung» heranzieht. In beiden Fällen geht es um den Erwerb von Fähigkeiten, die der Einzelne für das Leben in einer Gemeinschaft braucht. Wenn von «Erziehung» die Rede ist, dann stellt man sich Lernen als Folge pädagogischer Massnahmen vor; gedacht ist an «organisiertes» oder «formelles Lernen». Spricht man von «Sozialisation», dann hat man Lernvorgänge im Auge, die im sozialen Umfeld selbst ablaufen. Diese werden als «funktionales» oder «informelles Lernen» bezeichnet (Fromme 2002:155). Ein solches Lernen steht in der offenen Jugendarbeit im Vordergrund – sie ist mithin eher der Sozialisation zuzuordnen.

3 Vorschlag für ein Modell der Internetkompetenz: Formen und Ausprägungen von Medienkompetenz

3.1 Definitionen von Medienkompetenz

Internetkompetenz ist eine spezielle Form der Medienkompetenz. Mittlerweile gibt es eine Vielzahl von Versuchen, den Begriff der Medienkompetenz zu bestimmen (z. B. Baacke 1997; Schell/Stolzenburg/Theunert 1999; Hamm 2001; Vollbrecht 2001; Felsmann 2002). Beispielhaft seien hier drei Definitionen angeführt: Dieter Baacke versteht unter «Medienkompetenz» die Fähigkeit, «die neuen Möglichkeiten der Informationsverarbeitung souverän (zu) handhaben» (Baacke 1999a:31). Bernd Schorb schreibt: «Der Begriff Medienkompetenz soll die Fähigkeiten begrifflich bündeln, die das Individuum innerhalb einer Medien- oder Informationsgesellschaft benötigt.» (Schorb 1997:234) Nach Johannes Fromme ist «Medienkompetenz» die «Fähigkeit, mit Medien in verschiedener Hinsicht selbstbestimmt umzugehen» (Fromme 2002:158).

Zwei Aspekte des Begriffs der Medienkompetenz erscheinen mir besonders wichtig. Der erste Aspekt besteht darin, dass sich mit dem Begriff der Medienkompetenz die Vorstellung kommunikativer Mündigkeit verbindet (Baacke 1999a:35). Einem «medienkompetenten» Fernsehzuschauer braucht niemand vorzuschreiben, welche Programme er sehen darf und welche nicht: Er besitzt die Fähigkeit, sich vor möglichen «Mediengefahren» selbst zu schützen. Medienpädagogische Konzepte, die Medienkompetenz in den Mittelpunkt stellen, heben sich damit von Ansätzen ab, deren Menschenbild das eines unmündigen Mediennutzers ist. Zu solchen Ansätzen ist vor allem die «Bewahrpädagogik» zu rechnen, die Jugendliche vor angeblich schädlichen Medieninhalten abschirmen will (Schweinitz 1992; Hüther/Podehl 1997; Vollbrecht 2001:54).

Wenn in den Definitionen von «souveränem» oder «selbstbestimmtem» Umgang mit Medien die Rede ist, dann klingt hier an – und dies ist der zweite wichtige Aspekt –, dass die angesprochenen Fähigkeiten in Beziehung zu den Absichten der Handelnden zu setzen sind. Es geht in erster Linie darum, dass die Mediennutzer die Fähigkeiten besitzen bzw. erwerben, die sie brauchen, um ihre eigenen Ziele zu verwirklichen. Die Ziele, die Menschen mit der Nutzung von Medien verfolgen, können voneinander abweichen: Die Leute erwarten von den Medien unterschiedliche Leistungen. Deshalb kommt es auch auf verschiedene Formen der Medienkompetenz an. Daraus ergeben sich Konsequenzen für die Vermittlung von Medienkompetenz: Je nach Zielgruppe sind unterschiedliche Formen der Medienkompetenz bevorzugt zu fördern. Welche Formen der Medienkompetenz lassen sich nun im Hinblick auf das Internet gegeneinander abgrenzen?

3.2 Formen und Ausprägungen von Internetkompetenz

In dem Modell von Internetkompetenz, das ich vorschlagen möchte, werden vier Formen von Internetkompetenz unterschieden:

1. *Rezeptionskompetenz:* Dies ist die Fähigkeit, Internetinhalte aufzunehmen und zu verarbeiten.
2. *Interaktionskompetenz:* Damit ist die Fähigkeit gemeint, auf gegenseitiges Handeln angelegte, «interaktive» Internetangebote wie Spiele und Chats souverän zu nutzen. Ein Internetsurfer kann selbst in das Medium eingreifen, indem er beispielsweise im Chat etwas schreibt. Auf diese Weise tut er mehr, als sich Seiten nur anzusehen; im Gegensatz zu einem Nutzer, der eigene Seiten ins Netz stellt, führt er jedoch keine länger dauernden Veränderungen im Internet herbei.
3. *Produktionskompetenz:* Es handelt sich um die Fähigkeit, Internetinhalte herzustellen und zu gestalten.
4. *Hintergrundwissen:* Dazu zählen besonders politische, wirtschaftliche und juristische Kenntnisse.

Diese Grundformen der Internetkompetenz bestehen wiederum aus verschiedenen Einzelfertigkeiten. So lassen sich bei der *Rezeptions- und der Interaktionskompetenz* folgende Fähigkeiten voneinander abgrenzen:

- *Bedienungsfähigkeit,* mithin die Fähigkeit, Computer zu bedienen und Software anzuwenden;
- *Auswahlfähigkeit,* also die Fähigkeit, Internetinhalte zu finden und zu nutzen, mit denen man die eigenen Ziele tatsächlich erreicht, und die Fähigkeit, Internetangebote so zu nutzen, dass die Surfdauer nicht mit anderen, wichtigeren Tätigkeiten in Widerstreit gerät; man könnte hier von einer Fähigkeit zum «Zeitmanagement» oder kürzer von einer «Zeitkompetenz» sprechen – diese «*Zeitkompetenz*» lässt sich ebenso wie die *Recherchefähigkeit* als Form der Auswahlfähigkeit betrachten;
- *Urteilsfähigkeit*, also die Fähigkeit, Internetangebote einzuschätzen;

- *Verarbeitungsfähigkeit:* Dies ist die Fähigkeit, Internetinhalte (auch langfristig) so zu verarbeiten, dass sie den Surfern von Nutzen sind oder zum mindesten nicht schaden.

Bei der Produktionskompetenz kann man trennen zwischen:
- *handwerklich-technischen Fertigkeiten*
- *künstlerisch-graphischen Fertigkeiten*
- *Schreibfertigkeiten*

Zum Hintergrundwissen können besonders Kenntnisse gehören über:
- *Medienpolitik*
- *Rechtsfrage*
- *Medienökonomie*
- *Medienwirkungen*

Die einzelnen Formen und Ausprägungen von Internetkompetenz, die in diesem Modell idealtypisch gegeneinander gestellt werden, können sich in der Praxis manchmal überlappen; Grenzen sind nicht immer eindeutig zu ziehen.

4 Ziele bei der Förderung von Internetkompetenz in der offenen Jugendarbeit

4.1 «Prozessorientierung» versus konkrete Ziele

Wenn man einzelne Ziele bestimmen will, die bei der Förderung von Internetkompetenz in der sozialen Arbeit mit Jugendlichen anvisiert werden sollten, dann stellt sich zunächst das Problem, dass die Charakteristika der offenen Jugendarbeit solchen Zielvorgaben eher entgegenstehen. Bei der erläuterten «Prozessorientierung» der ausserschulischen Jugendarbeit ist es nur schwer möglich, konkrete Lernziele anzustreben. Wenn man bei den Besuchern einer Jugendfreizeitstätte etwas erreichen will, dann muss man sich auf die Erwartungen und Lebensperspektiven der Jugendlichen einstellen.

4.2 Internetnutzung von Jugendlichen

Will man wissen, was sich Jugendliche vom Internet erwarten, erscheint ein Blick auf die tatsächliche Nutzung des Mediums sinnvoll. Auskunft hierüber gibt – bezogen auf die Bundesrepublik Deutschland – die Studie «Jugend, Information, (Multi-)Media» 2002 (abgekürzt: «JIM-Studie»). Der «Medienpädagogische Forschungsverbund Südwest» hat von Mai bis Juli 2002 insgesamt 1'092 Jugendliche im Alter zwischen 12 und 19 Jahren zu ihrer Mediennutzung interviewen lassen. Unter anderem wurden die Internetsurfer (n=904) gefragt, welche Online-Möglichkeiten sie mehrmals in der Woche oder täglich nutzen.

Lieblingsaktivität ist das Verschicken und Empfangen von elektronischer Post; diese Anwendung nannten 48% der Surfer. An zweiter und dritter Stelle stehen die Suche nach Informationen zu einem bestimmten Thema (35%) und das Anhören von Musik im Internet (30%). Auf Platz vier folgt das Chatten (26%). Ähnlich beliebt sind das Herunterladen von Musikdateien (25%) und das Abrufen von Nachrichten und aktuellen Informationen (23%). Rund ein Fünftel der jugendlichen Internetnutzer (21%) interessiert sich für Informationen über Schule, Ausbildung und Beruf. Etwa jeder zehnte Jugendliche (12%) lädt sich Dateien herunter, die keine Spiele oder Musik enthalten. Fast genauso gross ist der Anteil der Surfer, die nach regionalen Veranstaltungshinweisen Ausschau halten (11%) oder die sich zusammen mit anderen in Online-Spiele vertiefen (11%) (Medienpädagogischer Forschungsverbund Südwest 2003:46–48).

4.3 Medienleistungen

Die Nutzungsdaten zeigen, dass für die Jugendlichen bestimmte Leistungen des Mediums Internet eine grosse Rolle spielen. Für die Jugendlichen dient das Internet demnach vor allem:

- zur Übermittlung privater Nachrichten
- als Informationsquelle
- zur Unterhaltung durch Musik und Spiele
- zum Austausch mit anderen Menschen im Chat

Der Chat bietet den Jugendlichen ganz spezielle Leistungen. Beim Chatten haben die Jugendlichen die Möglichkeit, mit ihrer Identität zu experimentieren, sich mit ihrer Sexualität und Geschlechtsrolle zu beschäftigen und neue Kontakte zu knüpfen (Fix 2001; Scherer/Wirth 2002). Im Chat kann nicht sicher überprüft werden, wer sich hinter einem «Nickname» verbirgt – dadurch haben Jugendliche Gelegenheit, unterschiedliche Arten der Selbstdarstellung zu testen, ohne dass sie lang anhaltende Folgen fürchten müssten. Wer einen Chatroom betritt, muss sich für eine Netzidentität entscheiden. Ein Chatter kann sich beispielsweise überlegen, ob er als Jugendlicher oder als Erwachsener, als Lehrling oder als Angestellter, als Junge oder als Mädchen wahrgenommen werden will. Das Chatten regt Jugendliche dazu an, sich mit dem Bild auseinander zu setzen, das sie sich von sich selbst machen und das sie anderen Menschen vermitteln wollen. Insofern kann das Chatten als Beitrag zur «Selbstsozialisation» verstanden werden.

4.4 Jugendliche Erwartungen und pädagogische Ziele

Führt man sich vor Augen, welche Leistungen Jugendliche vom Medium Internet erwarten und wie sie das Netz nutzen, dann erscheint es zweckmässig, die Formen von Internetkompetenz vorrangig zu fördern, die Jugendliche beim Umgang mit dem Netz tatsächlich brauchen. Deshalb dürften die wichtigsten Ziele bei der Förderung von Internetkompetenz die Stärkung der Rezeptions- und der Interaktionskompetenz sein. Dies gilt umso mehr, wenn man in Betracht zieht, welche Jugendlichen ihre Freizeit in Jugendzentren verbringen. Möchte ein Jugendlicher chatten, dann ist es für ihn entscheidend, einen passenden Chat zu finden: Er sollte die Chatfunktionen bedienen können, und in den Chaträumen sollten sich Leute aufhalten, die ihn interessieren. Ausserdem ist es hilfreich, wenn er die gängigen Verhaltensregeln, die so genannte «Netiquette», beherrscht und wenn er eine Konversationsstrategie verfolgen kann, mit deren Hilfe er seine Gesprächsabsichten zu verwirklichen vermag. Hier kommt es also auf Interaktionskompetenz an. Sucht ein Jugendlicher nach Informationen, dann sind seine Recherchefertigkeiten gefordert: Er sollte wissen, welche Suchmaschinen und Webkataloge ihm weiterhelfen und wie man diese benutzt.

Die Produktionskompetenz hat für Jugendliche demgegenüber eine deutlich geringere Bedeutung. Ohne Zweifel können sich Jugendliche selbst darstellen und ihre Ansichten in der Netzöffentlichkeit verbreiten, wenn sie Internetseiten gestalten; insofern ist es nützlich, wenn ein Jugendlicher einen HTML-Editor zu bedienen weiss oder HTML-Befehle kennt. Im Umgang mit dem Internet spielen gestalterische Tätigkeiten für Jugendliche gleichwohl kaum eine Rolle. Deshalb ist es nicht ratsam, die Entwicklung von Produktionskompetenz in den Vordergrund der pädagogischen Bemühungen eines Jugendzentrums zu stellen. Die Besucher einer Freizeitstätte auf spätere Tätigkeiten als Webdesigner, Online-Redakteure oder Kommunikationswissenschaftler vorzubereiten dürfte nicht sinnvoll sein. Medienpädagogische Konzepte, die besonders auf die Vermittlung von Gestaltungsfertigkeiten oder von medienpolitischem Wissen Wert legen, empfehlen sich für die offene Jugendarbeit weniger; solche Ansätze gehen an der Realität der Besucher von Jugendzentren vorbei (Schachtner 2001).

Diese Realität legt zuerst noch ein anderes, elementares Ziel nahe: Es geht darum, Jugendlichen aus Familien, die wenig Geld haben, überhaupt erst einmal Netzanschlüsse und Computer zur Verfügung zu stellen und sie mit den Möglichkeiten des Internets vertraut zu machen. Dies gilt speziell für Mädchen, die das Internet nach wie vor weniger häufig nutzen als Jungen (Medienpädagogischer Forschungsverbund Südwest 2003:44).

5 Chancen der offenen Jugendarbeit bei der Förderung von Internetkompetenz

Im Vergleich zur Schule eröffnen sich der offenen Jugendarbeit besondere Chancen bei der Förderung von Internetkompetenz. Diese Chancen bestehen in dreierlei Hinsicht, nämlich mit Blick auf die *Lernmotive*, die *Lernformen* und die «*Lehrakteure*».

Was die *Lernmotive* betrifft, so herrscht in der sozialen Arbeit mit Jugendlichen das Prinzip der Freiwilligkeit. Niemand ist gezwungen, Aufgaben zu lösen oder Prüfungen abzulegen. Es gibt keinen Notendruck. Tatsächlich wollen viele Jugendliche in einer Freizeitstätte ausdrücklich nichts lernen und sich vom schulischen Lernen erholen – was verständlich ist. Wenn aber Jugendliche in einer Freizeiteinrichtung etwas lernen möchten, dann tun sie dies aus Interesse an der Sache und nicht auf Drängen von Eltern oder Lehrern. Diese Jugendlichen sind somit «intrinsisch» und nicht «extrinsisch motiviert» – dadurch verbessern sich ihre Aussichten, erfolgreich zu lernen. Hinzu kommt, dass sich die offene Jugendarbeit an den Wünschen und Erwartungen der Jugendlichen ausrichten muss. Deshalb gilt es auch als wichtig, den Jugendlichen Möglichkeiten der Mitbestimmung und Beteiligung einzuräumen. Auch dies dürfte die Lust zu lernen steigern.

Bei den *Lernformen* kommt es ebenfalls auf eine Beteiligung der Jugendlichen an. Ihnen wird nichts vorgesetzt, und sie sind keine passiven Zuhörer von Unterrichtsvorträgen. Die Arbeit in Projekten eignet sich als Lernform in der offenen Jugendarbeit besonders gut (Baacke 1999b). Es geht darum, zusammen etwas zu tun: Bei Computerprojekten kann dies zum Beispiel die Recherche zu einem bestimmten Thema, die Teilnahme an einem Chatforum oder das Gestalten von Webpages sein.

Diese «Handlungsorientierung» ist für die offene Jugendarbeit charakteristisch: Man lernt durch gemeinsame Aktivität. Die Jugendlichen einer Freizeitstätte können mit den Pädagogen besprechen, was sie an der Netzwelt interessiert und welche Möglichkeiten des Internets sie nutzen möchten. Zusammen kann dann überlegt werden, wie diese Interessen sinnvoll in ein Projekt einfliessen können. An dem Projekt wird in einer kleinen Gruppe gearbeitet. Die Jugendlichen lernen dabei eher «beiläufig», indem sie versuchen, die Anforderungen des selbst gewählten Internetvorhabens zu bewältigen (Fromme 1999:159).

Neben der Mitarbeit in Projekten haben die Jugendlichen in einem Freizeittreff die Gelegenheit, Computer und Internet «einfach so» zu nutzen. Die Surfmöglichkeiten der Jugendlichen hängen von der Ausstattung und den Regeln der Einrichtung ab, vor allem davon, wie viele Geräte die Freizeitstätte besitzt, ob die Besucher für das Surfen etwas bezahlen müssen, ob das Jugendzentrum die Internetzeit aus pädagogischen Gründen begrenzt und ob bestimmte Seiten mittels einer Filtersoftware gesperrt sind. Bei entsprechenden Bedingungen können die Jugendlichen selbständig und ohne Zeitdruck durch die Netzwelt streifen. Dieses Sammeln von Surferfahrungen ist ebenfalls eine Form des «beiläufigen Lernens» und der «Selbstsozialisation».

Vorzüge im Hinblick auf die «*Lehrakteure*» bietet die offene Jugendarbeit insofern, als die Jugendlichen zu den Mitarbeitern einer Freizeiteinrichtung oft ein besseres Verhältnis entwickeln können als zu Lehrern oder Eltern. Von den Eltern versuchen sich Jugendliche in der Pubertät gerade zu lösen. Und zwischen Schülern und Lehrern besteht immer eine Abhängigkeit, weil schulische Bewertungen für die Zukunft der Mädchen und Jungen entscheidend sein können. Ausserdem sind die Lehrer von der Schule gehalten, Distanz zu den Schülern zu wahren. Die Pädagogen eines Jugendzentrums bemühen sich dagegen, persönliche Beziehungen zu den Jugendlichen aufzubauen – besteht zwischen Jugendlichen und Mitarbeitern einer Freizeiteinrichtung kein Vertrauensverhältnis, dann ist es unwahrscheinlich, dass die Jugendlichen bei den Pädagogen Rat und Hilfe suchen, wenn sie Probleme haben.

Überdies lernen Jugendliche in einem Freizeittreff nicht nur von Erwachsenen, sondern auch von Gleichaltrigen. Wenn sie nicht wissen, wie man sich in einen Chat einloggt oder wie man eine spezielle Seite findet, dann können sie sich dies von anderen Jungen und Mädchen erklären lassen. In der offenen Jugendarbeit ist also auch die «Peergroup» ein «Lehrakteur».

6 Probleme der offenen Jugendarbeit bei der Förderung von Internetkompetenz

Den Chancen der offenen Jugendarbeit stehen Probleme gegenüber. Solche Schwierigkeiten ergeben sich mit Blick auf die «*Lehrakteure*», die «*Lernakteure*», die *finanziellen Bedingungen* und die *rechtlichen Bedingungen*.

Was die «*Lehrakteure*» angeht, so fehlt manchen Pädagogen die Computer- und Internetkompetenz, die es den Jugendlichen zu vermitteln gälte. Sozialpädagogen haben sich in der Regel bewusst für die Arbeit mit Menschen entschieden und fühlen sich in technischen Welten nicht unbedingt zu Hause. Für Weiterbildungskurse ist oft nicht genügend Zeit und Geld vorhanden.

Mitunter sind es auch Vorstellungen der Pädagogen, die einer erfolgreichen Internetarbeit im Wege stehen: Einerseits kann man unrealistische Ansprüche an Internetprojekte beobachten – einige Pädagogen erwarten von Unterschichtjugendlichen die Gestaltung ausgefeilter Homepages oder die

Auseinandersetzung mit problematischen Internetinhalten, obwohl sich die Jugendlichen viel stärker für das Chatten oder für die Informationssuche im Netz interessieren. Andererseits gibt es noch immer Pädagogen, die den Medien allgemein oder dem Internet im Besonderen feindlich gegenüberstehen – sie schreiben dem Internet in erster Linie schädliche Wirkungen zu. Wenn sie die Jugendlichen schon nicht ganz von Computern fern halten können, dann möchten sie das Surfen durch Filterprogramme beschränken und die Jugendlichen dazu bringen, dass sie Computer und Internet für «pädagogisch wertvolle» Tätigkeiten wie das Bearbeiten von Lernsoftware oder das Vorbereiten von Referaten nutzen.

Auf Seiten der «*Lernakteure*» ergibt sich in der offenen Jugendarbeit das Problem der fehlenden Kontinuität bei Projekten. Etliche Jugendliche kommen nicht regelmässig in ein Jugendzentrum, und es ist nicht immer einfach, sie zur Teilnahme an Arbeitsgruppentreffen oder speziellen Aktionen zu bewegen. Was in mancher Beziehung ein Vorzug der offenen Jugendarbeit ist, erweist sich in anderer Hinsicht als Nachteil. Indem die Pädagogen auf die Wünsche der Besucher eines Freizeittreffs eingehen, steigern sie zwar den Antrieb der Jungen und Mädchen, etwas zu lernen; zugleich wird es dadurch schwerer, die Jugendlichen mit neuen Sichtweisen vertraut zu machen oder ihnen Hintergrundwissen zu vermitteln. Die «Lebensweltorientierung» der offenen Jugendarbeit erleichtert den Zugang zu den Jugendlichen, schränkt aber die Themenvielfalt bei Projekten ein. Der Zusammenhang zwischen dem Leben der Jugendlichen und den Möglichkeiten des Internets muss den Mädchen und Jungen stets von neuem gezeigt werden, und wenn dies nicht gelingt, können selbst wichtige Gegenstände in Internetprojekten nicht behandelt werden.

Probleme bei der Stärkung von Internetkompetenz fallen ausserdem ins Auge, wenn man die *finanziellen Bedingungen* der offenen Jugendarbeit betrachtet. In den öffentlichen Sparhaushalten sind oft kaum Mittel für die Ausstattung eines Jugendzentrums mit Computern und Online-Zugängen vorhanden. Wenn eine Freizeitstätte Glück hat, helfen Sonderprogramme oder private Förderer weiter. Problematisch ist meist auch die Personalsituation: Es gibt zu wenig Mitarbeiter, die sich um zeitaufwendige Computerprojekte kümmern können.

Weitere Schwierigkeiten bei der Förderung von Internetkompetenz entstehen durch die rechtlichen Bedingungen. Auch die Pädagogen eines Jugendzentrums müssen sich an die Bestimmungen des Jugendschutzes halten: Sie dürfen nicht zulassen, dass Jugendliche Internetseiten mit Inhalten ansehen, die als jugendgefährdend eingestuft sind. Pädagogisch sinnvolle Diskussionen über derartige Webseiten werden so behindert. Jugendschützer mögen gute Absichten haben und in der Gesellschaft viel Unterstützung finden – die Vorstellungen, von denen sich der Jugendschutz leiten lässt, sind letztlich Ideen der Bewahrpädagogik. Statt Jugendlichen eine selbständige oder pädagogisch angeleitete Auseinandersetzung mit Medieninhalten zu ermöglichen, die man als problematisch betrachtet, möchte man sie davon fern halten. Bemühungen um die Stärkung der Internetkompetenz wollen dagegen gerade erreichen, dass Jugendliche auch mit fragwürdigen Internetinhalten so umgehen können, dass sie keinen Schaden davon nehmen (Büttner/Gottberg 2002; Buchloh 2003).

7 Beispiele für Internetprojekte in der offenen Jugendarbeit

Um zu veranschaulichen, wie die Förderung von Internetkompetenz in der Praxis aussehen kann, möchte ich zwei Beispiele für Internetprojekte kurz vorstellen. Es handelt sich um Vorhaben, die in den Jahren von 2000 bis 2002 in der Münchner Kinder- und Jugendfreizeitstätte «'s Fredl» umgesetzt wurden. Das Fredl ist eine Einrichtung der Stadt München und wird von der Arbeiterwohlfahrt (AWO) getragen. Es sind überwiegend Hauptschüler und Lehrlinge, die ihre Freizeit im Fredl verbringen; rund 75% der Besucher stammen aus ausländischen Familien ('s Fredl 2003:13).

7.1 Projekt «Internet im Alltag – Alltag im Internet»

Das Vorhaben setzte sich aus drei Teilen zusammen: der Einrichtung eines kleinen «Internetcafés» (das anfangs aus zwei Computern bestand und bis 2003 auf sieben Geräte wuchs), der Gestaltung einer eigenen Website und dem Projekt «Was ist los im Stadtteil?» (Buchloh 2001). Zwei Ziele standen im Vordergrund: Einerseits sollte das Internet für die Jungen und Mädchen zu einem alltäglichen Medium werden; es ging darum, auszuprobieren, welchen «Gebrauchswert» das Netz für ihr Leben im Münchner Stadtteil Aubing hat. Andererseits sollten die Jugendlichen die Möglichkeit bekommen, sich selbst und ihren Alltag (soweit es sich um ihre Freizeit drehte) im Internet darzustellen.

Mit dem Fredl-Internetcafé erhielten viele Jugendliche überhaupt erst die Gelegenheit, regelmässig im Netz zu surfen; die meisten Besucher der Freizeitstätte haben zu Hause keinen Internetzugang. Bei Jugendlichen, die keinen Computer besitzen, kam es zunächst darauf an, die Bedienungsfähigkeit zu entwickeln. Danach sollten die anderen Formen der Rezeptions- und der Interaktionskompetenz gefördert werden.

Durch eine eigene Website wollten die Fredl-Mitarbeiter sowohl die Identifikation der Mädchen und Jungen mit dem Jugendzentrum steigern als auch die Produktionskompetenz der Jugendlichen stärken. Nach Gesprächen mit interessierten Jugendlichen wurde das Grundgerüst der Fredl-Website von den Pädagogen konzipiert; ein Zivildienstleistender kümmerte sich um die technische und graphische Gestaltung. Die Jugendlichen entwickelten Ideen für einzelne Seiten, dokumentierten den Alltag und die speziellen Aktionen des Fredls mit einem digitalen Fotoapparat, wählten Bilder für die Website aus und verfassten Texte. Unter der Adresse www.sfredl.de kann man die Homepage im Netz finden.

Mit dem Teilprojekt «Was ist los im Stadtteil?» wollten die Pädagogen die Rezeptionskompetenz der Mädchen und Jungen stärken. Die Jugendlichen suchten im Netz nach Webadressen von Stadtteileinrichtungen und überlegten, welche dieser Einrichtungen sie auf den Fredl-Internetseiten präsentieren wollten. Dies sollte die Auswahl- und die Urteilsfähigkeit fördern. Jugendliche und Pädagogen stellten schliesslich unter der Rubrik «Stadtteil» eine kommentierte Liste von Links auf die Fredl-Website.

7.2 Projekt «Minderheiten und Zivilcourage»

Unter dem Motto «Wir sind nicht nur verantwortlich für das, was wir tun, sondern auch für das, was wir nicht tun» – eine Aussage, die man auf vielen kleinen Plakaten in der Münchner S-Bahn lesen konnte – begann das Fredl im Jahr 2001 ein Internetprojekt zu Fragen von Minderheiten und Zivilcourage (Buchloh 2002b). Das Vorhaben entstand aus Gesprächen mit den Jugendlichen. Es umfasste drei Teilprojekte: ein Internetturnier, eine Fotogeschichte und ein virtuelles Jugendzentrum mit Chat.

In einem Internetturnier spielten mehrere Gruppen gegeneinander. Die Pädagogen bereiteten für sie ein Blatt mit Fragen und mit Hinweisen zu Suchmaschinen, Webkatalogen und Internetlexika vor. Es ging um Fragen wie: Was ist mit «Zivilcourage» gemeint? Welche verschiedenen Arten von gesellschaftlichen Minderheiten gibt es? Wie viele Ausländer leben in München? Wie heisst der 1. Offizier des Raumschiffs Enterprise (erste Serie), und in welcher Hinsicht gehört er an Bord zu einer Minderheit? Die Jugendlichen mussten die Antworten durch eine Netzrecherche finden und dabei immer auch die Seite nennen, auf der sie die Antwort entdeckt hatten. Mit dem Internetturnier wollten Pädagogen die Rezeptionskompetenz der Jugendlichen fördern.

Die Produktionskompetenz stand im Vordergrund einer Fotogeschichte über ein Mädchen, das sich für andere einsetzt. Besonders die Mädchen dachten sich diverse Storys aus und zeichneten Skizzen. Verwirklicht wurde eine Geschichte mit dem Titel «Clarissa greift ein»: Die 14-jährige Sabrina ist ein Mädchen, das sich nimmt, wozu es Lust hat: Es küsst kurz hintereinander vier

Jungen. Die anderen Mädchen sind deshalb eifersüchtig auf Sabrina, und ebenso wie die Jungen verachten sie sie als «Schlampe». Die Mädchen fangen an, Sabrina zu beschimpfen und zu schlagen. Clarissa geht dazwischen und hilft Sabrina, obwohl sie sich damit gegen ihre eigene Clique stellt. Für diese Fotostory schossen die Jugendlichen eine Vielzahl von Bildern. Sie wählten die besten Fotos aus, fügten Text- und Denkblasen ein und schrieben Texte. Schliesslich wurde die Geschichte auf der Fredl-Website präsentiert (Buchloh 2002a).

Mit dem dritten Teilprojekt wollten die Mitarbeiter der Freizeitstätte die Interaktionskompetenz der Jugendlichen stärken. Auf den Fredl-Internetseiten wurde ein Internetjugendzentrum eingerichtet, das zwei Studenten für das Fredl programmiert hatten. Die virtuellen Räume sind den wirklichen Räumen des Fredls nachgebildet. Wenn man den Button «Chat» auf der Fredl-Homepage anklickt, gelangt man in die virtuelle Freizeitstätte und kann dort chatten. Mit dem Chat verband sich nicht nur die Hoffnung, dass die Jugendlichen ihre Interaktionsfähigkeit verbesserten. Zugleich sollten sie Gelegenheit bekommen, sich mit anderen Jugendlichen über die Fotogeschichte auszutauschen und viele andere Menschen kennen zu lernen – Menschen, die möglicherweise ganz anders leben als die Jugendlichen in München-Aubing. Die drei Teile des Fredl-Internetprojekts hatten also einen engen Zusammenhang: Es ging um die Auseinandersetzung mit Fragen von Minderheiten und Zivilcourage und um die Entwicklung verschiedener Formen von Internetkompetenz.

8 Schlussbemerkung

In der offenen Jugendarbeit kann man die Ergebnisse pädagogischer Bemühungen nicht mit Klassenarbeiten überprüfen. Ohnedies ist es schwierig, in der sozialen Arbeit mit Jugendlichen festgelegte Lernziele anzusteuern; nicht ohne Grund werden zur Kennzeichnung dieser Arbeit Stichwörter wie «indirekte Pädagogik», «Prozessorientierung», «Lebensweltorientierung» und «informelles Lernen» verwendet. Gleichwohl lassen gerade die speziellen Bedingungen in der offenen Jugendarbeit erwarten, dass unterschiedliche Ausprägungen von Internetkompetenz dort wirksam gefördert werden können. Jugendliche sind «intrinsisch motiviert», können in Projekten lernen und ein vertrauensvolleres Verhältnis zu den Jugendzentrumspädagogen aufbauen als zu ihren Lehrern. Vor allem bei der Förderung von Rezeptions- und Interaktionskompetenz kann man mit Erfolgen rechnen. Besonders gute Chancen ergeben sich aus dem Zugang zu gesellschaftlichen Gruppen wie Unterschichtjugendlichen und Ausländern. Insofern dürfte es in der offenen

Jugendarbeit zumindest teilweise möglich sein, ungünstige soziale Bedingungen auszugleichen und einem «Digital Divide» oder einer «Wissenskluft» (Asendorpf 2001; Bonfadelli 1987) entgegenzuwirken.

Literatur

Asendorpf, Dirk. «Digital Divide. Spalten Computer und Internet die Gesellschaft?» In: *Zeitpunkte Themenheft Lernen mit dem Computer*, Zeitverlag Gerd Bucerius, 1/2001. 14–16.

Baacke, Dieter. *Medienpädagogik*. Tübingen: Niemeyer, 1997.

Baacke, Dieter. «Medienkompetenz als zentrales Operationsfeld von Projekten.» In: *Handbuch Medien: Medienkompetenz. Modelle und Projekte*. Dieter Baacke, Susanne Kornblum, Jürgen Lauffer, Lothar Mikos, Günter A.Thiele (Hrsg.). Bonn: Bundeszentrale für politische Bildung, 1999. 31–35.

Baacke, Dieter. «Projekte als Formen der Medienarbeit.» In: *Handbuch Medien: Medienkompetenz. Modelle und Projekte*. Dieter Baacke, Susanne Kornblum, Jürgen Lauffer, Lothar Mikos, Günter A.Thiele (Hrsg.). Bonn: Bundeszentrale für politische Bildung, 1999. 86–93.

Bader, Roland. «Legitime Partizipation. Ein Handlungsmodell der Medienpädagogik mit Computern.» In: *Bildung in virtuellen Welten. Praxis und Theorie ausserschulischer Bildung mit Internet und Computer.* Wolfgang Schindler, Roland Bader, Bernhard Eckmann (Hrsg.). Frankfurt am Main: Gemeinschaftswerk der Evangelischen Publizistik, 2001. 356–376.

Bonfadelli, Heinz. «Die Wissenskluftforschung.» In: *Medienwirkungsforschung*. Michael Schenk (Hrsg.). Tübingen: Mohr Siebeck, 1987. 305–323.

Buchloh, Stephan. «Internet im Alltag – Alltag im Internet. Homepage und Internetcafé.» In: *Im Netz werken. Kinder- und Jugendprojekte rund ums Internet.* Sonja Moser, Klaus Dreyer (Hrsg.). München: kopaed, 2001. 51–60.

Buchloh, Stephan. «‹Clarissa greift ein›. Computerpädagogik in der offenen Jugendarbeit – Projekte für Friedfertigkeit und Toleranz.» In: *Megaphon.* Zeitschrift des Landesjugendwerks der AWO Bayern. Ausgabe 2/2002. 16–18.

Buchloh, Stephan. «‹Wir sind nicht nur verantwortlich für das, was wir tun, sondern auch für das, was wir nicht tun›. Internetprojekt ‹Minderheiten und Zivilcourage›». In: *Spuren im Netz. Kinder- und Jugendprojekte rund ums Internet.* Sonja Moser, Klaus Dreyer (Hrsg.). München: kopaed, 2002. 65–76.

Buchloh, Stephan. «Probleme und Möglichkeiten des Jugendschutzes.» DGPuK-Fachgruppe «Medienpädagogik», 18.–19. Oktober 2002 in Potsdam. In: *Publizistik*. 48. Jahrgang, Heft 1/2003. 93–95.

Büttner, Christian; Gottberg, Joachim von (Hrsg.). *Staatliche Kontrolle und selbstregulative Steuerung. Demokratische Willensbildung am Beispiel des Jugendmedienschutzes.* Frankfurt am Main und New York: Campus, 2002.

Felsmann, Klaus-Dieter (Hrsg.). *Medienkompetenz zwischen Bildung. Markt und Technik.* 5. Buckower Mediengespräche. Erweiterte Dokumentation 2001. München: kopaed, 2002.

Fix, Tina. *Generation @ im Chat. Hintergrund und explorative Motivstudie zur jugendlichen Netzkommunikation.* München: kopaed, 2001.

Fromme, Johannes. «Mediensozialisation und Medienpädagogik: zum Verhältnis von informellem und organisiertem Lernen mit Computer und Internet.» In: *Medienpädagogik in der Kommunikationswissenschaft. Positionen, Perspektiven, Potenziale.* Ingrid Paus-Haase, Claudia Lampert, Daniel Süss (Hrsg.). Wiesbaden: Westdeutscher Verlag, 2002. 155–168.

Galuske, Michael. *Methoden der Sozialen Arbeit. Eine Einführung.* 4. Auflage. Weinheim und München: Juventa, 2002.

Hamm, Ingrid (Hrsg.). *Medienkompetenz. Wirtschaft – Wissen – Wandel.* Gütersloh: Bertelsmann Stiftung, 2001.

Hüther, Jürgen; Podehl, Bernd. «Geschichte der Medienpädagogik.» In: *Grundbegriffe Medienpädagogik.* Jürgen Hüther, Bernd Schorb, Christiane Brehm-Klotz (Hrsg.). München: kopaed, 1997. 116–126.

Medienpädagogischer Forschungsverbund Südwest (Hrsg.). *JIM-Studie 2002. Jugend, Information, (Multi-)Media. Basisuntersuchung zum Medienumgang 12- bis 19-Jähriger.* Baden-Baden: SWR Medienforschung, 2003.

's Fredl. *Jahresbericht 2002.* Bericht für das Stadtjugendamt München. München: 2003.
Schachtner, Christina. «Lernziel Identität. Medienkompetenz als Identitätskompetenz.» In: *medien praktisch*, 25. Jahrgang, Heft 97/2001. 4–9.
Schell, Fred; Stolzenburg, Elke; Theunert, Helga (Hrsg.). *Medienkompetenz: Grundlagen und pädagogisches Handeln.* München: kopaed, 1999.
Scherer, Helmut; Wirth, Werner. «Ich chatte – wer bin ich? Identität und Selbstdarstellung in virtuellen Kommunikationssituationen.» In: *Medien & Kommunikationswissenschaft,* 50. Jahrgang, Heft 3/2002. 337–358.
Schindler, Wolfgang. «Ausserschulische Bildung in virtuellen Welten. Reflektierte Erfahrung, praktische Bausteine, theoretische und konzeptionelle Grundlagen. Einführung.» In: *Bildung in virtuellen Welten. Praxis und Theorie ausserschulischer Bildung mit Internet und Computer.* Wolfgang Schindler, Roland Bader, Bernhard Eckmann (Hrsg.). Frankfurt am Main: Gemeinschaftswerk der Evangelischen Publizistik, 2001. 11–20.
Schorb, Bernd. «Medienkompetenz.» In: *Grundbegriffe Medienpädagogik.* Jürgen Hüther, Bernd Schorb, Christiane Brehm-Klotz (Hrsg.). München: kopaed, 1997. 234–240.
Schweinitz, Jörg (Hrsg.). *Prolog vor dem Film. Nachdenken über ein neues Medium 1909–1914.* Leipzig: Reclam-Verlag, 1992.
Thiersch, Hans. *Lebensweltorientierte Soziale Arbeit. Aufgaben der Praxis im sozialen Wandel.* 4. Auflage. Weinheim und München: Juventa, 2000.
Vollbrecht, Ralf. *Einführung in die Medienpädagogik.* Weinheim, Basel: Beltz, 2001.

Online-Rollenspiele und Medienkompetenz

Ein rezeptionsästhetischer Zugang

Mela Kocher

Folgender Beitrag versucht, ausgehend von spezifischen Strukturen von Computerspielen auf entsprechende (Medien-)Kompetenzen ihrer User/innen zu schliessen. Anhand des Beispiels von digitalen Online-Rollenspielen wird mit Wolfgang Isers rezeptionsästhetischem Ansatz, insbesondere mit dem Konzept der Leerstellen, das Besetzungsangebot an die Rezipientin untersucht. Insofern als die Textsorte Computerspiel, anders als der literarische Printtext, vom Spieler zur Sinnkonstitution einen extranoematischen Rezeptionsaufwand verlangt, welcher über mentale Erfassungsakte hinausweist, setzt sie der Interpretation auch konstruktive Widerstände entgegen, welche sich nicht nur rein mental, sondern auch auf der Textoberfläche manifestieren. Diese Widerstände und Anschliessbarkeiten können insofern als Leerstellen bzw. als «Besetzbarkeit einer bestimmten Systemstelle im Text durch die Vorstellung des Lesers» (Iser 1994) erfasst werden, als diese nach Iser konstitutiv für die Interaktion zwischen Leser und Text bzw. Spielerin und Spiel sind. Es werden demnach explorativ unterschiedliche Arten von Leerstellen auf der Ebene der Technik, des Interface, des Avatars und der Handlung unterschieden, und danach gefragt, welche spezifischen Kompetenzanforderungen diese Ebenen an die Nutzerin stellen. Abschliessend sollen unter Miteinbezug von Dieter Baackes Medienkompetenz-Ansatz (Baacke 1999) Möglichkeiten und Grenzen eines Beitrags von Online-Rollenspielen an die Medienkompetenz der Spielerschaft diskutiert werden.

1 Computerspiele als Kompetenz fördernde Texte?

Computerspiele sind – eine zunächst trivial anmutende Aussage – zunächst einmal Spiele. Als solche können sie, je nachdem, welchen Spielbegriff man ihrer Analyse zugrunde legen möchte, beispielsweise unter dem Aspekt der Unterhaltung, Katharsis, Mimesis oder Interaktion betrachtet werden. Diese hedonistischen bzw. ästhetischen Aspekte stehen vordergründig in Widerspruch zur instrumentalisierenden Vermittlung von Kompetenzen als eine der Aufgaben, welche sich die Medienpädagogik stellt. Im Zusammenhang mit dem Tagungs- und Publikationsthema «Medienkompetenz»[1] steht daher die Frage im Vordergrund, ob Computerspiele als Kompetenz fördernde Texte betrachtet werden können und, falls ja, wie sich diese Kompetenzen eruieren lassen.[2]

Als Untersuchungsgegenstand dient die Gattung der Online-Rollenspiele. In einem ersten Schritt soll diese in der Tradition der Rollenspiele eingebettet werden; danach werden mediale Spezifika der textbasierten und grafischen Online-Variante vorgestellt (Abschnitt 2: Online-Rollenspiele – eine Gegenstandsbestimmung). Es interessiert im Folgenden, welche Fertigkeiten von der Userin beim Spielen von Rollenspielen gefordert werden. Um diese systematisch erfassen zu können, wird auf Wolfgang Isers Konzept der Leerstellen Bezug genommen, welches beschreibt, wie spezifische Textstrukturen die Vorstellungstätigkeiten der Leser stimulieren. Aufgrund der interaktiven, respektive medialen Charakteristika der Spiele werden Leerstellen sowohl im ästhetischen als auch im technischen Bereich lokalisiert; dies stellt zugleich eine Herausforderung an den ursprünglich auf Printtexte fokussierten rezeptionsästhetischen Theorieansatz dar (Abschnitt 3: Wolfang Isers «Free-style-Programm»). Auf dieser theoretischen Basis werden verschiedene Ebenen des Spiels, die Ebene der Technik, des Interface, des Avatars und der Handlung hinsichtlich ihres Leerstellenangebots befragt, und es wird untersucht, welche spezifischen Kompetenzen von der Rezipientin zur Besetzung dieser Anschliessbarkeiten verlangt werden (Abschnitt 4: Leerstellen als Schnittstellen verschiedener Kompetenzanforderungen). Abschliessend sollen unter Miteinbezug von Dieter Baackes Medienkompetenz-Ansatz (Baacke 1999) Möglichkeiten und Grenzen eines Beitrags von Online-Rollenspielen an die Medienkompetenz der Spielerschaft diskutiert werden (Abschnitt 5: Ludische Dimensionen von Medienkompetenz).

2 Online-Rollenspiele – eine Gegenstandsbestimmung

Rollenspiele existieren in der heutigen Spiellandschaft in verschiedenen Ausformungen auf mehreren medialen Plattformen.[3] Ihre gemeinsame Genealogie verweist in die USA der 60er-Jahre, auf die Entwicklung der sogenannten

1 Vorliegender Beitrag ist eine leicht modifizierte Fassung des Vortrags, den die Verf. am 12.04.2003 anlässlich der SGKM-Tagung «Medienkompetenz und Medienleistungen in der Informationsgesellschaft» am Institut für Publizistikwissenschaft und Medienforschung der Universität Zürich gehalten hat.

2 Auf die wissenschaftliche Diskussion über die Definition und Situierung des Medienkompetenz-Begriffs im Feld von Kompetenzen wie Handlungs- und kommunikative Kompetenz (Groeben/Hurrelmann 2002) wird in diesem Beitrag nicht näher eingegangen. Es wird stattdessen versucht, verschiedene Aspekte des Medienkompetenz-Begriffs, die sich aufgrund der Betrachtung des Gegenstands Online-Rollenspiel ergeben, sukzessive zu erfassen.

3 Die primär nichtludischen Kommunikationsformen von therapeutischen oder pädagogischen Rollenspielen werden in dieser Abhandlung ausgeschlossen.

Tabletops. Diese Zinnfiguren-Brettspiele mit zunächst rein kriegerischen Inhalten adaptierten mit der steigenden Popularität von J.R.R. Tolkiens *Herr der Ringe* zunehmend Fantasy-Geschichten, welche heutzutage – neben Science-Fiction – noch immer als thematischer Fundus vieler digitaler Rollenspiele dienen. Mitte der 70er-Jahre entstanden die ersten Paper-and-Pencil-Rollenspiele, nach dem ersten Regelwerk und aufgrund ihres thematischen Bezugs zum Fantasy-Bereich oftmals Dungeons-and-Dragons genannt.[4] Neben den Tabletop- und Paper-and-Pencil-Spielen zählen auch Kartenspiele sowie die Live-Action-Role-Playing-Games zur Rollenspiel-Gattung.[5]

Allen Rollenspielen ist gemein, dass die Spieler in eine Rolle schlüpfen, welche der Spielleiter respektive der Spielentwickler entworfen und mit spezifischen Charaktereigenschaften versehen hat. Die Spielstruktur ist – im Gegensatz zu derjenigen von Adventure-Games, deren Ausgang jeweils schon feststeht – dabei relativ offen; die Spielhandlung wird durch den Akt des Spielens inszeniert. Die Spielenden versuchen, sich in Missionen, sogenannten Quests, zu behaupten, welche je nach gewählter Spielerrolle eher kriegs- oder handelsorientiert verlaufen können. Der Erfolg der Missionen wird zu grossen Teilen vom Zufallsprinzip gesteuert, da der Handlungsverlauf an entscheidenden Stellen ausgewürfelt wird.

Diese Spielmodalitäten treffen grösstenteils auch auf digitale Off- und Online-Rollenspiele zu. Auf dem Speichermedium CD-ROM und offline gibt es sie in der Single-Player-Variante; online, das heisst über lokale Netzwerke (LAN) oder das Internet spielbar, unterscheidet man weiter textbasierte und grafische Rollenspiele. In letzteren können unter Umständen bis zu Tausende von Spielern mit- und gegeneinander spielen.[6] Die historisch ältere, textbasierte Variante des Online-Rollenspiels wird gemeinhin mit dem Akronym MUD (Multi-User-Dungeon) bezeichnet; das Subgenre hat seinen Ursprung Ende der 70er-Jahre an britischen Universitäten.[7]

4 Zum Spielen der Paper-and-Pencil-Spiele benötigt man als Spielmittel lediglich ein Regelbuch, einen Würfel und, daher der Name, Papier und Bleistift. Der Spielleiter entwirft eine Ausgangsgeschichte, teilt den Mitspielern ihre spezifischen Spielcharaktere zu und schickt diese auf Missionen, deren Ausgang mitunter durch den Würfel entschieden wird. Zu Geschichte und Struktur digitaler Rollenspiele vgl. Bhatty 1999.

5 Diese LARPs sind Live-Inszenierungen von Fantasy-Geschichten, welche dem Improvisationstheater nahe stehen. An Stätten wie Burgen oder Wäldern lassen sich unter Umständen Hunderte von verkleideten Spielerinnen in die Spielhandlung verwickeln. Für Beispiele aus der Schweiz siehe z. B. die Chiphead-Gruppe: *http://www.chipheads.ch/*

6 Diese heissen dann MMOGRPG: Massive-Multiplayer-Online-Graphical-Role-Playing-Games. Ein solches ist das Online-Spiel *Dark Age of Camelot*.

7 Zu historischen und medienpädagogischen Betrachtungen über textbasierte Rollenspiele vgl. Hitzing 2002.

3 Wolfang Isers «Free-style-Programm»[8]

Im vorherigen Abschnitt wurden zentrale ludische Aspekte digitaler Rollenspiele dargelegt. Computerspiele sind aber – eine grundlegende Prämisse dieses Beitrags – auch Texte, und können als solche mittels eines texttheoretischen Zugangs erschlossen werden. Wolfgang Isers rezeptionsästhetisches Textmodell verspricht im Hinblick auf die Erörterung von Kompetenzanforderungen in Rollenspielen besonders fruchtbar zu sein, da sein Leerstellenkonzept beschreibt, wie aufgrund von Anschliessbarkeiten die Sinnkonstitution eines Textes gesteuert wird: «Leerstellen indes bezeichnen [...] die Besetzbarkeit einer bestimmten Systemstelle im Text durch die Vorstellung des Lesers.» (Iser 1994:284). Die Leerstellen stimulieren die Vorstellungstätigkeit des Lesers: Sie laden ihn zur Besetzung der Leerstellen ein – ein dynamischer Prozess, der sich je nach unterschiedlichen Erwartungen und Vorwissen des Rezipienten auf verschiedene Weise abspielen kann. Das ästhetische Kunstwerk schliesslich, so die Konsequenz, ist demnach für jeden Leser ein anderes, auch wenn man denselben materiellen Text rezipiert. Der Text besteht nicht aus einem konsistenten Ganzen, sondern ist dynamisch und verändert sich je nach noematischem oder mentalem Input des Lesers, so dass sich eine Art Interaktion zwischen den Kommunikationspolen Text und Leserin entspinnt. Die Leerstellen, nach Iser auch «Gelenke des Textes» genannt, stellen dabei die zentrale Antriebskraft zur Konstitution des ästhetischen Gegenstands dar.

Ziehen wir nun eine Analogie dieser rein mental konzipierten Interaktion und wenden wir sie auf digitale Rollenspiele an. Analog zu einem fiktionalen Text offeriert das Spiel Leerstellen, welche das Spielgeschehen ästhetisch konstituieren; die Interaktion der Rezipientin mit dem ludischen Text findet wiederum auf der kognitiven Ebene statt. Ausserdem aber lässt sich – und hier äussert sich der flexible Free-Style-Charakter des rezeptionsästhetischen Konzepts – Isers Interaktionsbegriff nicht nur rein noematisch verstehen, sondern findet auch ausserhalb des Denkens auf der technisch-medialen Ebene ihre Anwendung – insofern als die Spielerin ganz konkret auf dieser materiellen Ebene des Textes Modifikationen vornimmt.[9] Wie noch darzustellen sein wird, haben wir es nämlich mit dem Computerspiel als einem «ergodischen» Text zu tun, welcher von der Rezipientin, anders als der literarische Printtext, einen extranoematischen Aufwand der Sinnkonstitution ver-

8 Vgl. Nisslmüller 1995: 185: «Sub specie hominum ist Isers Ansatz insofern ein *free-style-Programm* im Sinne einer autonomen Realisation, gemäss dem antiken Motto: variatio delectat.» (Hervorhebung im Original, mk).

9 Zur ausführlichen Diskussion dieses Aspekts vgl. Kocher/Böhler 2001.

langt.[10] Er wird nicht im ‹traditionellen› Sinne rezipiert, sondern muss (interaktiv) konzipiert werden. Mit der Übernahme einer fiktiven Spielerrolle und deren Einwirkung auf das Spielgeschehen ist die Rezipientin an der Entwicklung der Spielgeschichte aktiv beteiligt.

In explorativer Vorgehensweise sollen nun verschiedene Dimensionen des Spiels – die technisch-mediale, diejenige des Interface, des Avatars sowie der Handlung – auf ihre Leerstellen und die zu deren Besetzung notwendigen Kompetenzen hin befragt werden.

4 Leerstellen als Schnittstellen verschiedener Kompetenzanforderungen

4.1 Ebene der Technik

Eine der Voraussetzungen für eine geglückte Interaktion ist zunächst einmal die grundsätzliche Fähigkeit, den Computer beziehungsweise seine einzelnen Hardware- und Softwarekomponenten zu bedienen und sich in seiner Topografie zurechtzufinden. Damit einher geht bei grafischen Rollenspielen der Einstieg ins Internet sowie die Installation der Spielsoftware auf der Festplatte; bei textbasierten Spielen erfolgt der adäquate Zugang via Java-Applet, Telnet oder MUD-Clients – Zugangssoftware, welche teilweise vom Internet heruntergeladen und installiert werden muss. Ebenfalls zum Bereich der Technik wird die benutzerspezifische Optimierung des Interface, der Schnittstelle zwischen Mensch und Computer, gezählt. Dazu gehört unter anderem bei Grafikspielen die Konfiguration der Tastaturbefehle, die Einstellung von Perspektive, Musik- und Soundeffekten, Mausempfindlichkeit, etc. Sind die Navigationsbefehle einmal definiert, müssen sie – oftmals unter Zeitdruck – korrekt ausgeübt werden, was eine Kombination motorischer und kognitiver Fähigkeiten darstellt. Manche textbasierte MUDs geben erfolgreichen und informatikbegeisterten Spielern zudem die Gelegenheit, sich in der Programmierung zu üben und eigene Räume sowie Rätsel zu gestalten.[11]

Die medientechnische Ebene hält also insofern eine Art Leerstelle bereit, als dass sie die Grundlage für eine erfolgreiche Interaktion zwischen Spiel

10 Gemäss Aarseth 1997 bezeichnet der Begriff «ergodisch» – eine Wortschöpfung aus den griechischen Begriffen «ergon» (Arbeit) und «hodos» (Weg) – eine besonders aufwändige Art von Rezeption: «In ergodic literature, nontrivial effort is required to allow the reader to traverse the text. If ergodic literature is to make sense as a concept, there must also be nonergodic literature, where the effort to traverse the text is trivial, with no extranoematic responsibilities placed on the reader except (for example) eye movement and the periodic or arbitrary turning of pages.» (Aarseth 1997: 1).

11 Vgl. z. B. die «UNItopia Dokumentation für Programmierende»: *http://www.unitopia.de/misc/enzy.html.*

und Spieler schafft; kann diese Ebene nicht erfolgreich konstituiert werden, bleibt der Spielerin der Zugang zum Spiel verwehrt.

4.2 Ebene des Interface

Die Benutzerschnittstelle ist Trägerin verschiedener Zeichencodes, welche entsprechende Dekodierungsfähigkeiten verlangen. Diese Codes werden hier nach den Informationskanälen Schrift und Bild unterschieden. [12]

4.2.1 Schrift

Die sprachliche Ebene digitaler Rollenspiele in ihrer schriftlichen Dimension weist spezifische Codes auf, deren Entschlüsselung zwar Lesekompetenzen analog zur Dekodierung von Printtexten verlangen, die aber dennoch medienspezifische Besonderheiten aufweisen. Bei MUDs steht man z. B. von Spielbeginn weg vor der Aufgabe, die über den Bildschirm eilenden Textzeilen zu erfassen. Dies kann je nach Anzahl der eingeloggten Spieler und der daraus resultierenden Geschwindigkeit der scrollenden Textbeiträge hohe Anforderungen an die User stellen, da nicht selten die einzelnen Beiträge auseinandergerissen und von Systemmeldungen oder Nachrichten anderer Spieler durchbrochen werden. Um diese Anforderungen an die Lese- und Schreibkompetenzen der Rezipientin textlinguistisch auszudifferenzieren: Es werden Konkretisierungen im Bereich von Textkohäsion, des Zusammenhangs der Sprachzeichen auf der Ebene der Textoberfläche, ebenso wie der Textkohärenz, des Sinnzusammenhangs der Tiefenstruktur des Textes, angesprochen. Folgender Textauszug entstammt dem Spiel *UNItopia*:

> Du bist nun bekannt als: Janette die UNItopia Besucherin
> Waende und Boden sind in einem einheitlichen Braun-beige-Ton gehalten.
> Einige verschlafen dreinblickende Gestalten lungern auf den braun-beigen Baenken herum, die an den Fuessen mehrerer Meter dicker Saeulen mitten auf dem Bahnsteig angebracht sind. Ausserdem siehst du eine Uhr.
> Weiter: Hoch und Norden.
> Das schwarze Brett: ‹Traegerkreis›.
> Ein schoener junger Mann.

Der blinkende Cursor, welcher die Spielerin zum Eintippen eines Befehls auffordert, stellt eine Leerstelle dar, welche eine Besetzung im extranoemati-

12 Die Dimension des Tons wird in diesem Beitrag vernachlässigt, da Hörkompetenzen in dieser Spielgattung – im Vergleich zu actionorientierten Genres wie z. B. Egoshooter, wo der auditive Kanal eine wichtige Informationsquelle darstellt – keine grosse Rolle spielen.

schen Sinne – das bedeutet konkret Modifikationen auf der ‹materiellen› Textebene – verlangt. Isers Konzept der «Appellstruktur der Texte» (Iser 1970) gewinnt mit dem physisch wahrnehmbaren Blinken des Cursors eine zusätzliche Dimension, welche über das Metaphorische hinausweist. Je nach Art der Leerstellenbesetzung, je nachdem, ob die Spielerin es für angebracht hält, ein Objekt zu manipulieren, zu kommunizieren, sich fortzubewegen oder die Leerstelle unbesetzt zu lassen, verändert sich der Text und offenbart neue Anschliessbarkeiten.

An diesem Punkt zeigt sich eine Differenz zu Isers Leerstellenkonzept hinsichtlich ihres Grads der Normativität: Nach Iser kann eine Leerstelle weder richtig noch falsch besetzt, ein Text weder richtig noch falsch interpretiert werden – innerhalb des Rahmens der Sinnkohärenz. Gewisse Leerstellen im Rollenspiel, z. B. im Bereich der Anwendung von Befehlen, verlangen aber nach einer ganz spezifischen Besetzung, deren Fehlschlag mit Ausschluss aus dem Text sanktioniert wird: Gelingt es der Spielerin z. B. aufgrund mangelnder Schreibkenntnisse oder fehlenden Befehlsvokabulars nicht oder nicht rechtzeitig, die Befehle einzugeben, kann sie nicht (inter)aktiv am Text teilhaben. Ohne entsprechendes Regelwissen im Bereich der Befehlssyntax, welche – aufgrund der Beschränkungen des Parsers bzw. des Softwaremoduls, welches in der Programmierung für die Worterkennung zuständig ist – die Kombination von Verben, Substantiven und Adjektiven regelt, wird der Interaktion mit dem Spiel ebenfalls Grenzen gesetzt.[13] Die Spielerin kann aber, insofern als sie die scrollenden Textteile immerhin lesen kann, dem Text dennoch einen Sinn abgewinnen.

Die bisherigen Bemerkungen zur Verwendung von Sprache in Rollenspielen betreffen die Leerstellen innerhalb eines von der Programmiersprache abgesteckten Rahmens. Nicht zu vergessen sind an dieser Stelle medienspezifische Codes innerhalb der Sprachverwendung, welche die Kommunikation der Spielerschaft in grafischen als auch textbasierten Rollenspielen betrifft. Es sind dies sprachliche Leerstellen, welche sich Neulingen der digitalen Kommunikation in Chat, E-Mail, SMS und Computerspielen stellen. Nebst Besonderheiten wie der Verschriftlichung von non- und paraverbalen Äusserungen qua in Asterisken gesetzte Verbstämme (Beispiel: *freu*), welche keiner besonderen Interpretationsleistung bedürfen, stellen aber bestimmte Akronyme wie *lol* oder *rotfl* und Emoticons wie #-) doch eine Herausforderung an den User dar.[14] Wenn die Sinnherstellung am Beispiel eines Akronyms mit derjenigen einer iserschen Leerstelle identisch sein soll, so zeigt sich eine spe-

13 Bei Regelverletzung erscheinen Fehlermeldungen. Das Computerspiel funktioniert in diesem Sinne auch als rigides Rechtschreibeprogramm.

14 *lol*: laughing out loud; *rotfl*: rolling on the floor laughing; #-): «partygeschädigt».

zifische Charakteristik an Isers Konzept, welche auf ihren – bis zur Beliebigkeit grenzenden – Offenheitsgrad verweist. Ebenso wie es der Leserin eines fiktionalen Textes freigestellt ist, die Leerstellen im Sinne des Autors zu besetzen oder aber einer Textstelle eine ganz eigenwillige Interpretation zuzuschreiben, kann die kommunzierende MUD-Spielerin, falls sie – z. B. aufgrund ihrer mangelnden Chaterfahrung – nicht in der Lage ist, das *rotfl* im Sinne der sich mittlerweile etablierten Konvention zu verstehen, es als «rubinrote otter trinken flaschenweise läuseblut» dekodieren. Ob die Kommunikation dann noch gelingt, hängt vom Feedback des jeweiligen Kommunikationspartners ab – ob Text, Spiel oder Mitspielerin – und verlangt gegebenenfalls Korrekturmassnahmen.

Die Schriftebene von Rollenspielen appelliert also an Lese- und Schreibkompetenzen, wie sie von literarischen Printtexten her bekannt sind, weist aber auch durchaus medienspezifische Eigenheiten und Kompetenzdimensionen auf.

4.2.2 Bild

Die ‹Syntax› des Interface ist, insbesondere für Neulinge auf diesem Gebiet, bei grafischen Spielen im Vergleich zu textbasierten ungleich komplexer, da es im Bildbereich verschiedene Arten von Codes zu entschlüsseln gilt. [15]

Wiederum stellt die grundlegende Fähigkeit, sich innerhalb digitaler Welten zurechtzufinden, die Voraussetzung des Spielerlebnisses an sich dar; keine triviale Aufgabe, wie die «Lost-in-Space»-Erlebnisse beweisen, welche wohl jeder Internetuser oder Computerspieler in seinem Erfahrungsschatz verzeichnet.

Der Spielerin bietet sich also, loggt sie sich erfolgreich in ein grafisches Rollenspiel wie *Dark Age of Camelot* ein, zunächst die visuelle Repräsentation einer fantastischen Welt. Je nach Vorwissen der Spielerin bieten sich bereits hier unterschiedliche Leerstellen zur Besetzung an; erkennt die Spielerin beispielsweise aufgrund fehlendem Wissen um Spielregeln schon die Manipulierbarkeit von Objekten nicht, entgehen ihr spezifische Leerstellen, und ihr konkretes Spiel entfaltet sich anders, als es bei der Besetzung dieser Leerstellen der Fall gewesen wäre. Nebst der Topografie der Spielwelt mit ihren Anforderungen an visuelle Kompetenzen stellt das Spiel verschiedene Fenster zur Verfügung, welche sich per Tastaturbefehl in die Darstellung der Spielwelt einblenden lassen. Hier gilt es, die visuell dargebotenen Informationen der Fenster wie der Schnellstart- und Kontrollleiste, der Darstellung von Zauberfunktionen und Charakterinformationen, der Systemmeldungen,

15 Zur Semiotik des Interface bei Computerspielen vgl. Poole 2000, Kap. 9, «Signs of life».

Chatnachrichten und Minigruppenfenster etc. zu ‹lesen›, d.h. zu interpretieren und sinnvoll miteinander zu verknüpfen.[16] Die hier geforderten visuellen und kognitiven Kompetenzen verlangen eine spezifische Wahrnehmungsmodalität und eine gezielte Informationsselektion, welche erst teilweise erforscht ist – zu denken ist hier beispielweise an das Multitasking als synchrone Selektion und Applikation unterschiedlicher (visueller) Informationen.

4.3 Ebene des Avatars

Wie eingangs erwähnt, wählt und besetzt der Rollenspieler eine Rolle, indem er zu Beginn des Spiels im Rahmen vorgegebener Parameter (wie Geschlecht, Haarfarbe, Grösse, Beruf, Volk, Waffe) seinen elektronischen Stellvertreter erschafft und diesem über Punkteverteilung Eigenschaften zuweist. Der unterschiedliche Grad an physischer Stärke, Konstitution, Geschicklichkeit, Schnelligkeit, Charisma, Frömmigkeit und Intelligenz beeinflusst das Kampfverhalten, den Gesundheitszustand und den Verlauf der sich im Spiel entspinnenden Geschichte. Die Spielfigur, im Spieljargon Avatar[17] genannt, stellt insofern eine Leerstelle dar, als sie dem Spieler eine Fülle an Projektions- und Handlungsmöglichkeiten bietet und die Sinnkonstitution entscheidend prägt. An der Schnittstelle zwischen Spielfigur und Leserfiktion – der Avatar ist Protagonist sowie fiktiver ‹Leser› – treffen zwei Darstellungsperspektiven mit ihren jeweiligen Interpretationsstrategien aufeinander. Die Spielerin kommuniziert via verschiedene Kommunikationskanäle[18] nicht nur innerhalb ihrer Rollen als Spielfigur und fiktive ‹Leserin›, sondern auch als reale ‹Leserin›; das oftmals synchrone Changieren zwischen ihrem sogenannten «INCharacter» und «OUTofCharacter» ist unter Computerspielern gang und gäbe.

Abgesehen von kognitiv-ästhetischen Kompetenzen spricht die Ebene des Avatars insbesondere soziale und kommunikative Kompetenzen an. Mit der Übernahme einer Rolle üben die Spieler verschiedene Verhaltensmuster ein und aus. Auf den Aspekt des Genderswapping mit der Wahl einer andersgeschlechtlichen Rolle und der Identitätsbildung allgemein wird in diesem Kontext häufig verwiesen: «MUDs are proving grounds for an action-based philosophical practice that can serve as a form of consciousness-raising about gender issues.» (Turkle 1995).

16 So kann die Spielerin beispielsweise nur dann sinnvoll Handel treiben, wenn sie ihren Geldvorrat mit ihrem Besitz an Gegenständen vergleicht und dann aufgrund ihrer Fähigkeiten und Entwicklungsmöglichkeiten (Punktezahl) entscheidet, welche Objekte sie erwerben beziehungsweise verkaufen möchte.

17 Im Hinduismus bezeichnet der Begriff Avatar die Inkarnation der Gottheit Ishvara.

18 *Dark Age of Camelot* bietet Chatkanäle für Gilden, für alle Spielerinnen, für einen ausgesuchten Freundeskreis und zu privaten Zwecken unter vier Augen respektive zwanzig Fingern an.

MUDs und grafische Rollenspiele sind, wie Chaträume oder Internetforen, ‹virtuelle› Welten, die ebenso wie die ‹reale› Alltagswelt durch verbindliche Regeln strukturiert sind. Damit sind zum einen innerweltliche Regeln gemeint, zum andern aber soziale Regeln des Umgangs innerhalb der Spielerschaft. Die Spieler verpflichten sich zu Beginn des Spiels, den sogenannten Netiquetten Folge zu leisten. Diese Verhaltenskodizes stellen eine soziale Kontrolle dar und sind ebenfalls am Erwerb sozialer Kompetenzen beteiligt. Die in diesem Zusammenhang relevanten Regeln betreffen z. B. den Sprachgebrauch. So werden Spieler, welche sich auf rassistische oder sexistische Weise äussern, aus dem Spiel ausgeschlossen.

Über die Internetplattform kommunizieren Rollen-Spieler/innen aus verschiedenen Kulturen und Nationen miteinander. Der Austausch und Erwerb von kulturellem Wissen kann als weiterer Aspekt der sozialen Kompetenz gesehen werden – angesichts des Umstands, dass Spieler auch ausserhalb ihres Spielercharakters kommunizieren.

4.4 Ebene der Handlung

Die Beteiligung der Spielerin auf dieser Ebene kommt der Leerstellen-Besetzung im iserschen Sinne am nächsten. Indem sie sich an der Erfüllung von Missionen sowie an der Lösung von Rätseln beteiligt, durchläuft die Rezipientin Prozesse der Sinnkonstitution, welche mit rezeptionsästhetischen Begriffen erfasst werden können. Das Spiel bietet analog zum Text ein Repertoire, die sogenannte «Materialfülle» des Textes, welches aus aussertextuellen Normen und Intertextualitätsverweisen, aber auch aus innertextuellen (Spiel-)Regeln besteht. Die Textstrategien flechten mittels Kombination und Selektion ein Netz von Beziehbarkeiten von Repertoireelementen mit Aspekten der Darstellungsperspektiven, welche nach Iser aus den Bereichen Erzähler, Figur, Plot und Leserfiktion bestehen. Aussparungen von Beziehungen zwischen den Darstellungsperspektiven – Iser spricht hier von der Dialektik des Zeigens und Verschweigens[19] – stimulieren die Konstitutionsaktivität des Lesers/Spielers, da er dieses vom Text ‹Verschwiegene› kompensieren muss, will er den Text als sinnvoll begreifen.

Diese Aussparungen oder Leerstellen finden sich im Rollenspiel in der Form von Rätseln. Anders als das Feedback des iserschen fiktionalen Textes, welches implizit erfolgt und sich nicht nachweisbar auf der Textoberfläche manifestiert, bringt die interaktive Anlage des ludischen Textes eine Sanktionierung oder Akzeptanz der Interpretationsleistung mit sich. Wird ein Rätsel zufriedenstellend gelöst, wird die Spielerin belohnt, falls nicht, gibt es Punk-

19 Vgl. Iser 1994: 79: «Wirkung entsteht aus der Differenz zwischen dem Gesagten und dem Gemeinten, oder, anders gewendet, aus der Dialektik von Zeigen und Verschweigen.»

teabzug. Selbst in dieser ästhetischsten aller ludischen Leerstellen zeigt sich so ein gewisser normativer Charakter, den Isers Rezeptionsmodell zu vermeiden sucht, insofern als es liberal die Spielerin zur unzensierten Konkretisationsleistung ermuntert. Das Online-Rollenspiel fordert daher spezifische kognitive Kompetenzen, welche z. B. Wahrnehmung, Evaluation und Selektion spielentscheidender Informationen ermöglichen, und die sich im ästhetischen Feld zwischen Protention (‹Erwartung›) und Retention (‹Erinnerung›) konstituieren. In diesem Sinne ist das Angebot an Cheats, Walkthroughs, Manuals, Tutorials etc., welches heutzutage in der Regel an das Verbundsystem der Online-Spieleportale angegliedert ist, als Anleitung zur korrekten Leerstellenbesetzung und somit als Nivellierung unterschiedlicher Kompetenzen zu verstehen.

5 Ludische Dimensionen von Medienkompetenz

Digitale Online-Rollenspiele entpuppen sich, betrachtet man ihr Handlungs- und Kommunikationsangebot an die Rezipientin aus einer rezeptionsästhetischen Perspektive, als Schnittstellen verschiedener Kompetenzanforderungen. Um auf die eingangs gestellte Frage nach dem Beitrag von Rollenspielen an die *Medienkompetenz* der Spielerschaft zurückzukommen, soll das Begriffskonzept von Baacke als Diskussionsbasis dienen.

In seinem 1999 publizierten Aufsatz «Medienkompetenz als zentrales Operationsfeld von Projekten» unterscheidet Baacke vier Dimensionen der Medienkompetenz: Medienkritik, Medienkunde, Mediennutzung und Mediengestaltung. Erstere zwei sind dem Bereich der edukatorischen Vermittlung angegliedert.

Medienkritik – wie es Baacke darlegt – als reflexive Rückbesinnung auf problematische gesellschaftliche Prozesse, welche durch den analytischen Umgang mit Medien gesteuert wird, ist kein Aspekt, welcher sich bei der Untersuchung als auch beim Spielen von Online-Rollenspielen primär in den Vordergrund drängt. Dennoch könnte man argumentieren, dass der Umstand, dass eine Vielzahl von Spielern aus diversen Kulturen und Gesellschaftsschichten miteinander kommunizieren, reflexive Impulse auslösen kann. Ebenso ermöglicht die Rollenbesetzung im spezifischen Umfeld eines digitalen, mehr oder weniger anonymen Netzwerks aufschlussreiche Erkenntnisse über geschlechtsspezifisches Rollenverhalten und betrifft Aspekte der Fremd- und Selbstwahrnehmung. Inwiefern diese Dimension von Medienkompetenz anhand von Rollenspielen in einem schulischen Umfeld vermittelt werden könnte, müsste daher zu prüfen sein. Als Plattformen der Vermittlung von Lese- und Schreibkompetenzen im mutter- oder fremdsprachlichen Unterricht wäre der Einbezug eines solchen Gegenstands aber durchaus denkbar.

Für die Wissensvermittlung über Medien und Mediensysteme, wofür nach Baacke die Dimension der *Medienkunde* zuständig ist, scheint das digitale Rollenspiel ebenfalls nur unter Umständen geeignet zu sein, da es primär ludischen Charakter hat. Insofern aber Online-Rollenspiele Schnittstellen mehrerer Medien darstellen und unterschiedliche Kommunikationsmöglichkeiten bieten, könnte ein Infotainment-orientierter Zugang qua Rollenspiele dennoch Eingang in die Vermittlung von Medienkunde halten. So können z. B. gewisse «instrumentell-qualifikatorische» Fähigkeiten vermittelt werden: Nach Baacke umfasst diese Unterkategorie der Medienkunde die «Fähigkeit, die neuen Geräte auch bedienen zu können, also z. B. das Sich-Einarbeiten in die Handhabung einer Computer-Software, das Sich-Einloggen-Können in ein Netz usf.» (Baacke 1999:34). Die «informative» Dimension, welche klassische Wissensbestände wie z. B. das Wissen um verschiedene Programm-Genres beschreibt, wird in Online-Rollenspielen beispielsweise über ihr Angebot der verschiedenen Kommunikationskanäle angesprochen. Im Bereich des Informatikunterrichts könnten MUDs, die textbasierten Rollenspiele, ausserdem als Programmierplattformen dienen.

Obschon sich Online-Rollenspiele nicht primär als idealer Vermittlungsgegenstand dieser analytischen und wissensbasierten Dimensionen von Medienkompetenz aufdrängen, sind einige medienspezifische Eigenschaften diesbezüglich durchaus der Erwähnung und Erwägung wert. Aufgrund des hohen Motivationsgrades, dessen sich Unterhaltungsangebote wie Computerspiele unter Jugendlichen versichern können, könnten diese Gegenstände vermehrt auch für ausserschulische Projektarbeiten eingespannt werden.[20] Die dritte und die vierte Kompetenzdimension sind Zieldimensionen und als solche an den Handlungsbereich der Menschen gekoppelt; es sind dies Aspekte der *Mediennutzung* und *Mediengestaltung*. Die zumeist jugendlichen Rollenspieler eignen sich die damit zusammenhängenden Kompetenzen via Selbstsozialisation oder Peergroup an.

Die aktive Beteiligung an Rollenspielen fördert «rezeptiv-anwendende» Aspekte von Medienhandlung, welche Baacke mit dem Begriff der «Programm-Nutzungskompetenz» umschreibt (*Mediennutzung*). Der kompetente Umgang mit der Spielsoftware ist Bedingung für erfolgreiches Spielen. Rollenspieler wissen aber in der Regel auch das Internet als Informationsquelle souverän zu nutzen und können verschiedene Computerprogramme –

20 Anfänge von Projekten, welche den Einbezug des Internet, nicht aber Rollenspiele, anstreben, sind im GMK-Rundbrief von 1997 dargelegt (Gesellschaft für Medienpädagogik und Kommunikationskultur 1997).

auch ausserhalb der Spielebene – für ihre Zwecke gezielt einsetzen.[21] Rollenspiele fordern jedoch nicht bloss die rezeptive Beherrschung von Programmen, sondern fördern auch «interaktiv-anbietende» Aspekte von Medienkompetenz – Baacke benennt hier die Spannweite «vom Tele-Banking bis zum Tele-Shopping oder zum Tele-Diskurs» (ebenda). Abgesehen vom Austausch von Objekten und Informationen innerhalb der Spielwelt stellen die Zugangsbeschaffung zu grafischen Online-Games via Kreditkarte oder aber der digitale Graumarkt, welcher Avatare mit hohen Erfahrungswerten zum Kauf anbietet, Beispiele für durchaus kompetente, wenn auch nicht immer unproblematische, Mediennutzung dar.

Mediengestaltung hat einerseits eine «innovative» Ausfaltung, welche «Veränderungen, Weiterentwicklungen des Mediensystems innerhalb der angelegten Logik» bezeichnet. Beispiele dafür stellen zum einen die programmierbare Ausgestaltung von eigenen Räumen oder Rätseln dar, welche die MUD-Entwickler programmierfreudigen Nutzern ermöglichen; auch im Bereich grafischer Spiele existieren Editorprogramme, welche die individuelle Spielgestaltung begünstigen. Der «kreative» Aspekt der Mediengestaltung, «die Betonung ästhetischer Varianten, das Über-die-Grenzen-der-Kommunikationsroutine-hinaus-Gehen» (ebenda), findet sich beispielsweise durch die «Fanart» realisiert – Geschichten, Gedichte, Zeichnungen, Videosequenzen, welche inspirierte Spielerinnen als Reaktion auf Erlebnisse in der Spielwelt im Internet publizieren. Sogenannte Cheats – digitale Hack-Befehle, welche z. B. die Unverwundbarkeit des Avatars garantieren – oder Mod(ification)s – die Programmierung eigener Spiele aufgrund kopierter Spielsoftware – sind ebenfalls der kreativen Dimension von Medienkompetenz zuzuordnen. Dass der kreativ-ästhetische Aspekt von Spielen in letzter Zeit vermehrt zum Thema innerhalb des Computerspiel-Diskurses geworden ist, zeigt z. B. der programmatische Aufruf «Dogma 2001» des Spieledesigners Ernest Adams, worin er festhält: «I acknowledge that innovative gameplay is not merely a desirable attribute but a moral imperative. All other considerations are secondary.» (Adams 2001).

6 Fazit

Welchen Beitrag kann die Rezeptionsästhetik an eine Untersuchung der Rolle, welche Computerspiele bezüglich der Vermittlung von Medienkompetenz spielen, leisten? Die Free-Style-Anwendung von Wolfgang Isers Konzept der

21 So benötigt man z. B. zur Erstellung von Screenshots entsprechende Bildbearbeitungsprogramme, für den Austausch in Chaträumen mitunter ebenfalls spezifische Software, welche im Internet als Downloads bereit stehen und installiert werden können.

Leerstellen beschreibt, wie die Spielerin durch Leerstellen, welche sich ihr auf verschiedenen Spielebenen bieten, zur mentalen als auch ‹interaktiven› Beteiligung – welche eingangs als noematischer und extranoematischer Aufwand beschrieben wurde – motiviert wird. Diese Beteiligung an der Textherstellung im rezeptionsästhetischen Sinne stellt eine Schnittstelle verschiedener Kompetenzanforderungen dar: Die Rezipientin bringt sowohl soziale als auch kommunikative Kompetenzen, Lese-, Schreib- und visuelle sowie kognitive Kompetenzen, und nicht zuletzt medienspezifische Kompetenzen in den Prozess der Sinnherstellung ein.

Die Art von Medienkompetenz, welche das Spielen von Online-Rollenspielen fordert und fördert, umfasst hauptsächlich Aspekte der Mediennutzung und -gestaltung. Die Spielerschaft wird aber ausserdem über das Internetmedium zu einem steten Dialog mit Spiel- und Lebenswelt mitsamt ihrer verbindlichen Regelhaftigkeit angehalten. Computerspiele als Kompetenz vermittelnde Instanzen verkörpern diesbezüglich ein Argument der begriffstheoretischen Kompetenzdiskussion: Will Medienkompetenz eine «Weise gelungenen In-der-Welt-Seins im Horizont gelebten Lebens insgesamt» bedeuten (Baacke 1999:31), kann sie nur in Verbindung mit einer verantwortungsvollen, sozialen und kommunikativen Handlungsfähigkeit überhaupt verstanden und vermittelt werden.

Mediografie

Aarseth, Espen J. *Cybertext. Perspectives on Ergodic Literature.* Baltimore: Johns Hopkins University Press, 1997.

Baacke, Dieter. Medienkompetenz als zentrales Operationsfeld von Projekten. In: *Handbuch Medien: Medienkompetenz. Modelle und Projekte.* Dieter Baacke, Susanne Kornblum, Jürgen Lauffer, Lothar Mikos, Günter A. Thiele (Hrsg.). Bonn: Bundeszentrale für politische Bildung, 1999. 31–35.

Bhatty, Michael. *Interaktives Story Telling: Zur historischen Entwicklung und konzeptionellen Strukturierung interaktiver Geschichten.* Aachen: Shaker Verlag, 1999.

Gesellschaft für Medienpädagogik und Kommunikationskultur (Hrsg.). *Netzwärts – Multimedia und Internet. Neue Perspektiven für Kinder und Jugendliche.* GMK Rundbrief. Bielefeld: 1997.

Groeben, Norbert; Hurrelmann, Bettina (Hrsg.). *Medienkompetenz: Voraussetzungen, Dimensionen, Funktionen.* Weinheim und München: Juventa, 2002.

Hitzing, Lars. *Escape – Identität im Cyberspace. Eine medienpädagogische Betrachtung über den Einfluss von Multi User Dungeons auf die Persönlichkeitsentwicklung.* Dresden: Technische Universität, 2002. http://www.mud.de/Forschung/ESCAPE.pdf.

Iser, Wolfgang. *Die Appellstruktur der Texte. Unbestimmtheit als Wirkungsbedingung literarischer Prosa.* Konstanz: Universitätsverlag, 1970.

Iser, Wolfgang. *Der Akt des Lesens: Theorie ästhetischer Wirkung.* München: Fink, 1994.

Kocher, Manuela; Böhler Michael. «Über den ästhetischen Begriff des Spiels als Link zwischen traditioneller Texthermeneutik, Hyperfiction und Computerspielen.» In: *Jahrbuch für Computerphilologie,* Band 3. Georg Braungart, Karl Eibl, Fotis Jannidis (Hrsg.). Paderborn: mentis, 2001. 81–106.

Mythic Entertainment. *Dark Age of Camelot.* 2001. http://www.camelot-europe.com.

Nisslmüller, Thomas. *Rezeptionsästhetik und Bibellese. Wolfgang Isers Lese-Theorie als Paradigma für die Rezeption biblischer Texte.* Regensburg: 1995.

Poole, Steven. *Trigger Happy. The Inner Life of Video Games.* London: Fourth Estate, 2001.
Trägerkreis UNItopia e.V. *UNItopia.* http://www.unitopia.de
Turkle, Sherry. *Life on the Screen. Identity in the Age of the Internet.* New York: Simon & Schuster, 1995.

Ausserschulische Felder der Medienkompetenz

«Wir machen uns das Bild von der Welt selbst ...»

Medienprojektseminare in der Erwachsenenbildung und Hochschullehre

Maria Böhm und Hans Ulrich Fischer

Unter dem Motto «Wir machen uns das Bild von der Welt selbst» führen wir «Medienprojektseminare» in der politischen Erwachsenenbildung durch. Teilnehmer/innen ergreifen darin die Chance, ihre eigenen Themen zu definieren und zu gestalten. Ein Thema wird recherchiert und eine Gestaltungsidee für einen Film entwickelt. Schliesslich beginnt der filmproduktive Prozess. Der Seminarprozess als Projektarbeit weist spezifische didaktische Merkmale auf: Praxisbezug, Einbeziehung vieler Sinne, Kreativität, Selbstorganisation, Kooperation und Interdisziplinarität. Das Lernen verlässt den Unterrichtsraum, die sprichwörtliche Ganzheitlichkeit stellt sich praktisch her. Das motiviert. Ein Film entsteht, der mit Stolz präsentiert wird. Diese Lernpraxis, die «Medienkompetenz» nicht zum Zentralthema macht, aber gewissermassen «en passant» Medienkompetenz und andere Schlüsselqualifikationen vermittelt, hat inzwischen auch Eingang in die Hochschullehre gefunden.

1 Einleitung

Die Mediatisierung unseres Alltags schreitet voran. Bilderflut, Informationsfülle und Informationstechniken bergen auch allerlei Gefahren:
- formalisiertes Wissen
- standardisierte («anästhetische») Wahrnehmung
- distanzlose Informationsaneignung («Halbbildung»)

«Medienkompetenz» ist die pädagogische Universalantwort. Seit einigen Jahren wird in den Geisteswissenschaften und der Erkenntnistheorie vom «iconic turn» geredet. Die soziale Bedeutung des Bildes ist gewachsen, so wird gesagt. Zu den vielen Medienkompetenzzielen muss dann eben auch noch die Bildkompetenz additiv hinzugefügt werden – wenigstens in den curricular präformierten Bildungsgängen.

Ob die Bilder wichtiger werden, also an Bedeutung zunehmen, ist allerdings fragwürdig. Ein Bild ist ein Bild. Visualisierung ist allenthalben und allerorten eine Standardbeigabe der Kommunikationspraxis – kaum ein sprachlicher Code, auch der wissenschaftliche nicht, der ihrer Wirkmächtigkeit misstraut. Ob es einer eigenständigen Kompetenz zu ihrer Entschlüsselung bedarf, muss allerdings noch abschliessend geklärt werden.

Fest steht also: Die Bilder unseres Alltags werden mehr. Relativ gesehen war das auch vor 20 Jahren schon so.

Mit unserem Arbeitsprojekt «Medienprojektseminare mit (jungen und älteren) Erwachsenen» nähern wir uns dem 20. Geburtstag.

Die Ausgangsidee war, der äusseren «Bilderflut» eine Praxis eigener Bildproduktion (als Weltbildproduktion) entgegenzusetzen. Die Verwandtschaft zum Konzept «Aktive Medienarbeit» soll nicht geleugnet werden. Demgegenüber gibt es aber zwei Akzentuierungen:

Da ist einmal der ideologiekritische Anspruch. Er geht über das Anliegen aktivierender Gruppenprozesse durch Medienpraxis hinaus.

Darüber hinaus soll eine Praxis der Kritik möglich werden. Der insubordinative Charakter eigentätiger Bilderproduktion soll herausgearbeitet werden. Das erstreckt sich vom verballhornenden Gebrauch existierender Ikonografien oder Erzählstrategien bis hin zur Konstitution von eigenständigen Öffentlichkeiten durch selbstproduzierte Medienprodukte.

Als Team sind wir in der gewerkschaftlichen Jugend- und Erwachsenenbildung gestartet. Zu Beginn waren es bis zu zehn solcher Seminare im Jahr. Heute sind es weniger geworden. Das liegt zum einen an veränderten persönlichen Arbeitsschwerpunkten aber auch an neuen institutionellen Zwängen. «Bilderfluten» werden nicht mehr als Gefahrenpotential wahrgenommen, nur noch als gegebene Bedingung politischer und sozial-kommunikativer Praxis. Medienkompetenter ist das nicht – es bezeichnet nur die Anpassungsfähigkeit institutioneller Apparate im Sinne des «muddling through».

Insofern ist die Widerborstigkeit unseres Arbeitsprojekts immer noch auf der Höhe der Zeit. Seit einigen Jahren hat diese Arbeitsform und Lernpraxis auch Eingang in die Hochschullehre an der Universität Mainz gefunden. Dazu mussten einige Hindernisse überwunden werden. Solche waren die unzureichende Medienausstattung mit mangelnder technischer Wartung und der zu kurze 1,5-Stunden-Takt der Seminareinheiten.

2 Das Konzept

Wenn man die Überschrift unseres Beitrages und den Titel unseres Arbeitsprojekts als Motto liest, so wird zweierlei deutlich.
«Wir machen uns das Bild von der Welt selbst ...» bedeutet

- ein inhaltliches Anliegen und
- ein didaktisch-methodisches Prinzip.

2.1 Inhaltliches Anliegen

Das Anliegen ist nicht die Vermittlung von (formalen) Medienkompetenzen, sondern die Bildproduktion und die Herstellung neuer Öffentlichkeit.

Unser inhaltliches Anliegen ist, Weltbilder als von Bildern der Welt beeinflusst wahrzunehmen und beides als gemacht und veränderbar zu verstehen. Betont wird die Verantwortlichkeit bei den Subjekten der Rezeptionsseite, welche Weltbilder aus den Bildern der Welt werden. Der Macht der Authentizität der Bilder wird die Fähigkeit der differenzierenden Wahrnehmung entgegengesetzt. Wir verstehen das als eine ästhetische Praxis. (Der Leser macht die Geschichte, die Zuschauerin den Film.) Der Rezipient entscheidet, was zu ihm vordringt, gar darüber, was in sein Bewusstsein durchdringt.

Das sprichwörtliche Bild, das mehr als tausend Worte ersetzt, muss danach befragt werden, ob es überhaupt jemanden gibt, der es anschaut – mit dem Willen, es zu verstehen.

Warum Bilder gemacht werden, darauf hat jeder Medienproduzent eine Antwort.

Warum Bilder gesendet oder sonst wie vertrieben werden, darauf hat jede Fernsehfrau und jeder Zeitungsmann eine Antwort.

Auf die Frage aber, ob die Bilder nicht mehr aufzuhalten sind, darauf geben nur die Zuschauer die Antwort. Das ist das Leid der Bilderproduzenten.

Es bleibt wohl noch eine Weile dabei: Weil die Rezipienten so eigensinnig sind, müssen die Bilder ein warenästhetisches Gebrauchswertversprechen machen – und wenn es auch Unterhaltung oder Komplexitätsreduktion heisst.

Was ist aber, wenn das Subjekt nicht die konstruktivistisch ausdifferenzierte Monade ist, sondern nur unterschiedliche Informationen erhält und in ihnen Widersprüche entdeckt, weil es seine Interessen der eigenen Vergesellschaftung verfolgt?

So oder so, die Bildkommunikation zu Ende gedacht, also bis zum wahrnehmenden Einzelnen, der niemand anderes ist als das gesellschaftliche Subjekt als Partnerin von Bildungsprozessen, führt zur Frage nach dem Verhältnis von Medienkompetenz und Bildung. Wir haben praktische Antworten versucht.

Wir arbeiten heute mit jungen Erwachsenen im Rahmen der Hochschullehre und mit Teilnehmerinnen und Teilnehmern der politischen Weiterbildungsangebote eines Interessenverbandes, konkret einer Gewerkschaft, noch konkreter der IG Metall für die Bundesrepublik Deutschland.

Diese unterhält im südlichen Ruhrgebiet ein grosses Bildungszentrum, in das auch ein audio-visuelles Zentrum (AVZ) integriert ist. Eine ähnliche Einrichtung wie das AVZ ist das Elektronische Medienzentrum (EMZ) an der

Johannes-Gutenberg-Universität Mainz. In beiden Fällen gibt es eine praktische Vernetzung von Bildungsangeboten und eine Medienproduktionsmöglichkeit. Beide Medienzentren widmen sich in ihrer Hauptsache der integrativsten medialen Form, dem Film. Filmprojekte werden mit professionellen Videoformaten realisiert.

2.2 Didaktisch-methodisches Prinzip

Wie der Name schon sagt, wird in den Medienprojektseminaren die Methode der Projektarbeit angewandt.

Der Seminarprozess als Projektarbeit weist spezifische didaktisch-methodische Merkmale auf. Da ist zunächst der Situations- und Praxisbezug, d.h. Themenreflexion und Filmproduktion unter Einbezug der Interessen und Erfahrungen der Teilnehmenden. Die Ganzheitlichkeit der Projektarbeit ergibt sich aus der Einbeziehung vieler Sinne und der Möglichkeit der Entfaltung unterschiedlicher Fähigkeiten. Manche Seminarteilnehmer recherchieren mit Vorliebe, andere schreiben gerne den Kommentar, wieder andere bevorzugen die Arbeit an und hinter der Kamera und wiederum andere sind begeisterte «Monteurinnen». In jedem Fall werden in Folge der Komplexität des Mediums Film viele Sinne und Ausdrucksmöglichkeiten der Beteiligten produktiv gemacht. Damit wird ein weiteres Merkmal von Medienprojektseminaren freigesetzt, nämlich die Kreativität der Teilnehmenden im Verlaufe eines intensiven und vielgestaltigen Arbeitsprozesses. Selbstorganisation und Selbstständigkeit sind weitere Kennzeichen, vor allem der Arbeit in kleinen Teams. Das methodische A und O der Projektarbeit sind schliesslich Kooperation und Interdisziplinarität. Denn ein Film ist am Ende immer das interdisziplinär gestaltete Produkt eines kreativen Teams, also etwas, das aus vielen eigenwilligen Einzelleistungen besteht, aber kooperativ erschaffen wurde. Gewissermassen «en passant» werden Medienkompetenz und andere Schlüsselqualifikationen sowie Fähigkeiten des Projektmanagements erworben, die in der modernen Arbeitswelt von Bedeutung sind.

Es erweist sich als besonders nützlich, dass die Anleitung durch ein Team von verschiedenen Fachfrauen und -männern erfolgt. Es besteht in der Regel aus einer pädagogischen Fachkraft, einer/m Filmemacher/in und einem EB-Techniker (pädagogische und filmemacherische Kompetenz werden z.T. auch von nur einer Person vertreten). Die pädagogische Teamarbeit unterstützt nicht nur die gewollte Interdisziplinarität des Arbeitsprozesses, sondern macht auch eine Vielgestaltigkeit des Bildungsprozesses möglich. Das Ergebnis der bisherigen Erfahrungen in den Medienprojekten lautet in jedem Fall: Mediale und berufsweltliche Komplexität erfordern didaktische Komplexität. Am ehesten geeignet scheint die Projektmethode und der Anspruch der Professionalität.

Es ist offenkundig, dass der reformpädagogische Projekt-Begriff, so wie ihn Dewey und Kilpatrik vorgeschlagen haben und wie er sich durch allerlei handlungsorientierte pädagogische Ansätze zieht, für die Praxis der Erwachsenenbildung und für die Hochschullehre zurückgewonnen werden soll.

3 Vorgehensweise

Das Vorgehen in der gewerkschaftlichen politischen Erwachsenenbildung unterscheidet sich von dem in der Hochschullehre aufgrund der sehr unterschiedlichen institutionellen Bedingungen.

3.1 Seminarphasen

Die IG Metall-Seminare dauern zwei Wochen. Die Seminargruppe ist über die gesamte Zeit gemeinsam im Bildungszentrum untergebracht.

Die Seminararbeit findet auf zwei Ebenen statt: Das Thema wird inhaltlich recherchiert und eine Gestaltungsidee entwickelt. Auf der zweiten Ebene beginnt der filmproduktive Prozess. Das Seminar wird in eine Redaktion verwandelt. Redaktionskonferenzen werden durchgeführt. Zwischendurch arbeiten die Teilnehmer/innen in kleinen Teams.

Der Seminarverlauf ist vierstufig angelegt. In einer ersten Phase geht es um die inhaltliche Recherche. Brennende Fragen müssen im Hinblick auf eine filmische Umsetzung diskutiert und Widersprüche auf den Punkt gebracht werden. Im zweiten Schritt erfolgt die filmjournalistische und medientechnische Fortbildung. Dabei geht es um Fragen und Möglichkeiten journalistischer Formen und der Bildästhetik. Der praktische Umgang mit der Aufnah-

me-Technik wird eingeübt. In der dritten Phase geht es um die Entwicklung eines Filmexposés und eines Drehablaufplans. Die vierte Seminarphase ist die praktische Phase von Dreharbeiten und Filmschnitt.

3.2 Stufenmodell

Eine Stufung findet sich auch in den universitären Medienprojektseminaren. Die Stufen des Medienprojekts sind:

- Erste Stufe: Im Grundlagenseminar (Mittelseminar) wird in die Filmtheorie mit besonderem Augenmerk auf das dokumentarische Genre, in die Bildungstheorie und die ästhetische Theorie eingeführt. Die drei Theoriebereiche werden aufeinander bezogen und gemeinsame Schnittpunkte reflektiert. Im Schnittpunkt von Film und Bildung steht die ästhetische Wahrnehmung. Sie ist eine zentrale Voraussetzung von Medienkompeten, ihr kommt daher besondere theoretische und praktische Bedeutung zu. Das Themengebiet ist damit weit gesteckt. Deshalb können die inhaltlichen Schwerpunkte in jedem Semester wechseln. Schwerpunkte können sein: «Kritik des Medienkompetenzbegriffes aus ästhetischer, dokumentarfilmtheoretischer und bildungstheoretischer Perspektive», «Der Dokumentarfilm als Bildungsfilm», «Frauenbilder, Männerbilder, Menschenbilder im Film – Ästhetik und Wahrnehmung» usw.
- Zweite Stufe: Im zweiten Schritt kommt Medienpraxis hinzu. Zwei bis drei Filmteams mit jeweils 2–3 Studierenden werden gebildet, die im Verlauf des Semesters zu einem ausgewählten Thema (z. B. «Medien an der Hochschule», «Perspektiven») unter professioneller Anleitung Filme produzieren und diese dann im Hinblick auf vorherige theoretische Erkenntnisse und auf den Erwerb von Medienkompetenz reflektieren.

- Dritte Stufe: Diese geht über die Hochschulausbildung hinaus. In Kooperation mit «Filmpraktikern» geht es nun um die Akquisition von Filmauftragsproduktionen.
- Vierte Stufe: Für die geplante Realisierung werden weitere Studierende mit Filmpraxiserfahrungen aus dem vorausgegangenem Seminar angesprochen und ausgewählt.
- Fünfte Stufe: Die Realisierung der Auftragsproduktion geschieht schliesslich als Kooperationsprojekt zwischen Filmpraxis und Hochschule, in das Studierende eingebunden sind. Auf diese Weise vertiefen Studierende ihre Kenntnisse filmpraktisch und berufsorientierend in unterschiedlichen Bereichen: Filmkonzept und -dramaturgie, Aufnahmepraxis, Filmschnitt, Filmmusik.

Parallel zur Filmproduktion oder danach beginnt ein neues Grundlagenseminar.

3.3 Zielgruppen

Wir haben es in beiden Fällen der Hochschullehre sowie der gewerkschaftlichen Erwachsenenbildung mit einer gewissen «Kurzzeitpädagogik» zu tun. Im Falle der Hochschule sind die Zielgruppe Studierende verschiedener Disziplinen, insbesondere der Erziehungswissenschaften, Filmwissenschaften, Publizistik und Kommunikationswissenschaften, Mediendramaturgie, Ethnologie und Philosophie. Die bisherigen Erfahrungen zeigen, dass das Zusammenwirken von Studierenden aus unterschiedlichen Disziplinen produktiv ist, weil sich dadurch vielfältige, wechselseitige und damit neue Perspektiven für alle eröffnen. Es besteht prinzipiell die Möglichkeit des Scheinerwerbs, der Hospitation, der HiWi-Tätigkeit und der Praktika.

Mit den Medienprojektseminaren innerhalb der politischen Weiterbildung der IG Metall werden Zielgruppen abhängig Beschäftigter aus der Industrie angesprochen: Frauen, Angestellte, Beschäftigte bestimmter Branchen oder eines konkreten Grossbetriebes, Jugendliche, ehrenamtliche Referent/innen usw.

3.4 Professionalität

In beiden institutionellen Kontexten ist «Professionalität» gefordert. «Professionalität» meint zunächst den Umgang mit professioneller Medientechnik, die in der gewerkschaftlichen Bildung ebenso wie inzwischen auch an der Universität Mainz gegeben ist. «Professionalität» meint zum anderen die punktuelle Einbeziehung von «Profis» in den Projektverlauf: Medientechniker, Redakteure, Kameraleute, Cutter, etc. Das ermöglicht den Teilnehmenden nicht nur einen Einblick in verschiedene Berufspraxen; es verhindert auch frustrierende Erfahrungen mit Filmarbeit. Die häufigste Erfahrung in pädagogischen Einrichtungen mit Medienpraxis ist nämlich die, eine Menge Filmmaterial aufgenommen zu haben, aber nicht stringent verarbeiten zu können. Der Film wird nicht fertig oder langatmig. Mit professionellen Hinweisen dagegen gestaltet sich der Produktionsprozess aussichtsreicher. «Professionalität» beinhaltet des weiteren die Vermittlung von wissenschaftlichen Erkenntnissen, auch unter berufsorientierender Perspektive. «Professionalität» impliziert Interdisziplinarität durch Teamteaching und Teamworking, also der Integration verschiedener disziplinärer Sichtweisen. «Professionalität» bedeutet schliesslich die Realisierung und Veröffentlichung eines professionellen Medienproduktes in Kooperation mit den «Profis».

4 Erfahrungen

In den Medienprojektseminaren verlässt das Lernen den Unterrichtsraum, die sprichwörtliche Ganzheitlichkeit stellt sich praktisch her. Kopf, Herz und Hand sind gleichermassen gefordert. Unter den Beteiligten zerfällt die Hierarchie, Projektarbeit ist ein Stück praktische Demokratie. Das motiviert. Abgegrenzte Arbeitszeiten lösen sich auf. Die eine oder andere Nachtschicht wird aus freien Stücken eingelegt. Ein Film entsteht, der mit Stolz präsentiert wird, z. B. vor dem Publikum weiterer Seminargruppen, die sich im Bildungszentrum aufhalten. Dann ist der Film «auf dem Markt». Er wird in aller Regel von den Beteiligten in ihren sozialen Kontexten eingesetzt und konstituiert dort eine neue, spezifische Öffentlichkeit.
In der Erwachsenenbildung sind Filme entstanden wie

- «Hab' Dich nicht so! Wir ham' uns aber! Sexuelle Belästigung am Arbeitsplatz.
- «Kaltgestellt oder angestellt?»
- «Armut hat viele Gesichter!»
- «Deine Einstellung zählt!»
- «Lokomotive oder Schlusslicht?»
- «Auf Messers Schneide»

Ein zentrales Problem an der Hochschule ist nach wie vor das zeitliche: Universitäre Lehrveranstaltungen sind in der Regel in kurze Zeiteinheiten segmentiert, die kaum mehr als rein wissensorientiertes «Teaching» zulassen. Die Projektmethode mit ihren komplexen Anforderungen braucht Zeit und Raum. Nach mehrjährigen Erfahrungen im Medienprojekt und mit den Hochschulstrukturen erweist sich folgender «Kompromiss» hochschuldidaktisch als gangbar: Durchführung von vierstündigen Seminarveranstaltungen im Rhythmus von zwei Wochen. Das ermöglicht den Studierenden den wöchentlichen Wechsel zwischen Seminar (Theorie) und Teamarbeit im Filmprojekt (Praxis). Eine weitere Alternative ist ein Kompaktseminar von zweimal zwei Tagen im Verlauf eines Semesters. Die Erfahrungen zeigen, dass es lerneffektiver ist als die wöchentliche Kurzzeitveranstaltung, aber nicht wesentlich besser als der zweiwöchige Rhythmus. Eine ideale Lösung für die Anwendung der Projektmethode in der Hochschulausbildung ist derzeit noch nicht in Sicht. Dennoch wurden in den letzten Semestern neben kurzen Filmen, die im Seminar entstehen, richtiggehende Auftragsproduktionen realisiert.

Es sind die Filme:

- «Migration»
- «Bunte Republik Deutschland»
- «Was für ein Deutscher bin ich denn?»
- «Professeures féminines»

Die inzwischen mehrjährigen, positiven Projekterfahrungen und die Produktergebnisse selbst belegen die Brauchbarkeit des didaktischen Ansatzes. Das Stufenmodell hat zu nachhaltiger Lerneffizienz geführt. Die Evaluationen, die regelmässig in den Seminaren durchgeführt werden, sprechen ebenfalls davon. Rückblickend auf ein Medienprojektseminar schrieb eine Teilnehmerin: «Den Arbeitsaufwand und die Begeisterung, mit dem der Film hergestellt wurde, kann man nicht mit Worten bzw. Bildern ausdrücken. Am Ende war jedoch eine Erkenntnis in allen unseren Köpfen: Das Medium Film – mit eigenen Produktionen – wird in der Bildung viel zu wenig genutzt.»

Die Bedeutung der Medien in der Verkehrssicherheitsarbeit heute

Hans Jöri und Benedikt von Hebenstreit

Die Berichte über den Strassenverkehr in den Print- und Telemedien leisten nur selten einen Beitrag zur Hebung der Verkehrssicherheit. Häufig erzielen sie eine gegenteilige Wirkung, in dem sie das Bewusstsein der Leser, Hörer und Seher für die Gefahren des Strassenverkehrs in unerwünschter Weise beeinträchtigen. Gleiches gilt auch für die Werbetexte.

Das sichere und umweltfreundliche Verhalten der Menschen im Strassenverkehr als Fussgänger, Velofahrer und Motorfahrzeuglenker hängt neben der körperlichen und geistigen Eignung, der Kenntnis der Verkehrsregeln und dem Ausprägungsgrad des Verkehrssinns sowie – beim Führen von Fahrzeugen – neben der Fahrzeugbeherrschung auch von ihren Einstellungen und Meinungen ab. Diese entstehen durch Lernen am Modell, durch eigene Erfahrungen und nicht zuletzt auch durch Berichte in den Massenmedien.

Analysiert man die Texte in den redaktionellen Teilen der Medien, so lassen sich diese unter dem Aspekt der Verkehrssicherheit – also je nachdem wie sie das Unfallrisiko der Seher, Hörer oder Leser beeinflussen – in zwei Gruppen einteilen:

- Berichte im redaktionellen Teil, welche das Unfallrisiko minimieren sollen. Im Folgenden als «sicherheitsfördernde Berichte» bezeichnet.
- Berichte im redaktionellen Teil, welche das Unfallrisiko – meist allerdings nur indirekt – steigern. Im Folgenden als «sicherheitsbeeinträchtigende Berichte» bezeichnet.

Daneben findet sich in den Medien auch Werbung, die man ebenfalls in gleicher Weise einteilen kann:

- Werbung, die das Unfallrisiko nicht negativ beeinflusst. Diese wiederum kann im Hinblick auf die Sicherheitseinstellungen entweder eine neutrale Werbung oder manchmal sogar eine sicherheitsfördernde Werbung sein.
- Werbung, die das Unfallrisiko steigert, also als «sicherheitsbeeinträchtigende Werbung» zu bezeichnen ist.

Derartige Berichte und Werbetexte können sowohl in den Printmedien als auch in den Telemedien erscheinen. Aus Platzgründen kann nicht umfassend auf beide Medienarten eingegangen werden. Deshalb beschränken sich die folgenden Ausführungen bezüglich der Redaktionellen Berichte auf die Printmedien, jene bezüglich der Werbung nur auf die Telemedien und hier speziell das Fernsehen.

1 Die redaktionellen Berichte in den Printmedien

Hier sind wieder zu unterscheiden die Tageszeitungen, Wochenzeitungen und Illustrierten einerseits und die Fachzeitschriften andererseits.

1.1 Tageszeitungen, Wochenzeitungen, Illustrierte

Um einen Überblick über diese Beiträge zu gewinnen, wurden einschlägige Berichte und Werbetexte gesammelt, die in einem Zeitraum von einem halben Jahr erschienen sind. Die Berichte stammen ausschliesslich aus deutschsprachigen Printmedien. Die Auswahl der Tageszeitungen, Wochenblätter und Illustrierten erfolgte nach dem Zufallsprinzip: Von den im «KROLL» – dem Taschenbuch der deutschen Motorpresse – aufgeführten einschlägigen Publikationen wurde jede fünfte ausgewählt und zwar so lange, bis die Zahl von 25 Tageszeitungen, 15 Wochenblättern und 10 Illustrierten erreicht war. Ausserdem sind wahllos auch einige ältere Zeitungen und Zeitschriften durchgesehen worden. Dies erlaubt Aussagen nicht nur über den Status quo, sondern gibt auch Hinweise über die Entwicklung der Verkehrssicherheitsarbeit in der Presse im Laufe der Jahre. Nicht in die Erhebung mit einbezogen sind reine Berichte über motorsportliche Ereignisse und Testberichte über neue Motorfahrzeuge.

Parallel dazu wurden speziell jüngere Motorfahrzeuglenker befragt, welche Meinungen und Einstellungen sie mit Hilfe der Massenmedien entwickelt haben. Zwar ist die Zahl der Interviewten zu klein, um statistisch signifikante Aussagen gewinnen zu können. Wertet man die Befragungen jedoch kasuistisch aus, so ergeben sich doch ganz interessante Hinweise.

Bei dieser Erhebung zeigt sich, dass durch die Berichte in den Medien fast nie eine positive Auswirkung auf die Verkehrssicherheit zu erwarten ist. Oft haben sie zwar eine hohe Akzeptanz, ihre Wirksamkeit in Richtung Hebung der Verkehrssicherheit ist aber meist gleich Null. Ja ganz im Gegenteil erfolgt hier eher eine negative Konditionierung. So verführt der insbesondere in Deutschland und Österreich häufig anzutreffende Begriff der «Radarfallen» eher zur Meinung, Tempolimiten seien eine Schikane der Behörde und nur dazu da, um abzukassieren. Zur Schaffung einer Einsicht, dass es im Interesse der Verkehrssicherheit unerlässlich ist, sich an Tempolimiten zu halten, führen solche Berichte nicht. Andererseits schaffen manche Berichte auch ein unangemessenes Sicherheitsgefühl beim Leser, wie später an einigen Beispielen noch zu zeigen sein wird.

Teilt man nun die in den redaktionellen Teilen der oben genannten jüngeren Printmedien vorgefundenen 381 Berichte nach den ebenfalls bereits oben genannten Kriterien ein, so ergibt sich folgendes Bild:

Häufigkeit von Berichten in den Printmedien:

Art der Berichte	Häufigkeit	
Sicherheitsfördernde Berichte	31	8%
Sicherheitsbeeinträchtigende Berichte	350	92%

Unter den in der Rubrik «Sicherheitsbeeinträchtigende Berichte» enthaltenen Meldungen dominieren die Berichte über Unfälle, die vom Fahrer ausgelöst wurden (79% aller insgesamt erfassten Berichte). Die restlichen Berichte handeln zumeist von den schon zitierten Schikanen der Polizei.

Wegen der beschränkten Redezeit ist es unmöglich, auf diese Auswertung ausführlicher einzugehen. Es können nur einige wenige weitere Beispiele gebracht werden. Ausgewählt wurde dazu unter den Lesern die Zielgruppe der jungen Fahranfänger im Alter von 18 bis 20 Jahren. An ihrem Beispiel soll gezeigt werden, wie Pressemeldungen zu falschen, im Sinne der Verkehrssicherheit unerwünschten Einstellungen führen können. Zu diesem Zweck wird nun an Hand einiger Schlagzeilen aufgezeigt, welche psychischen Prozesse – Überlegungen – durch sie bei der Zielgruppe ausgelöst werden können.

Was junge Menschen heute in der Tagespresse über den Strassenverkehr erfahren und welche Konsequenzen sie daraus ziehen
Dazu einige willkürlich ausgewählte Schlagzeilen:
- Parkschadenstreit mit tödlichem Ausgang
- Fahrweise nicht genehm: Schweizer erstochen
- Wildwest in Bad Endorf: Mit Pistole Kampf um den Parkplatz
- Überholwütiger Messerstecher: Rivalenkampf auf der Autobahn
- Schüsse und Schläge nach Lichthupenzeichen: Prügelei unter Verkehrsteilnehmern
- Riesenschlägerei bei Parkplatzsuche

Ganz abgesehen davon, dass es sich bei den von der Presse gross herausgestellten Delikten keineswegs um Regelfälle sondern um ausserordentlich seltene Ereignisse handelt, zeigt auch die überwiegende Mehrheit der jungen

Menschen keine solchen aggressiven Tendenzen. Deshalb sagen sich die jungen Fahranfänger: «Ich bin keiner, der mit dem Revolver oder Messer unterwegs ist oder sich gerne prügelt.»

Aber auch bestimmte Altersgruppen kommen in den Schlagzeilen öfter vor, wie die folgenden Beispiele zeigen:

- Grossvater als Kindermörder
- 80 Jahre und noch immer Automobilist: Zwei Tote
- Vier Schwerverletzte: Trotz hohem Alter noch Führerausweis
- Pensionsreifer Grossindustrieller tötet drei Kinder
- Schlaganfall am Lenkrad: Senior und zwei Enkelkinder tot

Und auch hier ist die Reaktion der jungen Fahranfänger eine ganz natürliche: «Ich bin kein seniler alter Greis»
Schliesslich liest der Jugendliche in der Zeitung auch solche Berichte:

- Sechs Tage Führerschein und schon tot
- Neulenker-Unfall: Alle vier Insassen schwer verletzt
- Er wollte es der Freundin beweisen: Jetzt sind beide tot
- Jugendlicher Leichtsinn: Die Unfallursache Nummer Eins

Und da sagt sich der junge Mensch: «Ich habe vor, anständig zu fahren und nicht zu rasen; ich bin weder ein Raser noch ein Rowdy»

Dazu zeigen im übrigen einschlägige verkehrswissenschaftliche Untersuchungen, dass sich die jungen Fahranfänger in den ersten sechs bis acht Wochen nach der Führerausweisprüfung meist an die Tempolimite halten. Nur einige wenige rasen nach der Prüfung sofort mit bis zu 200 km/h durch die Gegend. Erst allmählich lernt der junge Fahranfänger durch Lernen am Modell – diesmal nicht durch die Medien, sondern durch das Vorbild der anderen Verkehrsteilnehmer – ein unerwünschtes Verhalten bzw. erwirbt die falsche Meinung: Man kann doch schneller fahren als erlaubt, Übertretung von Tempolimiten ist nicht gefährlich.

Aus solchen Schlagzeilen bildet sich bei den jungen Fahranfängern die Meinung: Verkehrsunfälle werden in erster Linie verursacht von

- Gewalttätig-Aggressiven,
- Senilen Alten und
- Rasern und Rowdys.

Sie schliessen daraus: «Da ich nicht zu diesen drei Gruppen von Menschen gehöre, die Verkehrsvorschriften ohnehin kenne und keine Schwierigkeiten mit der Fahrzeugbedienung habe, brauche ich auch nicht viel Ausbildung.»

Eine Einstellung, die noch verstärkt wird durch Schlagzeilen wie diese:

- Schimpanse fährt Motorrad (Bericht über ein neues Programm im Zirkus Krone)
- Charlie lenkt Porsche sicher durch alle Gefahren (Bericht über einen neuen Film, in dem ein Affe Auto fährt)

Die Folge davon sind die bekannten Minimalisten: Sie sind nicht bereit, sich einer gründlichen Ausbildung zu unterziehen, weil sie meinen, es brauche gar nicht viel Ausbildung, um sicher Motorfahrzeuge lenken zu können.

Zu den sicherheitsfördernden Berichten zählen alle Meldungen über Auszeichnungen und Ehrung bewährter Motorfahrzeuglenker ebenso wie Artikel, die Hinweise und Tipps zur Unfallvermeidung ganz allgemein oder auf die Gefahren bestimmter Jahreszeiten (z. B. zum Beginn des Herbsts) geben. Sie sind leider – wie die oben stehende Tabelle ausweist, viel zu spärlich. Ausserdem werden Sie von den Redaktionen nicht, wie so mancher spektakulär aufgemachte Unfallbericht in die Schlagzeilen gestellt sondern eher unauffällig in den hinteren Teil der Zeitung oder Zeitschrift verbannt.

1.2 Fachzeitschriften

In den von uns ausgewerteten Fachzeitschriften dominieren mit einem Anteil von 56% Berichte mit technischen Inhalten über neue Fahrzeuge und neue Entwicklungen. An zweiter Stelle (38%) folgen die Berichte über den Motorsport.[1] Berichte über Verkehrsunfälle sind hier im Gegensatz zur Tagespresse nur selten anzutreffen (nur in 2%). Das gleiche gilt leider auch für Berichte, die das Ziel haben, das Verhalten der Verkehrsteilnehmer in positiver Weise zu beeinflussen (ebenfalls nur 2%). Die restlichen 2% befassen sich mit reinen Rechtsfragen oder wirtschaftlichen Fragen wie die Wiederverkaufswerte von Gebrauchtwagen u.ä. (Dies gilt natürlich nicht für Zeitschriften, die generell das Thema «Verkehrserziehung» zum Gegenstand haben.)

2 Die Werbung im Fernsehen

Werbung nimmt heute im Fernsehen einen relativ breiten Raum ein. Darunter befindet sich naturgemäss auch viel Werbung für Automobile, die keinesfalls immer sicherheitsfördernd ist. Dazu nun im Folgenden einige Beispiele sowie die Schlussfolgerungen, die junge Fahranfänger aus solchen Werbetexten ziehen können.

1 Dass auch Berichte über motorsportliche Ereignisse das Fahrverhalten beeinträchtigen können, wurde schon in einer früheren Studie für den ADAC festgestellt. Der vorgegebene zeitliche Rahmen des Referats erlaubt es jedoch nicht, auch die diesbezüglichen Zusammenhänge darzustellen.

Mit unseren Reifen selbst mit 80 km/h in die Kurve!
Nasse Fahrbahn? Der Reifen rollt, als ob es trocken wäre!
Strasse frei – der Schnellste kommt!
Bremsen auch bei knappem Abstand – mit … kein Problem!
Mit diesem Wagen haben Sie ein Abonnement auf der linken Seite der Autobahn!
Nur Fliegen ist schöner!

Solche Werbeinhalte sind nicht nur fehlinformierend und irreführend, sondern erhalten speziell bei Jugendlichen sehr rasch einen Idol-Charakter. Sie lösen irreale Wunschvorstellungen aus, die der «Verführte» später nach dem Erwerb des Führerscheins zu realisieren versucht.

Fahranfänger kaufen sich solche oder ähnliche Autos (meist allerdings gebraucht und dementsprechend nicht immer optimal verkehrssicher). Sie bleiben dann auf der Autobahn immer auf der linken Fahrspur (sie haben ja das «Abonnement»), halten den vorgeschriebenen Sicherheitsabstand nicht ein (bei ihren guten Bremsen können sie sich das ja laut Werbetext leisten) und blinken bei Nässe den Vorausfahrenden an, wenn er nicht sofort zur Seite geht, weil man nicht wie dieser auf Aquaplaning und Schleudergefahr achten muss (die Reifen verhalten sich ja wie bei Trockenheit). Kommt es schliesslich zum Unfall, begegnen wir auch hier dem Pechvogel-Argument: Schuld ist nicht der eigene unangepasste und zu aggressive Fahrstil, sondern der andere, der einem nicht rechtzeitig genug aus dem Weg ging. Denn man selber hat ja nur das getan, was einem das Fernsehen fast tagtäglich bestätigt.

Natürlich gibt es auch sicherheitsfördernde Werbetexte wie etwa diese:

Nicht Schnelligkeit, sondern Sicherheit ist unser Ziel
Fit auch als älterer Autofahrer – Neue Kurse der Verkehrswacht
Autofahren im Herbst – Laub, Nebel und Nässe

Doch sind solche Texte ausgesprochen selten. Auch dazu eine Tabelle, zusammengestellt aus der Auswertung von 300 verschiedenen Werbetexten, die im Laufe des Jahres 1998 im deutschsprachigen Fernsehen gebracht worden sind:

Art der Werbung	Häufigkeit	
Sicherheitsfördernde Werbetexte	12	4%
Sicherheitsbeeinträchtigende Texte	246	82%
Neutrale Texte	42	14%

Warum sicherheitsfördernde Werbeslogans so selten sind, hat seinen Grund darin, dass Werbung mit Geschwindigkeit und unbegrenzter Freiheit natürlich verkaufsfördernder ist als Werbung mit Sicherheit. Dies hängt auch damit zusammen, dass sich die meisten Menschen subjektiv für gute Autofahrer halten. Sie glauben ihr Fahrzeug immer und in jeder Situation beherrschen zu können, weil sie die Gefahren, denen sie ausgesetzt sind, viel zu wenig kennen. Ein unangemessenes Sicherheitsgefühl aus einer Einstellung heraus, die durch die geschilderten Berichte und Werbetexte in den Printmedien noch gefördert wird.

3 Was Leser aus einer Meldung herauslesen können

Zuletzt ein Beispiel aus jüngster Zeit, das zeigt, wie Leser alles aus einer sachlich richtigen Meldung in der Presse herauslesen können, wenn sie tendenziös oder zu mindest geschickt gestaltet ist. Es geht hier um einen Beitrag in der Münchener Abendzeitung vom 18.02.2003 über Fahren in angetrunkenem Zustand während der Faschingszeit. Hier der Text:

> Narren am Steuer – mit viel Promille
> Deutlicher Anstieg der Alkoholdelikte
> Faschingshochburg München. Nicht nur in den Karnevalszentren an Rhein und Main wird dieser Tage ausgelassen «Hellau» und «Alaaf» geschrien – auch in der Landeshauptstadt geht's bis zum Aschermittwoch feuchtfröhlich zur Sache. Das zumindest beweist die neue Statistik der Münchner Verkehrspolizei.

Demnach stieg die Zahl der Alkoholdelikte während der ersten 41 Faschingstage im Vergleich zum vergangenen Jahr dramatisch an. 761 Alkoholfälle am Steuer konnte die Polizei in den letzten anderthalb Monaten feststellen. In 73 Fällen führte ungezügelter Alkholgenuss zu Unfällen, 31 mal wurden dabei Menschen verletzt. Tote gab es zum Glück noch nicht. Im letzten Jahr war Alkohol lediglich bei 44 Unfällen mit 16 Verletzten die Ursache. Auch die Zahl der Drogendelikte hat sich in der diesjährigen Faschingszeit fast verdoppelt.

Während 2002 noch 82 Narren im Drogenrausch hinterm Lenkrad erwischt wurden, waren es in diesem Jahr schon 147 Fahrer.

Insgesamt untersuchte die Polizei während der diesjährigen Faschingszeit 44 393 Verkehrstellnehmer. 10 791 der Fahrer wurden zum Alkoholtest gebeten. Und es wird noch schlimmer: Denn bis zum Aschermittwoch gibt's ja noch genug Gelegenheit zum Feiern. Münchens Autofahrer sollten gewarnt sein.

Am Tag nach dem Erscheinen dieses Berichts wurde 100 Abendzeitungslesern, die ausdrücklich angaben, diese Meldungen gelesen zu haben, die Frage gestellt, ob es richtig ist, dass in der Faschingszeit in München viele Autofahrer betrunken unterwegs sind. Diese Frage bejahten 86% der Befragten. Als nächstes wurde gefragt, wie hoch denn in der Regel in den Faschingsnächten der Anteil der alkoholisierten Fahrer tatsächlich ist. Die Antworten auf diese Frage sind in der folgenden Tabelle zusammengestellt:

Es fuhren in den Faschingsnächten …	
… rund ein Viertel	38%
… rund ein Fünftel	11%
… rund ein Zehntel	9%
… stand nicht in der AZ	25%
… weiss nicht mehr	17%

In Wirklichkeit fahren aber – und das kann man eindeutig dem Bericht entnehmen, wenn man ihn ganz genau liest – in den Faschingsnächten extrem wenig Motorfahrzeuglenker in angetrunkenem Zustand: Von den 44 393 kontrollierten Verkehrsteilnehmern lagen zwar bei 10 791 Fahrern Hinweise auf eine mögliche Trunkenheit vor, weshalb dieser Personenkreis einem Alkoholtest unterzogen wurde. Aber nur in 761 Fällen lag eine tatsächliche Blutalkoholkonzentration von 0,5 und mehr vor: Das sind nur 1.7% der kontrollierten Kraftfahrer. Es ist also nicht – wie der Eindruck erweckt wird – so, dass viele Münchner im Fasching betrunken fahren, sondern es ist nur eine kleine Minderheit, die dies tut.

Zusammenfassend also die Feststellung: Medien können Einstellungen und Meinungen zu Problemen des Strassenverkehrs positiv oder negativ beeinflussen. Aus der Sicht der Verkehrssicherheit wäre es wünschenswert, wenn die in der Medienarbeit Tätigen bei der Abfassung ihrer Berichte, Spots, Werbetexte usw. deutlich mehr an die Auswirkungen ihrer Berichte auf die Verkehrssicherheit denken würden als bisher.

Über die Autorinnen und Autoren

Dr. **Andrea Bertschi-Kaufmann** ist Leiterin des Zentrums LESEN (www.zentrumlesen.ch) und Professorin für Fachdidaktik Deutsch an der Fachhochschule Aargau Nordwestschweiz. Seit 2000 ist sie Co-Leiterin des Nationalfondsprojekts «Lernen im Kontext neuer Medien». Arbeits- und Forschungsschwerpunkte: Leseentwicklungen von Kindern und Heranwachsenden, Lese- und Schreibförderung, Schriftbasiertes Lernen.
andrea.bertschi@fh-aargau.ch

Dr. **Heinz Bonfadelli** ist Professor am IPMZ – Institut für Publizistikwissenschaft und Medienforschung der Universität Zürich und Lehrbeauftragter der ETH Zürich. Arbeitsschwerpunkte sind Medienwirkungsforschung, Mediensozialisation, Wissenskluft- und Kampagnenforschung.
h.bonfadelli@ipmz.unizh.ch

Dr. **Maria Böhm** arbeitet selbstständig als Wissenschaftlerin, Autorin und Filmemacherin.
www.mariaboehm.de oder www.bureaudubeauregard.de

Dr. **Sylvia Buchen** (Diplomsupervisorin) ist Professorin für Erziehungswissenschaft an der PH Freiburg im Breisgau. Sie ist Leiterin der Studienrichtung Schulpädagogik und des Wahlpflichtfaches «Gender Studies» im Diplomstudiengang sowie Leiterin des «Hochschulartenübergreifenden Kompetenzzentrums».
buchen@ph-freiburg.de

Dr. **Priska Bucher** ist wissenschaftliche Assistentin am IPMZ – Institut für Publizistikwissenschaft und Medienforschung der Universität Zürich. Forschungsschwerpunkte: Buch- und Leseforschung, Mediennutzung von Kindern und Jugendlichen, Medien und Migration, Mediennutzung und soziale Ungleichheit.
p.bucher@ipmz.unizh.ch

Dr. **Stephan Buchloh** unterrichtet Kommunikationswissenschaft an der Ludwig-Maximilians-Universität München und arbeitet in einer Freizeiteinrichtung mit Jugendlichen aus sozialen Brennpunkten. Er leitet dort medienpädagogische Projekte rund um den Film und das Internet.

Eckhard Burkatzki, wissenschaftlicher Mitarbeiter im DFG-Forschungsprojekt «Eine Untersuchung zum Mediennutzungsverhalten 12–20jähriger und zur Entwicklung von Medienkompetenz im Jugendalter» an der Fakultät für Pädagogik der Universität Bielefeld.
eckhard.burkatzki@uni-bielefeld.de

Dr. **Thomas Döbler** ist wissenschaftlicher Mitarbeiter am Fachbereich Kommunikationswissenschaft und Sozialforschung an der Universität Hohenheim. Arbeitsschwerpunkte sind Kommunikations- und Mediensoziologie, Mediennutzung und -akzeptanz, Technikfolgen.
doebler@uni-hohenheim.de

Dr. **Christian Doelker** ist Professor für Medienpädagogik an der Universität Zürich (bis 2002) und Lehrbeauftragter der Eidgenössischen Technischen Hochschule Zürich (bis 2001), Lehrbeauftragter der Universität Fribourg (2002/03), Dozent an der F+F Schule für Kunst und Mediendesign Zürich, Mitglied des Arbeitskreises «Medienerziehung in Wissenschaft und Bildungspraxis» des Bayerischen Staatsministeriums für Unterricht, Kultus, Wissenschaft und Kunst, Facultymember der Europäischen Journalismus Akademie eja, Wien sowie Autor von zahlreichen Publikationen, Hörfunk- und Fernsehsendungen zur Medienpädagogik.
www.medienpaedagogik.ch

Dr. **Katharina Ernst** ist Medienpädagogin und leitet den Fachbereich Information & Kommunikation an der Pädagogischen Hochschule Zürich.
katharina.ernst@phzh.ch

Dr. **Hans Ulrich Fischer** ist Erziehungswissenschaftler und Kameramann. Er arbeitet als Dozent in der Bildungsarbeit der IG Metall und ist u.a. zuständig für Medienarbeit.
Hans-Ulrich.Fischer@igmetall.de

Dr. **Arnold Fröhlich** ist Dozent für Medienpädagogik und -didaktik und Mitglied der Direktion am Pädagogischen Institut Basel-Stadt (ab 2004: Hochschule für Pädagogik und Soziale Arbeit beider Basel) sowie Präsident resp. Mitglied von kantonalen und interkantonalen Arbeits- und Projektgruppen im Medienbereich.
arnold.froehlich@freesurf.ch

Dr. **Harald Gapski** ist Prokurist und Leiter der Projektentwicklung der ecmc Europäisches Zentrum für Medienkompetenz GmbH (www.ecmc.de) und Sekretär des European Experts' Network for Education and Technology e.V. (www.eenet.org).
harald@gapski.de

Ruth Gschwendtner-Wölfle unterrichtet Kunsterziehung am Liechtensteinischen Gymnasium in Vaduz, der Liechtensteinischen Kunstschule in Nendeln und der Bildungsanstalt für Kindergartenpädagogik in Feldkirch. Museums-Neukonzeption «friedens räume» in Lindau, Bad Schachen 1999. Publikation von Bilderbüchern; sowie «sehen ist lernbar – beiträge zur visuellen alphabetisierung».
ruth@gschwendtner.cc

Dr. Dr. **Benedikt von Hebenstreit** ist Professor für Verkehrswissenschaften, TÜV Süddeutschland und wissenschaftlicher Mitarbeiter am Institut für Angewandte Psychologie IAP, Zürich.
b.hebenstreit@arcor.de

Peter Holzwarth, Diplompädagoge, geb. 1974 in Stuttgart, wissenschaftlicher Mitarbeiter an der Pädagogischen Hochschule Ludwigsburg (Abteilung Medienpädagogik; EU-Forschungsprojekt «CHICAM – Children in Communication about Migration»); Studium der Pädagogik und Psychologie an der Universität Tübingen; Mitarbeiter in den Forschungsprojekten «VideoCulture» (PH Ludwigsburg) und «Internationales Lernen» sowie «Neue Orientierungen und Engagementformen Jugendlicher und ihre Bedeutung für die Jugendarbeit» (Universität Tübingen).
holzwarth_peter@web.de

lic. phil. **Hans Jöri** ist Psychologe FSP, Leiter Abteilung Personaldiagnostik & Beratung am Institut für Angewandte Psychologie IAP, Zürich.
hjoeri@iapzh.ch

Dr. **Wassilis Kassis**, Erziehungswissenschaftler, ist seit 2002 Privatdozent für Pädagogik an der Universität Basel. Seine Fachgebiete sind Gewaltsozialisiation Jugendlicher, Wechselwirkungen Elternhaus und Schule, Lesesozialisation, empirische Forschungsmethoden.
wassilis.kassis@unibas.ch

lic. phil. **Mela Kocher** arbeitet am Deutschen Seminar der Universität Zürich an einer Dissertation zum Thema «Ästhetische und narrative Aspekte von Computerspielen» und ist am Aufbau des Schwerpunkts «Interaktive Kinder- und Jugendmedien» am Schweizerischen Institut für Kinder- und Jugendmedien beteiligt.
kjmedien@ds.unizh.ch

Dr. **Renate Luca** ist Professorin am Fachbereich Erziehungswissenschaft der Universität Hamburg. Arbeitsschwerpunkte: Medienpädagogik, Medienpsychologie, Geschlechterforschung; Humanistische Pädagogik.
luca@erzwiss.uni-hamburg.de

Kerstin Mayrberger ist Wissenschaftliche Mitarbeiterin an der Universität Hamburg, FB Erziehungswissenschaft – Arbeitsbereich Medienpädagogik; Dissertationsvorhaben zum «Neuen Lernen mit neuen Medien in der Grundschule»; Referententätigkeit beim Blickwechsel e.V. – Verein für Medien- und Kulturpädagogik in der medienpädagogischen Aus- und Fortbildung von Erzieherinnen und Erziehern.
mayrberger@web.de

Dr. des. **Thomas Merz-Abt** ist Professor für Medienpädagogik an der Pädagogischen Hochschule Zürich. Schwerpunkte: Grundlagen der Medienpädagogik und Didaktik der Medienbildung für die Volksschule. Dissertation zum Thema «Medienbildung in der Volksschule – Entwicklung eines Curriculums».
tme@tme-online.ch

Dr. **Heinz Moser** ist Honorarprofessor an der Universität Kassel und Departementsleiter Wissensmanagement an der Pädagogischen Hochschule in Zürich. Arbeitsschwerpunkte: neue Medien und Medienpädagogik.
heinz.moser@phzh.ch

Dr. **Ingrid Paus-Hasebrink** ist Professorin für Audiovisuelle Kommunikation am Institut für Kommunikationswissenschaft der Universität Salzburg. Zahlreiche Forschungsprojekte zum Umgang von Kindern und Jugendlichen mit Medien und zur Medienpädagogik. Sprecherin der Fachgruppe Medienpädagogik der DGPuK (bis 2003).
ingrid.paus-hasebrink@sbg.ac.at

Dr. **Manuela Pietraß** ist Privatdozentin und wissenschaftliche Oberassistentin am Institut für Pädagogik der Universität München. Ihre Forschungsschwerpunkte sind Medienrezeption, Mediensozialisation und medienpädagogische Erwachsenenbildung.
pietrass@edu.uni-muenchen.de

Dr. **Hansjakob Schneider**, Germanist und Anglist mit Schwerpunkt Sprachwissenschaft, ist Beauftragter für Forschung und Entwicklung in der Lehrerinnen- und Lehrerbildung des Kantons Bern und beschäftigt sich mit verschiedenen Aspekten des Erst- und Zweitspracherwerbs, so auch mit der literalen Sozialisation von Kindern und Jugendlichen.
hansjakob.schneider@llb.unibe.ch

Dipl.-Sozw. **Birgit Stark** ist wissenschaftliche Mitarbeiterin am Fachbereich Kommunikationswissenschaft und Sozialforschung an der Universität Hohenheim. Arbeitsschwerpunkte sind Rezeptionsforschung, Akzeptanzforschung für neue Kommunikationstechnologien, Empirische Methoden.
stark@uni-hohenheim.de

Mareike Strotmann ist wissenschaftliche Mitarbeiterin im DFG-Forschungsprojekt «Eine Untersuchung zum Mediennutzungsverhalten 12–20jähriger und zur Entwicklung von Medienkompetenz im Jugendalter».
mareike.strotmann@uni-bielefeld.de

Dr. **Daniel Süss** ist Professor für Kommunikations- und Medienpsychologie an der Hochschule für Angewandte Psychologie, Zürich, Privatdozent für Publizistikwissenschaft und Medienpädagogik an der Universität Zürich und Lehrbeauftragter für Medienpsychologie an der ETH Zürich. Er ist Vizepräsident der SGKM und Sprecher der Fachgruppe Medienpädagogik der DGPuK.
dsuess@hapzh.ch

Dr. **Klaus Peter Treumann** ist Professor an der Universität Bielefeld, Fakultät für Pädagogik, AG9: Jugend-, Erwachsenen-, Weiterbildung, Medienpädagogik, Forschungsmethoden. Leiter des obigen DFG-Forschungsprojektes für das Bundesland Nordrhein-Westfalen.
klaus.treumann@uni-bielefeld.de

Dr. **Claudia Wegener**, wissenschaftliche Mitarbeiterin an der Fakultät für Pädagogik der Universität Bielefeld im Arbeitsbereich Medienpädagogik. Mitarbeiterin/Projektkoordinatorin des DFG-Projektes «Eine Untersuchung zum Mediennutzungsverhalten 12–20jähriger und zur Entwicklung von Medienkompetenz im Jugendalter».
claudia.wegener@uni-bielefeld.de